区域国别学丛书

国际区域治理概论

张蕴岭　主编

山东大学出版社
SHANDONG UNIVERSITY PRESS
·济南·

图书在版编目(CIP)数据

国际区域治理概论/张蕴岭主编. —济南:山东大学出版社,2024.1

ISBN 978-7-5607-7792-4

Ⅰ. ①国… Ⅱ. ①张… Ⅲ. ①国际政治—概论 Ⅳ. ①D5

中国国家版本馆 CIP 数据核字(2023)第 227693 号

责任编辑　邵淑君
文案编辑　孟希亚
封面设计　杜　婕

国际区域治理概论
GUOJI QUYU ZHILI GAILUN

出版发行　山东大学出版社
社　　址　山东省济南市山大南路 20 号
邮政编码　250100
发行热线　(0531)88363008
经　　销　新华书店
印　　刷　济南新科印务有限公司
规　　格　720 毫米×1000 毫米　1/16
　　　　　20.75 印张　324 千字
版　　次　2024 年 1 月第 1 版
印　　次　2024 年 1 月第 1 次印刷
定　　价　58.00 元

“区域国别学丛书”
编委会

总　序

区域国别学一级学科的设立对于我国的区域国别研究、学科建设和人才培养有着重大的意义。

认识世界需要从认识区域和国别开始。国家是世界构成的基础，每个国家都处在一定的区域，区域和国别间既有紧密的联系，也有各自的特质。区域国别学是一个交叉学科体系，无论从对象、方法，还是理论与实践都具有不同于其他学科的特征。

区域国别学需要区域学理论构建。区域是所在国家的地缘载体，在区域范围内，各国间有着长久、多样和特殊的联系。从本质上说，区域是相关国家的共处、共生之地。如今，在各个区域层次上都发展起了以区域为载体的多种形式的合作与治理机制，像欧盟、东盟等已经具有不同特征的区域管理与治理功能。

区域国别学需要国别学理论构建。现代民族国家制度是由联合国宪章所确立的。各国都经历了有很长的历史演变，不同的历史时期有着不同的存在和发展形式。二战后，现代民族国家构建得到普遍的发展，各国实现独立自主基础上的现代民族国家的构建和治理。世界各国在政治制度、国家治理、社会经济发展、对外关系等方面都各具特色。

区域国别研究需要学科交叉方法。以往区域国别研究主要是单学科导向的，得到了很大的发展，但交叉学科导向的区域国别研究由于缺乏学科的支撑，没有得到很好的发展。单学科导向的研究把区域与国别问题分割成不同的学科主题，有助于专门的研究。但区域国别问题具有很强的综合性，仅有单学科导向往往不能认识问题的全貌和特性，甚至可能会形成错误的定论以及政策取向。比如，对经济的分析，在很多情况下需要考虑政治、社会以及外部因素，如果不考虑，就有可能得出偏颇的结论，与经济的实际运行相差甚远。学科交叉是科学发展本身的必然趋势，无论是自然科学，还是人文社会科学，越来越多的问题都需要用交叉学科知识和学科交叉方法来进行观察、分析与认定。这就是为何要设立交叉学科门类和在交叉学科门类下设立以交叉学科为定位的学科。区域国别学一级学科的设立，为用交叉学科方法研究世界区域国别提供了学科支撑。

设立交叉学科门类下的区域国别学既是学科发展的需要，也是国家发展的需要。长期以来，区域国别研究领域有影响力的认知、理论和政策大都来自西方国家，特别是美欧大国。近代以来，西方大国崛起后基于对外扩张的需要，加强了对区域国别的研究，形成了基于其价值观认定和利益定位的区域国别认知和理论。一方面，这些认知和理论成为其制定对外政策的根据和引导，为其实施对外扩张、殖民、控制、干预提供支持；另一方面，通过多种形式的话语传播，西方大国也获得了话语权。

我国的区域国别研究有着很长的历史和雄厚的基础。特别是改革开放以后，我国的区域国别研究得到快速的发展，为我国深入了解世界、走向世界做出了贡献。区域国别学一级学科的设立使我国的区域国别研究和人才培养进入一个新的发展时期。有了学科支撑，就可以对研究、教学进行科学的布局，使得我国的区域国别研究和人才培养将会得到更好的发展。

从提升国际话语权的角度来看，向世界推介具有中国特色的区域国别学成果，可以大大提升我们的国际影响力，有助于我们在国际交往中获得更大的话语权。中国特色的区域国别学理论和体系构建，要广泛吸收国外已有的优秀成果，继承中国优秀传统思想文化，立足当代，面向未来。中华民族的复兴是中国人民的伟大事业，对于世界的发展有着巨大的影响。中国人对世界的认知以及在世界的话语权等，不但不能缺失，而且还必须有区别于他者的立场，在传统与现代、东方与西方、当今与未来等重大问题上，推出更能符合世界可持续发展、和合共处的理念与方略。

构建中国特色的区域国别学体系是一项大工程，需要动员和组织国内高校和研究机构力量一起做。同时，作为一项系统工程，区域国别学学科体系构建需要做好顶层设计，进行统筹与合理规划，把体系构建与服务国家战略、新时代人才培养紧密结合起来，与提升我国在国际上的话语权紧密联系起来，使我国区域国别学学科的建设在实践中得到更好的发展，发挥更大的作用。

我们推出“区域国别学丛书”的目的在于为推动我国的区域国别学学科建设做出努力，本丛书由山东大学出版社出版，本项工作得到教育部国别和区域工作秘书处的支持，在此深表感谢。

“区域国别学丛书”编委会

2024 年元月

前言

本书是我主持的区域国别学学科有关国际区域学理论的第二本专著。如果说《国际区域学概论》是为国际区域提供综合理论框架，本书则是为国际区域治理提供综合理论框架。

《国际区域学概论》把国际区域作为世界构成的一个客观存在，具有自然存在、利益存在和实体存在的基础及现实。但是，与具有国际法认定的国家实体存在不同，国际区域的实体存在是靠相关国家基于区域认同和共识共建。不同的国际区域对于区域实体存在(即组织实体与治理行为)所给予的授权存在很大的不同，因此，不同的国际区域在区域组织构建与治理行为上存在很大的不同。

国际区域治理有着现实的需要，但是，其发展并非是一个自然的过程，需要各方的认同和共识，需要各方的参与和投入，需要得到各方支持的制度建设、行动议程与可见效果的治理行动。

“治理”一词早先主要用于国家，要点是构建政府与社会共治的制度，纠正政府管理的缺陷。在全球问题变得越来越凸显的情况下，全球治理受到越来越大的重视。全球治理就是通过构建各方参与的合作机制，共同应对和解决全面的问题，推动构建一个更好的世界。

国际区域治理，主要是指在国际区域层次上，通过各方合作应对和解决单个国家不能解决的问题，既着眼于解决现有的问题，也为未来的发展打下基础。国际区域治理涉及区域各方的利益，需要相关各方共同参与，合作是国际区域治理的根本保证。

国家是国际区域治理的直接参与者，既是责任承担者，也是治理的主要实施者。但是，国际区域治理具有独立的功能，全球治理、区域治理、国家治理既有不同的分工，也有紧密的联系，三者构成完整的世界治理体系架构。

国际区域治理不是相关国家之间的随机行为，而是一种区域合作下的制度构建，包括治理的制度建设、治理的议程设定、治理的行动实践以及对治理进程效果的监测等。国际区域治理是一个不断行进的发展进程，治理的范围和程度会不断扩大和深化。

国际区域治理所涉及的领域很多，如政治、安全、经济、环保、社会、文化等，有些是建立在共同遵守的法规基础上，有些是通过设立的合作项目进行的。现代国际区域治理的基本特征是，各国在自愿的前提下平等参与，各方认同区域制度构建和区域治理职能的行使，共享治理的成果。不同的国际区域有着不同的治理方式，无论是制度构建，还是治理议程和成效，都有很大的差别。总体而言，好的国际区域治理得益于比较完善的区域制度构建和有效的治理议程与行动实践。

当然，国际区域治理存在诸多制约和困难，最为基本的条件是各国要有很强的区域认同、合作共识和意愿投入。在认同弱的国际区域，治理就难以得到很好的发展，同时，在合作共识及意愿投入弱的国际地区，治理也难以深入。从世界范围看，尽管对国际区域治理的需要程度在提升，但是，真正能够开展全面治理，并且取得良好效果的国际区域并不多，有些只是在部分领域开展，有些机制名存实亡，特别是那些需要加大治理力度的领域进展缓慢。尤其是在安全领域，基于复杂的原因，开展国际区域有效治理的难度很大。

作为一本有关国际区域治理的综合理论性著作，需要对国际区域治理是什么、治理什么和如何治理给予明确的界定，提出系统的理论分析。国际区域治理涉及许多领域，各领域涉及多种因素的相互作用，因此，在分析方法上，把综合与专门的分析相结合，注重多学科知识的交叉与融合。在通常情况下，一般把在国际区域层次上的制度构建、规则制定、议程与实践统称为“区域合作”，本书对国际区域治理的定位是在国际区域层次上的所有合作实践，因此，本书所言“国际区域治理”包括所有的区域合作内容。就定义而言，合作是方式，而治理是合作的内容，因此，二者是有机统一的。国际区域治理以合作为前提，任何国际区域治理都是合作性的，因此，合作治理与治理合作在表达上是相通的。

本书共分导论和五篇十五章。导论(张蕴岭撰写)是本书的综合分析框架与基本理论结构概述,作为全书分析的导论。第一篇国际区域治理理论(第一至三章,张云撰写)主要对国际区域治理观、国际区域治理理论沿革和国际区域治理实践进行分析;第二篇国际区域治理制度(第四至六章,杨延龙撰写)主要对现行国际区域组织进行梳理,并对制度构建和制度功能进行分析;第三篇国际区域经济治理(第七至九章,潘雨晨撰写)主要对国际区域经济治理发展、经济治理的理论框架进行分析,并结合治理案例进行比较;第四篇国际区域安全治理(第十至十二章,孙志强撰写)主要对国际区域安全治理发展、安全治理的理论与实践进行综合分析,并结合治理案例进行比较;第五篇国际区域环境治理(第十三至十五章,李昕蕾撰写)主要对国际区域环境治理发展、环境治理的理论与实践进行综合分析,并结合治理案例进行比较。

作为本书的策划与主编,我对研究大纲、分析方法和理论框架进行了规划设计,对研究和书稿写作进行了具体指导,并基于全书的整体性、逻辑性与理论性要求,对书稿进行了审定和修改。本书的顺利完成,得益于各位作者的全力支持和有效配合。值得提及的是,除了我之外,我们这个团队的其他成员都是年轻学者,他们为此付出了极大的精力。

希望本书的出版能够为区域国别学学科的建设做出贡献。诚挚感谢山东大学出版社为本书的出版所给予的大力支持。

张蕴岭

2023 年 1 月 1 日

目　录

第一篇　国际区域治理理论

第二篇 国际区域治理制度

第三篇 国际区域经济治理

第四篇　国际区域安全治理

第五篇　国际区域环境治理

导 论

关于国际区域,《国际区域学概论》[①]一书给出了这样的定位:世界是一个整体,在构成结构上,分为三个层次:国家—区域—世界。国家是世界的本位和基础,国际区域介于国家与世界之间,尽管不具有独立的法权地位,但有事实上的存在、认同上的定位和治理上的职能。显然,国际区域是一个具有相对独立存在和功能的结构,国际区域治理是国际区域存在的需要和功能上的体现。作为理论性分析,国际区域治理研究所要回答的基本问题是:为什么需要治理、治理什么和如何治理。

第一节 国际区域治理的逻辑

在国家层次,有国家治理;在世界层次,有全球治理;在国际区域层次,则有国际区域治理。国家治理主要聚焦本国的问题,全球治理面向世界问题,国际区域治理则主要针对区域性问题。这里之所以用"主要"二字,意味着还有超国家、跨区域的问题,有些则具有全球性。在许多情况下,国际区域治理被纳入全球治理的范畴,这并非没有道理,因为全球治理离不开国际区域治理,从这个意义上说,国际区域治理是全球治理的一个组成部分。但是,国际区域治理有着自身的逻辑,无论在范畴上、内容上,还是在方式上,都有不同。

① 张蕴岭主编:《国际区域学概论》,山东大学出版社 2022 年版。

一、什么是国际区域治理

什么是国际区域治理？简单地说，就是在国际区域的层次上，基于区内共同利益，各方就区域内各领域的事务开展合作，构建相关制度/机制，制定相关规则，开展相关活动。现代意义上的国际区域治理不同于以往大国主导的治理，是区域国家通过合作的方式进行的。各国基于认知和共识，共同推动区域治理的制度构建，制定开展治理所需要的法规和程序，并且遵循法规和程序采取相关的治理措施。[①]

国际区域主要是由基于地缘连接的相邻国家组成，区域层次的治理之所以需要，是因为在区域范围内存在诸多所要解决，而一国或几个国家不能解决的问题，因此，国际区域治理首先是客观的需要。不过，国际区域治理实践并非是一个自然进程，从需要到实践，特别是走向各方共同参与的合作治理实践，是需要具备基本条件的。

总体而言，开展国际区域治理需要具备以下两个基本条件：一是区域各国对于国际区域有着基本的认同，或者说，各国有着共同的区域身份认同，在区域利益上形成基本的共识，只有这样，各方才可以在国际区域框架下开展合作；二是区域各国对于开展合作有着基本的认同，即有着开展合作的共同意愿，只有这样，区域各国才可以为治理提供政治、社会与政策上的支持和投入。当然，无论是认同还是共识，各国之间都会有差别，都需要逐步增进。因此，国际区域治理作为一个不断发展的进程，本身也是一个不断凝聚和增强认同及共识的过程。同时，作为发展进程，也并非一帆风顺，会受到各种因素的影响而出现波折。

国际区域治理的问题可以分为两大类：其一，对区域各国都有关系和利益的共域问题，这类问题超越单个国家而存在，比如区域市场问题、资源问题、生态问题、网络空间问题、空域问题、公共海域问题等，需要共同承担责

---

① 关于国际区域治理(Regional Governance)，有不同的表述，比较一致的定义是：在一定区域内，由所在国自愿参与，基于共同利益，由超国家合作机制所采取的超国家(Beyond State)的综合行动过程。参见“Governance beyond the state”, https://www.britannica.com/topic/governance/Governance-beyond-the-state。也有的把它定义为在区域层次上，基于区域制度所构建的法规(rules)、程序(procedures)和实践(practice)。参见“Regional governance in the EU”，https://www.europarl.europa.eu。

任进行治理。有些不仅是区域性问题,也是全球性问题,需要开展更为广泛的合作。其二,国别问题的扩散,成为区域性的问题,比如污染排放问题、安全问题(传统与非传统安全)、地区关系问题,在很多情况下会成为具有区域性影响的问题,需要开展各国间的合作进行解决。

国际区域治理不仅仅是为了解决现存的问题,也面对未来,创建新的利益空间。比如,构建区域性市场,通过各国的市场开放,创建区域市场,创造了新的市场空间和利益;构建区域安全机制,通过共同参与,制定共守规则,可以带来可持续的国家安全环境。国际区域治理可以为各国创建共享的区域公共产品和公共利益,使参与各方从中受益。

国际区域治理涉及和触及区域内各个国家的治权。因此,开展区域治理需要认同国际区域治权的合法性。现代民族国家(National State)的主权与治权具有排他性,主权神圣不可侵犯,治权不受外来干涉。但是,国家并不是孤立和封闭存在的,其利益与外部不仅有着联系,而且其行为和影响也与外部有联系。也就是说,任何国家都有很强的外部性,在一个共处的区域内,各个国家的外部性是相互联系的,形成利益、行为和影响的共域性,这是区域治理得到区域各国认可并且给予支持的基础。

国际区域治理的合法性(Legitimacy)如何得到确认呢?在安全领域,《联合国宪章》(第8章第51条)对于国际区域的治权给予确认,明确赋予区域在维护和平安全上的合法职能,国家间可以在合作的基础上行使集体自卫权,成立区域组织,以及为此进行区域性干预。[①]在经济领域,关税及贸易总协定(GATT)和世界贸易组织(WTO)赋予区域经济组织成立的合法性,为其制定了规约,即与多边原则一致,不能在开放上倒退,必须保持高水平的开放安排。但区域治理的范畴远远超出安全领域干预,也超出GATT/WTO赋予的经济区域性安排。[②]

总体而言,国际区域治理的合法性主要来自相关国家的认同和授权,一旦获得授权,成立区域组织并行使职能,就具有建立合作者集体(而不是分散个体)的合理性与合法性基础。在不建立国际区域组织的情况下,国家也

① 参见《联合国宪章》,http://www.law-lib.com/law/law_view.asp? id=296684。

② 参见《关税与贸易总协定》,https://code.fabao365.com/law_29805.html。

可以被赋予国际区域治理的合法权，比如签署相关条约、合作制定法规、开展合作项目等。

国际区域治理具有两个基本特征：一是国家间合作，共同对区域共域性问题进行治理，因此，区域治理也可以看作是国家治理权的延伸，即获得了国家之外的治理参与；二是基于共识和规则的超国家干预，涉及国家内部的问题，因此，区域治理也可以看作是国家对治权的一种让渡，即把治理权交给区域合作的职能部门。重要的是，这两个方面的区域治理权都来自各国的认可与配合，得到国家的法律授权（经过国内法律程序批准）。事实上，这不仅是国别治权的转移，而是一种新的构建，即国际区域的治理。国际区域治理建立在合法性的基础之上，其功能的发挥依靠国际区域治理制度和规则的构建，由此，逐步发展起国际区域治理的完善制度和职能体系。不过，尽管国际区域治理具备了合法性制度，建立了职能体系，也存在不少的矛盾，这些矛盾只能在治理进程中不断加以调整与改变，在有的情况下，也可能会失败。①

在国家本位的国际体系中，国际区域治理的定位是一个极具敏感性和复杂性的问题。在实践中，国际区域治理涉及许多方面的问题，需要对涉及治理的领域、方式与获益给予清晰的定位，形成共识，并以此为基础给予授权。比如，国际区域治理的治权涉及政治、经济、社会、文化诸多领域，需要对超国家治理的界线作出清晰的界定，特别是在区域治理中对国内事务的干预，需要制定规则；对于区域性公共产品（Public Good）提供方式和共享利益（Shared Interest）的认定，特别是对于导致区域公共利益受损害的行为、后果（如污染排放、资源破坏性开发）责任的界定，以及区域治理行动的责任和投入规定等。这些方面都需要在区域治理制度构建与治理行动中加以明确。

区域内各国差别很大，对于治理的接受度、获益定位等都存在不同，因

① 欧盟治理中，出现的一个问题是代表区域组织的决策层所作出的决定（治理计划、议程与行动）与成员国社会之间存在所谓“民主赤字”，即成员国的社会公众不认可由欧盟执委会作出的决策是符合民意的，因为没有经过成员国的民主程序。在西方民主体制下，这也产生了区域组织治理的合法性困境。为了减少“民主赤字”，提高社会的信任度，一个办法是增加欧洲议会在决策中的权力，介入更多的决策领域。关于这方面的分析，参见田小惠、慕阳子：《当前欧盟治理的困境及根源》，《现代国际关系》2021 年第 4 期。

此，区域治理需要考虑到各方的关切和利益诉求，实现综合治理的效能与利益均衡。当然，由于国际区域治理的复杂性，许多问题都需要在开展合作治理的实践中逐步加以完善。国际区域治理主要是问题导向，以合作解决存在的问题为目标，因此，所涉及的问题主要是在行进中逐步解决。

从定义上说，治理(Governance)具有综合的含义，既包括政府职能的行使，也包括非政府行为体的参与。[①]因此，参与国际区域治理的角色既有政府公权力部门，也有非政府组织团体。国际区域治理中非政府组织团体的参与形式多样，既可以作为独立团体的直接参与者，也可以作为政府合作机制中的合作参与者，或者单独构建区域性的合作机制并参与。不过，非政府组织的构成非常复杂，有些可能并不具备参与治理的资格和能力，如何确认参与区域治理的资格，并被赋予合法的地位，这方面还存在不少有待解决的问题。

二、国际区域治理的特征

国际区域治理的基本功能，是通过治理解决存在的问题与通过治理创建更大的公共利益空间。现代国际区域治理的基本特征是平等参与、合作共治，通过对区域共属性问题进行合作治理，使各方从中受益，实现区域的共同发展和安全。

区域的共属性问题很多，大体可分为三类：一是跨境性的自然领域，涉及山川、河流、海域、资源、天气、自然灾害等。山川、河流、海域有着国家归属性，但是其存在与影响亦具有跨境性，往往连接区域的多个国家，涉及诸多共同的利益。二是对区域具有综合影响的问题，如战争、恐怖行为、地震灾害、重大事故、交易规则、信息安全等。尽管它们大多发生在一个国家，但是其影响具有扩延性，危及多方利益。三是对各方具有共同利益的区域动能构建。所谓区域动能，是指只有在区域层次才可以体现出来，如成立区域组织或合作机制、创建区域市场、制定区域规则等。国际区域治理的领域既然是公共领域，涉及共同利益，又是区域成员共同参与和投入的，所获的成

① Edward Best, "The Assessment of Regional Governance: Principles, Indicators and Potential Pitfalls", https://cris.unu.edu/sites/cris.unu.edu/files/W-2008-10.pdf.

果自然成为公共产品，为大家共享。国际区域治理成果的共享性，也即各方都可以从中受益，是保证区域治理进程可持续的基础和保障。当然，即便国际区域治理是基于共同的利益诉求和需要，也需要对成果共享的受益均衡问题给予重视。这里，均衡的要义是公平性与合理性。在有些情况下，也会出现付出与收益的不对称，甚至个别付出会暂时大于收益，对此，需要有国际区域治理的综合利益观。

国际区域治理作为国际区域运行的一个基本构成，具有性质上和功能上的相对独立属性。但是，国际区域治理与国家治理不可截然分开，两者既有联系，也有不同，其联系性在于国际区域治理离不开国家的参与。同时，参与国际区域治理也是国家治理的一个有机组成部分，其不同在于国际区域治理的问题需要通过各国的合作与共同参与来解决。

国际区域不是孤立存在的，不同国际区域有着多层次的联系，国际区域的问题大多也都有着相互的关联，因此，国际区域治理也有着跨区域的特征，即在不同的国际区域进行治理上的合作。国际区域治理的跨区域合作，在形式上是多样的，参与者既有政府部门之间的合作，也有非政府组织之间的合作。在全球化时代，治理的跨区域合作既有必要性，也有利益上的内在诉求与驱动。

现代国际区域治理依靠区域各方的共同参与和共担责任，参与者以政府为主体，也有社会组织、企业与个人。同时，国际区域治理不是一项行动，而是一个不间断的进程。国际区域治理的领域既是公共领域，涉及共同利益，又是区域成员共同参与和投入的，所获的成果自然为大家所共享。国际区域治理成果的共享性，也即各方都可以从中受益，是区域治理进程可持续的基础和保障。

三、国际区域治理的难题

尽管国际区域治理存在必要性，合作治理会使各方受益，但是，在现实中，开展有效的治理还存在诸多困难。

国际区域治理的有效性取决于以下三个条件：一是符合区域特征的制度建设和规则制定；二是区域合作机制能够发挥治理的职能，所定规则能够得到执行；三是治理措施和实践能够得到社会的理解和支持。国际区域治理是通过建立区域组织或者签署合作协议来进行的，具体实施主要是靠区域组织规划、推动以及成员国根据规划采取行动来进行的。因此，尽管治理规则首先考虑的是区域整体的需要和受益，但治理规则与治理协议都需要考虑各国的情况，在出现矛盾时进行必要的平衡与妥协。

事实上，区域组织的建立是一个不断调整、扩大与深化的过程，基于合作达成的国际区域治理协议大都是通过艰苦的讨价还价谈判达成的。在国际区域，无论是共域问题还是国别问题扩延形成的共同问题，治理起来都具有很大的难度，其中重要的是如何达成共识，制定各参与方能够接受并且给予支持的治理规划和行动议程。所谓共识，就是各方在对问题的定位上和开展合作上达成协议。国别问题扩延成为共同的问题，达成治理共识难度很大，如污染排放，涉及责任认定与责任承担，分歧往往很大。比如流经多国的河流治理，包括水资源分配利用、河道航运、河流污染等，都有区域性甚至跨区性问题，比较复杂，这既需要在区内达成共识，也需要在跨区范围达成共识。在区域与国家的关系上，除非建立了像欧盟那样的超国家治理组织，区域治理法律高于国家法律，否则，国家至上的基本原则难以动摇。即便各方能够达成共识并签署治理协议，要使协议得到落实并有治理效果，也需要有具体有效的实施和监督。

治理需要规则，从治理的要求看，需要高标准，在执行上不能有例外，但治理同时又是一个进程，需要循序渐进。高标准的意义在于，规则的作用不仅要解决现存的问题，而且要防止出现新的问题。因此，规则既具有现实性，也具有前瞻性。区域各国之间存在很大的差别，高标准对一些国家来说可能难以接受，有的国家可能会缺乏实施规则的能力。因此，高标准是一个目标，需要在行进中不断完善。

国际区域治理依靠参与各方的有效合作。如何制定适合区域的规则需要考虑各方的接受度，同时，落实规划与治理议程也需要加强沟通与协调，对于缺乏落实能力的国家提供帮助。比如，污染排放问题所涉及的主要是国内问题，原因是多方面的，制定区域规则与治理方案需要考虑不同国家的情况。同时，区域治理主要是对已经发生的问题进行救治，前瞻性的治理难度更大。应对气候变化提出了前瞻性治理的问题，新科技的发展也提出了诸多前瞻性治理的问题。

许多区域性问题具有跨区性，有的是全球问题的有机组成部分，在很多方面，区域治理与全球治理有着紧密的联系，因此，国际区域治理需要跨区合作，或者与全球治理相一致。[①]全球划分为不同的区域，各个区域是世界的有机组成部分，从这个角度来说，国际区域治理是全球治理的有机组成部分。

治理需要政府和社会的共同参与，政府的责任是为治理制定规划和法规，社会各方既是治理实施的主角，也是问题产生的责任者和开展治理的需求者，因此，有效的治理需要构建政府与社会的伙伴关系，真正动员社会积极和负责任地承担起治理的责任。

在国际区域治理中，各国的平等参与至关重要，但在实际运行中，大国具有很大的影响力，在推动和实施国际区域治理中发挥着特别重要的作用。但是，基于合作理念和制度构建的国际区域治理，要防止少数大国主导治理议程，防止大国靠强力推行利己型的区域议程和行动，维护国际区域合作的开放性和包容性。[②]

如何评价国际区域治理的有效性，是一个非常复杂的问题。鉴于国际区域治理的复杂性，所采取的方式不同，衡量标准也会不同。国际区域治理的有效性取决于治理取得的现实成果，更为重要的是进程的可持续性。[③]

第二节　国际区域治理的范畴

国际区域治理所涉及的范畴很广，从理论上说，可以涵盖所需要的各个领域。不过，从现实需要和可行性进程看，治理的优先选择或者说重点是经济、安全、环境领域的治理。这些领域的共域性问题多，所涉及的共同利益也现实与迫切，容易在合作治理上达成共识，且治理效果也容易看得见、摸得着，因此易得到政府和社会的支持。

---

① 区域治理的意义也被认为是在全球公共产品供应不足或者无法满足需求的情况下，提供区域性国际公共产品。参见张蕴岭主编：《国际区域学概论》，山东大学出版社 2022 年版，第 235～236 页。

② 区域性治理应体现包容性与开放性，如果具有封闭性、排他性，就会对全球治理造成损害。参见蔡拓、杨雪东、吴志成主编：《全球治理概论》，北京大学出版社 2016 年版，第 386 页。

③ Edward Best, "The Assessment of Regional Governance: Principles, Indicators and Potential Pitfalls", https://cris.unu.edu/sites/cris.unu.edu/files/W-2008-10.pdf.

一、国际区域经济治理

地缘国际区域是一个有着紧密联系的经济区域，相邻国家之间有着长期的历史交往，特别是民间的交往，无论在什么情况下都难中断，其中经济交往联系居于重要的地位。因此，在国际区域治理上，经济治理是重点，也是治理成效最为突出的领域。

传统的经济治理是管理边界，政府对过境的经济活动进行管理，收取税费，查验过境商品，为此，设置了包括关税与非关税在内的各式管理措施，它们构成了跨境交往的障碍。同时，各国不同的限制和管理规则不仅为跨境经济交往增加了障碍，也大大提高了交往的成本。

现代区域经济治理的主要方向是减少跨境交往障碍，降低跨境交易成本，推动开放的区域市场构建，为各国经济的发展提供更好的环境。国际区域经济治理目标大体包括以下三个方面：首先，推动构建开放的区域市场，促进区内要素资源的流动，推动区内交换和经济的发展；其次，合作应对经济危机、金融危机和其他对经济发展造成有害影响的事件；最后，发展合作，推动区内互联互通，对欠发达国家提供发展援助。

构建区域性经济开放与合作的框架，包括构建区域市场、协调经济政策、制定经济规则等，是国际区域经济治理成效最为显著的领域。通过区域经济框架，以国家开放合作的方式，开拓更大的经济运行空间，可以实现诸多受益：一是规模效应，创建大于国别市场的规模效益和利益；二是依规而行，通过共同制定并遵守规制，形成平等与公平的经济交往；三是深化分工，形成区域开放市场下的生产分工及供应链网络。

基于地缘便利，产业链、供应链本就具有突出的区域性，在实现区域开放与规则运行的情况下，经济的区域性构建就更有吸引力，区域经济的发展具有更强的内聚力和驱动力，从而形成紧密连接的经济区。欧洲、北美、东亚通过构建开放的区域市场，大大提升了区域经济的聚合力，形成了区域经济运行中心。

按照通行的研究划分，初级的区域市场构建是建立关税同盟，即在区内各国相互取消关税，对外实行统一关税。再进一步是建立共同市场(Common Market)，区域内的市场构建包括更多的内容，除了关税减让、消除非关税壁垒外，还包括区域内要素资源（资本、劳动力）流动的开放，即允许在区内自由流动。再进一步是建立经济共同体（Economic Community），即在共同市场的基础上，进一步推动开放，加强经济政策协调与规制的统合。此外，还有协调经济发展政策，实现区域经济均衡发展的安排，比如，欧洲经济共同体就明确规定，建立共同的农业政策、建立共同的运输政策等。再高层次的是区域联盟（Union），具备更高水平的区域治理功能，像欧盟，构建了统一大市场（Single Market）和统一货币（Single Currency），实现了高水平的区域经济治理。不过，实际的发展也并非沿着这种阶梯式的路径，有的可能直接建立联盟，比如，非洲建立了非盟，制定了较高的区域治理目标，开启了非洲自贸区建设，但其区域治理功能需要逐步提升。东南亚国家联盟（简称"东盟"，ASEAN）的成立由区域内部的特惠贸易安排推动，先是提升为自贸区，再进一步推进经济共同体建设，但东盟的经济共同体目标是建立同一个区域生产基地（Single Production Base），而非超国家的区域经济联盟。像欧盟那样具有超国家治理功能组织的成功构建，也许只有欧洲才可以实现。

自20世纪80年代，构建区域性自贸区成为潮流，自贸区的构建由消除关税、非关税壁垒，到协同经济政策、规则以及开展经济合作，是属于国际区域的功能性治理机制构建，目的是打破国家之间的关税与非关税壁垒，构建基于规则的开放区域市场。"新一代自贸区"的构建包括更为广泛的内容，涉及国家治理的诸多领域，比如劳工、环境、技术、数字等，不仅制定了高度开放的市场机制，而且制定了高度协同的规则、标准。自贸区构建建立在各方政治意愿和受益认定的共识基础上，不同地区在构建形式上、实施方式上不尽相同，有的实行"一揽子"综合安排，有的采用分步渐进的方式。

如今，大多数的自贸区协议都属于新型自贸区（亦称为"经济伙伴关系协定"，EPA）构建，其之所以如此，是因为经济的交往不再主要是商品的贸易交换，而是经济运行的深度连接。生产和经营活动分工深化，基于分工的产业链、供应链、网络链等把各国经济更为紧密地连接在一起，经济的区域化特征越来越明显。在此情况下，在区域层面统合国别政策法规，制定共同遵守的规则，让经济交流活动依规而行，成为区域经济治理最重要的任务。自贸区构建建立在各国自愿参与的基础上，规则协议是通过谈判达成的，不一定要有区域组织的支持，可以根据参与方的不同情况，进行比较灵活的安排，较之区域经济综合治理做起来相对容易。

通过自贸区构建深化区域经济治理，把制定共同规则、标准作为重点，是区域经济治理的一个重要发展。1992 年签署的北美自贸协定，开始涉及诸多非关税领域的规则，开启了自贸区深度构建的先河。日本与新加坡于 2002 年签署的自贸协定即 EPA，不仅包括货物贸易、服务贸易、投资、人员的开放，而且包括知识产权、技术标准、政府采购、竞争政策等。此后，绝大多数自贸协定都扩展了涵盖的内容，不仅涉及关税与非关税措施，还涉及政策、规则。由美国奥巴马政府推动构建的《跨太平洋伙伴关系协定》(TPP)，开启了“新一代自贸区”构建的进程，不仅涉及交易规则，还涉及成员经济运行的许多规则，涵盖了诸多国内经济治理的领域，比如竞争政策、环保标准、劳工标准等。美国退出之后，日本牵头签署了《全面与进步跨太平洋伙伴关系协定》(CPTPP)，基本上延续了 TPP 的规则、标准。

全球化是当今世界经济发展的重要特征，这既得益于多边贸易体系治理成效，也得益于各国采取的开放发展共识和为之实行的政策。世界绝大多数国家都加入了世界多边贸易体系，在共同遵守的世界市场规则下交往。多边贸易体系的建立大大消除了各国对外经济交往的限制，推动了基于规则的世界市场开放，减少了贸易交换和与贸易有关投资的障碍，构建了非歧视性的普遍性开放交易规则。但是，由于多边贸易体系下的议程遇到越来越多的障碍，进展缓慢甚至停滞，区域安排越来越成为潮流。较之世界整体，区域范围比较容易达成共识，进程障碍相对较少，容易前行。

从实际发展看，产业分工与产业链、供应链等都具有凸显的区域特征。北美、欧洲、东亚是世界三大区域经济中心，一则，各个区域经济中心有着比其他地区更为紧密的经济连接和供应链网络；二则，三大区域经济中心之间有着比其他区域更为紧密的综合经济关系。如今，三大区域经济中心都各自建立了区域性经济框架，欧盟有基于全要素流动的统一大市场和单一货币，2/3以上的贸易和投资在区内进行。北美原来有北美自由贸易协定(NAFTA)，后改为“美墨加协定”，继续实行高度开放的安排，形成了高比例的区内经贸联系，特别是加拿大和墨西哥，其大部分的贸易和投资都是与美国进行的。东亚原来有以“东盟＋1”(中国、日本、韩国、澳大利亚、新西兰、印度)为框架的自贸区,现在由15个国家参加的"区域全面经济伙伴关系协定"(RCEP)已经生效,这为构建基于统一规则的东亚区域开放市场奠定了基础。这三个区域经济中心之间也进行相互的对话与合作,美欧之间已经就构建美欧自贸区进行了很长时间的商讨,并且签署了诸如信息保护等专门的协定。北美-东亚之间有亚太经合组织(APEC)为连接,规划了亚太自由贸易区(FTAAP)构建议程。美国曾推动建立TPP,后来退出,以其为基础的CPTPP已经生效。东亚与欧盟之间建立了亚欧会议(ASEM),将来也有望建立更为密切的跨区域安排。

世界三大区域经济中心之间建立开放性联系,是基于经济利益的需要,因为在全球化深度发展的情况下,跨区域连接是非常紧密的,三大区域经济中心之间的联系尤为紧密,世界多数经贸交易以及与其相关的活动都主要在这三个大区进行,形成了跨区的生产分工、供应链网络。在多边贸易框架下推进新进程非常困难的情况下,区域机制构建和规则制定往往先行,有些会成为全球规则制定的引领,且各区域都希望把自身的规则推广,被其他区域接受或者仿照,以及在全球规则中加以体现。

当然,国际区域经济治理还包含许多其他内容,比如对自然资源保护与开发的治理。随着越来越多的不可再生资源变得枯竭以及无序开发,且其影响超越资源本身,影响到整体的生态,如何在区域范围内构建合作机制,也越来越多地被提上国际区域经济治理的议程。

发展合作也是区域经济治理的重要内容。传统的发展合作主要是以发达国家向欠发达国家提供援助的方式进行的,包括无偿援助(赠予)和有偿援助(低息贷款)。新型的发展援助包括提升欠发达国家的能力建设,改善经济发展的综合环境,特别是通过互联互通合作计划,改善区域基础设施的硬件(基础建设)和软件(交通、通信网络)的环境,从而推动区域经济的总体和均衡发展。互联互通不仅是基础设施的建设,其大体包括三个部分:硬件互通,即基础设施网络的建设;软件互通,即相互接轨的法规、管理等;人员互通,即人员的自由流动。[①]区域经济治理的目标还是通过各种安排,打通区

① "Master Plan on ASEAN Connectivity 2025", https://asean.org/wp-content/uploads/2021/08/8_compressed.pdf.

内经济要素流动的主要障碍，实现区内经济交往与运行的互联互通，打造区域经济发展的良好环境。

二、国际区域安全治理

安全是国际区域治理的重要领域。从历史的角度考察，国际区域安全一向与国家安全紧密相连。从区域角度来说，许多涉及国家安全的问题都与区域有密切的关联，同时，一个或者几个国家的安全问题很多都是区域公共安全的问题。

鉴于关系和其他因素的复杂性，在长期的历史发展中，国际区域安全问题缺乏合理、有效的治理。历史上，国际区域安全大多是由强国主导的。强国主导下的国际区域安全结构和秩序带有很强的权势、霸权与争夺的特征，因此，国际区域的安全结构与秩序总是不断地被打乱，被新的强者改变与重建。鉴于此，国际区域安全难以得到保障，且不断地付出惨痛代价。近代以来，区域性战争一再发生，两次世界大战实质上是扩大了规模的区域战争，起于欧洲，以欧洲为重点。二战以后，欧洲通过区域合作，从煤钢联营到欧盟，把大多数欧洲国家吸纳到区域合作框架内，安全是核心构成，实现了合作区域内的共同安全。同时，欧洲安全的另一个支架是北大西洋公约组织（简称“北约”），是美欧的合作安全联盟，其与苏联领导的华约安全组织对抗。冷战结束，华约解体，北约扩大，欧洲没有建立起包括所有国家的共同安全体系，安全结构失衡，产生了新的矛盾，引发了战争与更广泛的参与。[①]

新的国际区域安全构建与传统的国际区域安全构建有着根本性的区别，其本质特征是合作安全与共同安全，基于合作安全、共同安全的国际区域安全治理，一则有应对现存安全威胁的职能，二则旨在构建可持续的区域共同安全环境。新型国际区域合作安全构建是以各国的共同参与为基础，以合作机制构建为支撑，通过多方式的合作，在成员国之间建立相互信任，以规则为指导和约束，禁止以武力相威胁和动用武力，以和平的方式解决争端，不针对其他国家或者集团。因此，新型国际区域安全治理不是集团构

① 比如，2022 年 2 月 24 日，俄罗斯对乌克兰发起“特别军事行动”，引发了美国、欧盟对俄罗斯的制裁。

建，不会引发与非参与者的对抗。作为治理，其方式重在政治共识、政策协调和规则遵守，有别于传统的军事同盟。

重要的是，如今安全的内涵发生了重要变化，由传统安全扩展到非传统安全，传统安全和非传统安全构成综合安全。传统安全主要是指来自军事武力的威胁，而非传统安全主要是指来自非军事武力的威胁，涉及社会、经济、文化等诸多安全领域。传统安全的威胁主要来自外部，如外敌入侵、武力冲突等；非传统安全威胁来自内外，以多种形式渗透到各个领域。传统安全主要指国家整体，如今，安全具有多层次、多主体的特征，比如疫情扩散、网络攻击等，都把人的安全、企业的安全直接置于主体地位。再则，国家安全的利益内涵发生了变化，越来越多的构成并不在国内而在国外，人、资产、经营等越来越多的部分在境外，且具有很强的分散性。

安全具有很强的外延性、扩散性和共同性。所谓外延性，是指一国的安全问题往往会外延到国外，影响其他国家；所谓扩散性，是指局部的安全威胁危及一国或者少数国家的安全，同时也会扩散到更大的范围。区域内各国比邻而居，在全球化、区域化深度发展的情况下，形成相互连接的网络，因此，安全的扩散性更为强烈，形成很突出的安全区域化特征和安全的共同性特征，而安全共同性的加强，对于新的区域安全治理提出了更为迫切的需求。

国际区域安全涉及的方面很多，主要可以归纳为传统安全领域和非传统安全领域两类。传统安全领域包括以下三个方面：首先，国家间发生冲突，引发对抗与战争；其次，领土争端与其他争端引发的冲突；最后，大规模杀伤性武器、智能攻击武器竞争引发的军备竞赛等。以上各个方面都超出单个国家安全的范围，形成共同的安全问题。

自从有了核武器，共同安全的问题更为凸显。使用核武器会带来毁灭性灾难，但这并不能自然地阻止发生核战争。联合国安理会五个常任理事国于 2022 年年初发表了禁止把核武器用于战争的联合声明，但是，以核武器相威胁，仍然被看作是“取胜的手段”，在核不扩散体系失能的情况下，发生核战争的风险仍不能排除。[①]

同时，越来越多的智能技术被用于武器装备，对安全的威胁上升，大国争相提升智能武器的水平，并且延伸到太空，这些都成为危及共同安全的新因素。武器的无人化、智能化的趋势日渐强烈，大大改变了传统战争的方式。特别是智能武器的大规模扩散，对于安全的威胁增加，至今还没有关于限制或者制止把智能技术用于战争的条约。在国际区域安全治理方面，应该对这方面给予更多的重视。从共同安全的需要出发，推动达成禁止或者限制以智能武器相威胁和禁止使用智能武器的安全共识和公约具有现实的意义。

非传统安全领域包括以下五个方面：(1)气候变化引起的生态、人类生存安全威胁；(2)突发重大事故的外延与扩散影响，如疫情、核泄漏、污染、地震、海啸、森林大火等；(3)恐怖主义、极端势力制造的各种威胁，以及跨境走私、贩毒造成的社会危害；(4)网络攻击或者其他形式的网络瘫痪；(5)经济危机、金融危机的外延和扩散等。非传统安全因素构成复杂，涉及面广，突发性强，扩散迅速，人们往往缺乏预防措施。特别是在信息化、网络化时代，网络安全问题危及经济、金融、社会等，所造成的安全损害巨大。

冷战结束后，出于复杂的原因，恐怖主义、极端势力泛滥，形成了对国家和社会安全的重要威胁。当代，各国的经济、社会、军事高度信息化、网络化，来自多方势力的网络攻击、数据窃取和篡改等对经济、社会、军事造成巨大的安全威胁。新冠疫情的暴发进一步提升了对非传统安全威胁的认识，鉴于疫情的扩散与传播性，合作治理的必要性更为凸显。因此，在国际区域安全治理中，加强非传统安全领域的治理成为基本的共识。[②]

国际区域安全治理是通过不同方式进行的。区域制度建设是推进国际区域安全治理的有效形式，区域制度建设大体分为以下两大类。

---

① 参见《关于防止核战争与避免军备竞赛的联合声明》，https://baijiahao.baidu.com/s?id=1720990798810138216&wfr=spider&for=p。

② 非传统安全问题纳入安全构建改变了人们对安全本质认知的态度，是一个重要的转变。一方面是安全范畴的改变，按照传统安全的认知，这些不被列入安全的范畴加以考虑；另一方面是安全范式(security paradigm)的改变，传统安全是排他性的认知，主要来自外部，而非传统安全具有共同性的性质，既来自外部，也来自内部。参见 Paul B. Stares edited, *The New Security Agenda: A Global Survey*, JCIE, 1995, pp.13-15.

第一,综合制度建设。把国际区域安全治理作为重要的,甚至是主要的目标。比如,欧洲区域治理制度建设,其初衷就是构建区域的安全合作机制,防止欧洲再次发生大规模战争。欧洲煤钢联营的基本设计是对发动战争的资源进行管制,后来随着区域制度构建的提升,安全的制度治理也随之加强。通过区域制度建设,实现欧盟内部的合作安全和共同安全这个目标基本达到了,迄今在欧盟内部再没有发生过战争。东盟推进共同体建设,把政治与安全共同体放在首位,目的是通过区域合作机制建设,实现区域内的持久和平。尽管东盟成员内部不时发生政治波动,但是成员之间没有因为争端而发生战争,维持了不以武力相威胁、和平解决争端的基本原则。上海合作组织宪章强调,成员国间建立相互信任,维护和加强地区和平、安全与稳定,起初是为了在苏联解体后构建中国与俄罗斯、中亚国家关系稳定与合作安全机制,成员国在安全领域的合作包括合作治理极端势力的威胁与扩散、构建安全信息网络、进行联合军事演习等,随着其扩员,在安全领域的合作治理涉及更广泛的领域。非盟的主要功能之一是对区域的安全威胁进行直接干预,防止冲突扩散等。中亚国家本身也在推动中亚次区域的合作机制建设,构建了中亚国家单独的峰会机制,制定了区域合作规划,开展合作项目,签署《关于21世纪中亚睦邻友好与合作发展协议》等,从未来的发展看,中亚国家加强区域合作是一个明显的趋势。

第二,功能性制度建设。建立专门的合作安全机制,传统的安全治理机制是军事结盟,而新的安全治理机制是合作共建。像欧洲安全与合作会议(欧安会)是由包括美国在内的35个国家参加、专门讨论欧洲安全的会议机制,冷战结束后更名为"欧洲安全与合作组织",成员扩大到57个国家。还有像集体安全条约组织(集安组织),其基础是苏联解体后成立的独联体国家的集体安全条约,该组织成立了集体安全的司令部和快速反应部队。在哈萨克斯坦国内发生政治动荡期间,以该组织的名义首次派出快速反应部队进行干预。

国际区域安全治理的困难在于,如何创建一个平等参与的合作共治体系,使得区域共同安全可持续。传统上,大多是由强国主导区域安全,安全的格局和秩序往往是战争的结果,由胜者主导安全结构构建,强国主导几乎成为一种范式。强国主导的区域安全构建自然会优先考虑主导者的地位和利益，且具有对抗性。在这样的区域安全结构下，安全的稳定性与强国主导地位的稳定有着紧密的联系，一旦新的势力崛起，现行强国的地位受到威胁，安全的稳定基础就会动摇，守成强国便可能不惜动武，打击挑战者。[①]

现实中，传统的军事同盟仍然存在并发挥作用，军事同盟不同于合作共治，本身具有对抗性质，确立对手并以对手为敌，这必然会激化矛盾和产生对抗。在许多情况下，强国军事干预具有明显的对抗和扩张意图，是导致对抗与冲突的原因。

新的国际区域安全治理需要走出传统区域安全范式，创建基于平等参与、合作共建的新范式，宗旨是实现区域的合作安全与共同安全，形成共处和共安的安全共同体。不过，安全是区域关系中最为复杂的领域，鉴于各方存在力量对比差别，存在各种历史和现实的矛盾，对安全的定位不同，因此，新的国际区域安全治理是一个寻求和增进共识的过程，也是一个探寻与推进有效机制和制度建设的过程。现实中，尽管对综合安全、共同安全与合作安全的认知有了很大的进步，但是，排他性与对抗性安全思维仍然是新型国际区域安全治理的主要障碍。

三、国际区域环境治理

环境治理是国际区域治理的重要内容，治理的宗旨是通过合作解决导致环境恶化的现实问题，构建可持续的良好环境。环境涉及诸多领域，有自然生态环境方面的问题，也有生产、生活方式造成的问题，特别是后者，往往是前者造成的结果。因此，区域环境治理的重点是人类生产和生活方式对环境造成的破坏，通过推动生产方式和生活方式的改变，创建综合生态平衡、可持续发展的良好环境。

环境具有整体性的特征，同时也具有很强的区域性特征，环境问题的外延性、扩散性和共同性使得对环境的合作治理尤为必要。所谓整体性，是指环境问题的产生和影响具有综合性，简单的治理难以解决问题，需要制定综合治理规划和采取相互配合的综合措施。所谓外延性，是指一个国家的环

① 美国学者艾利森(Graham Allison)专门论述了所谓“修昔底德陷阱”，提出守成大国与新兴大国之间的冲突和战争。关于这方面的论述可参见 James R. Holmes，“Beware the Thucydides Trap's Trap”，*The Diplomat*，June 13，2013。

境可以外延到外部,影响他国,多个国家外延可以导致叠加的影响,成为共域性问题。同时,环境问题还具有更大的扩散力,局部的问题可以扩散到更大的区域,因此,一个区域的环境问题也会成为另一个甚至多个区域的环境问题。显然,环境问题并不仅仅静止在某一个或者几个区域,不同区域间会相互影响,有的则可以变成全球的问题,比如,全球气候变化就是世界各国、各区域环境问题累积而成的。

全球性的环境恶化是一个大趋势,危及了人类生存的整体环境和整个地球生态链的平衡,因此,加强环境治理成为当务之急。气候变化是环境恶化的集中体现,经过多年的努力,终于就全球治理达成共识,签署了《巴黎气候协定》,它是人类第一次实现全球环境共治,人不分国别归属,国不分大小强弱,政府、企业、社会共同承担责任和参与治理。①

环境的恶化与人类活动有关,随着工业化的发展,人类生活方式的改变,对于不可再生资源的消耗与破坏,生产、生活所造成的污染排放等导致了资源危机、生态危机和气候变化。特别是气候变化,影响到地球生态的转变,危及人类和其他地球生物的生存。环境治理几乎涉及地球生态、人类活动的各个领域,在生态领域,如土地、水、空气污染,森林减少,生物多样性失衡,臭氧层破坏等;在人类活动领域,如不合理的资源开发与利用,不合理的消费方式对资源、环境的破坏等。同时,环境治理也涉及危及环境的污染物、废料跨国交易和转移等。显然,环境治理的突出特征是治理领域上的综合性,政策与行动上的各行为主体的共同参与性。

环境治理需要多层次的参与和合作,就一国而言,是政府、企业与社会的共同参与、承担责任和采取行动;在全球层面和区域层面,需要国际组织、各国政府、企业和社会的共同参与。迄今,在全球层面和地区层面,已经签署了为数众多的协议,涉及的领域很多。在全球层面,联合国成立了环境规划署,其职能是推动环境治理,实现可持续发展,对全球、区域和国家的环境状况进行评估,推动制定国际和国家的环境保护规划,拟定应对环境挑战的多边环境协定、原则、准则,实施国际环境法规,召开联合国可持续发展会议,制定可持续发展目标、21 世纪议程,与各国合作推进环境治理。联合国

---

① 参见《巴黎气候协定》,https://unfccc.int/sites/default/files/chinese_paris_agreement.pdf。

推动的《里约公约》，涉及环境治理的许多领域，成立了联合国环境署(UNEP)，推动全球环境治理，通过自身作用和与区域组织、合作机制及国别开展合作，推动区域和国家的环境治理。[①]

在环境治理中，国家环境治理是基础，国家既是环境问题恶化的责任者，也是环境治理的承担者。但同时，环境问题具有很强的国际区域性，从治理的角度来说，很多方面必须通过区域合作治理才可以实现环境的改善，只有通过区域合作治理才可以获得更好的成效。在诸多国际区域中，环境治理被列入区域治理的重要议程，有的设立了专门的环境治理合作机制，建立了合作项目、论坛等。比如在东北亚地区，中日韩对话合作把环境治理作为重要议题，设立了东北亚次区域环境合作计划(NEASPEC)，在东盟＋中日韩(10＋3)对话、东亚峰会(EAS)、APEC 等机制下，都设立了专门的环境合作议程，召开部长会议、高官会议，提出合作动议和推出合作议程。在美洲区域，早在 20 世纪 40 年代就制定了自然保护公约，此后签署了大量的区域和双边环境治理公约、协议。欧盟的环境治理体系比较完善，有专门的立法，有具体的实施计划，成效也比较显著，同时，欧盟也与其他区域，包括北美、拉美、东亚、亚太都有着多种形式的环境治理合作。

不过，总的来看，对大多数区域来说，环境治理合作效果并不显著，环境形势面临严峻的挑战。就国际区域治理而言，存在的问题主要体现在：区域环境治理的合作机制建设不健全，在多数地区，缺少行之有效的环境治理法规，区域治理更多的是进行对话、倡议和交流信息；在发展与环境治理上存在矛盾，在国别治理与区域治理之间也存在矛盾；在目标设定与落实措施上存在脱节等。环境治理是一个需要做出一定现实利益牺牲和进行巨大投入的领域，即便在国别层面，也存在矛盾，更不要说在区域层面了。有效与良好的国际区域治理需要各国的政治与利益认同和达成行动共识，同时也需要政府、企业与个人的有效协同。现实中，这些方面往往存在矛盾，甚至冲突。

环境问题与发展问题紧密相连，二者需要维护平衡和相互促进。平衡需要在治理中来逐步实现，治理要能推动发展方式的转变，通过生产方式的

---

① “About UN Environment Programme”, https://www.unep.org/about-un-environment.

转变来改善环境。在区域层面，由于各国的环境和发展有着相互间的密切关联和影响，因此，基于共利与合作的区域治理，在促进环境治理与发展平衡、转变治理与发展方式上发挥着重要的作用。从本质上说，环境治理的成果具有公共产品的性质，比如，通过合作治理实现水、空气等的净化，受益者不仅局限于参与治理者和被治理者，而是属于社会共享的。①

气候变化是环境恶化的体现，也是环境恶化的一个结果。应对气候变化与综合环境治理有直接的关系，比如碳中和方案，既是应对气候变化的措施，也是环境综合治理的措施。以往，环境治理更多是一种被动性反应，即为了解决现存的问题，这样的后发性治理难以解决人类面临的环境危机。可持续的环境治理既要着眼于对现存问题的解决，也要着眼于面向未来的发展。面对日新月异的新科技发展，需要在利用新科技创新环境上给予更大的重视。

当然，国际区域治理的机制构建并不仅仅限于以上几个方面，比如，文化有着特殊而又紧密的国际区域联系，既存在文化的良性互动，也有文化上的矛盾冲突。文化对于区域关系、区域秩序的影响，有些是显性的，有些是隐性的，是渗透在理念、认知、政策、行动里面的，体现在民族、宗教、风俗、习惯的存在和影响上，属于软实力的范畴。推动国际区域文化的治理，一是要考虑对不同文化的相互尊重和互通互鉴，二是要考虑政府与社会的共同参与，构建包容与合作的机制，体现文化治理的特征。②

当然，尽管国际区域治理所包括的领域非常广泛，但也需要有重点地选择，采取适宜的方式，否则可能会陷入“治理陷阱”③。

第三节　国际区域合作与治理

第二次世界大战后，国际区域合作运动的发展有一个共同的特点：以各

① “Environment Governance”, https://en.wikipedia.org/wiki/Environmental_governance.

② 关于国际区域文化治理的研究，参见郭树勇：《区域文化治理与世界文化秩序》，《教学与研究》2016 年第 11 期。

③ 这里的“治理陷阱”是指因为诸多的因素，在区域层次无法取得成效，且可能导致资源投入浪费，甚至引发国家矛盾。

国平等参与为前提，以共利共享为共识，目的是通过合作创建区域的和平、发展与繁荣。区域合作作为一种运动受到多重因素的驱动，成为世界发展的一个潮流，对于国际区域治理有着重要的推动作用。

一、国际区域合作的驱动

国际区域合作的基本价值在于可以创造国别自身不能创建的利益，解决单个国家不能解决的问题，是应对与解决问题的需要。同时，现实的经验和教训也表明，合作是解决国际区域各种问题的最好选择，只有合作才可以把分散的意志和力量集合起来，构建可持续的区域治理机制，提供各方受益的公共产品。

在有关区域合作的研究中，人们主要的关注还是集中在显性区域合作的发展上，重视区域合作的制度建设，力图把不同的区域合作方式加以区分。比如，把基于区域认同的合作称为“区域主义”(Regionalism)，把基于区域利益共识的行动称为“区域合作”(Regional Cooperation)。事实上，从国际区域治理的角度，无论是基于区域认同，还是基于区域利益共识，都是属于国际区域合作的范畴，都构成开展区域治理的驱动。同时，区域认同与利益共识有着直接的联系，前者为后者提供了认知的基础，后者对于前者有着重要的促进作用。

区域认同对于开展国际区域治理合作有着重要的意义。区域认同是各国对区域归属的认知，也称为“区域身份认同”。区域身份认同的重要性在于，它可以使各方确立和增强区域利益和区域责任的意识，把区域利益与区域责任作为自身利益与责任的组成部分，并且为此进行投入。区域各方对于区域的认同既有历史的联系，也有现实利益的基础。历史的联系不断加重区域身份认同的意识，现实利益则驱动各方相向而行。事实上，区域认同的形成要素不仅包括政治、安全、经济，也包括民族、宗教、文化，是多元要素的综合体现，因此，对于区域认同，各方不会因为某些方面的变化而放弃或者在认识上发生根本性的动摇。

区域共识是各方对于在区域层面开展合作所涉及区域定位、合作目标、方式和领域所达成的共同认知。由于国情不同，各国基于不同的考虑，对于区域认知、定位，合作的目标、方式和领域会有不同的考虑，因此会有差别。

鉴于此，区域共识的形成和为此开展的合作行动需要参与各方进行协商，在很多情况下，从能够形成共识的国家开始启动，即志同者先行，从比较容易做和见效快的领域开始行动。区域治理合作是一个不断行进和发展的进程，往往由小到大，由浅入深。

危机往往是凝聚区域共识和开展合作的重要致因。区域性的危机来自多个方面，安全危机有着很强的合作共识驱动。长期以来，区域冲突、战争、强国扩张、争夺、争端升级、宗教争斗等持续不断，区域的稳定大都靠战争后胜利者构建的秩序，而一旦力量对比发生变化，新的冲突、战争就会再起，周而复始。欧洲曾是战争的热土，是两次世界大战的策源地，基于地区安全危机的教训，二战后开启了区域合作进程，首要的目标是创建区域合作安全的长久机制。在全球化时代，经济危机是推动区域合作达成共识的重要因素。亚洲金融危机催生了东盟与中日韩合作的进程，以此为基础，多层次的东亚区域合作机制逐步发展起来。气候变化、新冠疫情、恐怖主义等都是危及共同利益的危机，也是推动区域共识凝聚和开展合作的驱动器，因为没有一个国家可以置身事外和单独应对，合作是唯一可行的选择。

受益是各国参与合作的内在动机。如果政府和公民认为能从参与中获益，政府就会支持合作并为此进行投入，公民也会对政府的政策给予支持；反之，则会消极参与，或者退出合作。当然，政府和社会对获益的认定不同，由于实际获益与认定出现差异而导致矛盾，甚至决定退出合作的案例也有，有的体现在退出合作组织，有的体现在退出合作项目或者协议。

二、对国际区域的再定义

基于地缘连接的国际区域是客观存在的，各国因各种关系与利益连接起来。国际区域治理是对国际区域的再定义，既让区域具有治理区域事务的功能，又让其在良好区域关系和共享利益构建中发挥作用。

基于长期战乱的教训，欧洲创建了现代民族国家制度，划定了神圣不可侵犯的国土边界，赋予了国家拥有排他性的治理法权。但是，现代民族国家的建立并没能阻止一些国家对外发动战争。两次世界大战都起源于欧洲，欧洲为此付出了巨大的代价。第一次世界大战后，曾有过建立欧洲合作机制的动议，但没有成功。直到二战后，推动欧洲合作的动议才达成强烈共识，并有了行动。欧洲合作的基本认知是，只有创建由各国参与的区域合作机制，才可以阻止单个或几个国家发动战争。这种认知的一个重要改变是，国际区域被赋予新的地位和职能，即合作共建的国际区域成为各国利益的重要载体，承担维护各国利益的职能。

欧洲煤钢联营的目标设计是，通过建立区域合作机制，对重要资源和生产进行集体掌控，制约单个国家发动战争的能力。当然，欧洲合作后来的发展有了更综合的目标和制度构建，而且逐步提升了区域治理的权力和职能。欧洲统一市场的建立是一个重要的突破，即以区域为依托，创建超国家的治理体系。尽管区域治理并不改变国家本位的基础，但是改变了国家治理的内容和方式，诸多领域被转移到区域层面。

在欧盟制度下，现代民族国家的专属权在区域合作机制上被合法分解，许多重要的管理和治理权交由区域职能部门行使，成员国则分享区域合作所创建的利益，包括区域和平、区域市场、区域福祉以及对外利益构建等。与其说这是对民族国家治权和利益的限制，倒不如说是对民族国家治权和利益的扩大。因为超国家的治理和分享，事实上在一定程度上突破了民族国家在治理和利益创建上的制约。

在欧盟区域治理的制度下，一方面，国家作为基本制度的基础和地位没有发生根本性变化，保证了国家对本国政治、社会、公民、对外关系的基本权力；另一方面，区域制度作为成员国认同的管理载体，具有了合法的地位和权力。因此，就制度构建而言，国家与区域有着内在的合法性连接，形成了新的双层治理结构；就公民身份认同而言，个人既具有合法的国家身份认同，也具有合法的区域身份认同。

当然，在民族国家本位下，如何保持这种二重性的平衡，让二者能够相互兼容，使制度能够运行顺畅，还是需要不断磨合的，因为有时也会发生冲突。比如，原定提升欧盟宪法地位的《欧盟宪法条约》(Treaty Establishing a Constitution for Europe，TCE)，因一些成员反对，不得不改为《里斯本条约》，删除了涉及“宪法”名称和含义的内容。[①]英国之所以脱欧，主要还是因

① “Treaty Establishing a Constitution for Europe”, https://en.wikipedia.org/wiki/Treaty_establishing_a_Constitution_for_Europe.

为其对欧盟治理制度的不认同。

当然，欧盟的区域制度构建具有特殊的背景，也有着欧洲人对区域认同的历史、思想、文化基础，欧盟模式在其他地区很难复制。然而，基于对区域功能的认可与实际发展的需要，在世界范围内，区域合作无论从观念上还是从实际行动上，都得到越来越强的认同，使得多样性的区域合作成为具有内在驱动力的潮流。

较之争夺、争斗，合作就是一种认知进步、价值观进步，也是一种文明进步。尽管现代民族国家定位具有神圣不可侵犯的边界和不可干涉的治权，然而，各国的利益具有很强的外延性，基于利益的考虑，边界需要开放，治权需要让渡，国际区域合作就是为各国提供相互开放与相互让渡的互利平台。当然，边界开放和治权让渡不仅仅局限于国际区域范畴，但国际区域合作无疑是最主要的平台。

三、区域认同与“区域主义”

国际区域是所在国共处、共生之地，因此，其本质上是一个共同体。不过，鉴于各种原因，国际区域内往往充满矛盾、冲突甚至战争，良好的区域共生和共利区域环境需要合作共建，而走向合作的最基本条件是各国在区域认同与区域合作上取得共识。

问题导向与危机驱动被认为是推动合作的重要因素，问题与危机也可能会导致区域国家间产生分裂，甚至发生冲突。推动区域合作的驱动来自多种因素，其中基于利益认知和合作共识是可持续区域合作的根本动力。当然，受到复杂因素的影响，不同国家、不同区域对于开展国际区域合作的利益认知与合作共识存在很大的差异，因此，不同国际区域在合作定位、目标、内容和方式上都会有很大的不同。

区域主义通常被用来解释国际区域合作。区域主义的核心是基于区域认同基础上的合作认知，即对于构建区域治理机制给予支持，由此，愿意赋予国际区域以治理功能。区域主义是区域意识的体现，它不是开展合作的方式，而是推动合作的认知理念。因此，有区域主义认知理念的支持，国际区域的合作进程可以更有持续性，在合作上可以更有深度。

欧洲合作进程逐步形成了欧洲区域主义的特点与范式。欧洲新型合作治理认知有着很长的历史积淀，推崇“欧洲主义”思想者不乏其人，但由政府参与和推动的新区域合作始于第一次世界大战之后。欧洲是第一次世界大战的策源地，也是主战场。战争给欧洲带来巨大的灾难。基于防止再次发生战争的认知，有关构建欧洲国家合作组织、开展区域安全治理的议案被提上议事日程，最有代表性的是白里安计划(Briand Plan)，期望建立一个欧洲合众国，由于缺乏合作共识，该计划并没有成功。[①]

20年后，新的世界大战烽火再起，主战场还是在欧洲。第二次世界大战给欧洲带来的损失比第一次世界大战更大。基于对灾难和教训的共同认知，欧洲国家开始了区域合作的实践。欧洲合作以创建地区和平为初衷，逐步构建了一套比较完整的区域治理体系。在合作进程中，欧洲国家基于区域认同基础上的区域主义意识得到了提升，构建了具有欧洲特色的区域治理体系。基于欧洲独特的历史，欧洲的区域主义具有很强的国家联合认同，欧洲联合不是简单的国家合作，而是构建超国家的区域制度，“欧洲合众国”被作为一个目标。

东南亚国家对于基于区域认同的区域主义意识与欧洲不同。东南亚多数国家直到第二次世界大战后才逐步从殖民主义的枷锁中解放出来，实现了民族国家独立，因此，维护民族国家本位的意识很强。但各国应对复杂区域关系和环境的能力很弱。因此，东南亚国家的区域认同具有“国家至上”与“区域协和”的“二元认知”特征，即一方面要维护国家独立主权不受侵犯，另一方面要开展区域合作应对挑战和威胁，正是这种“二元认知”孕育了东南亚区域合作的方式和区域主义的特征。[②]

东南亚区域合作始于政治合作动机，由少数国家发起成立区域组织[③]，该组织在发展进程中不断进行调整，在稳定国家关系的基础上把区域经济

① 关于白里安计划，参见 Aristide Briand's Plan for a United States of Europe — archive 1929, https://www.theguardian.com/theguardian/from-the-archive-blog/2019/sep/05/aristide-briands-plan-for-united-states-of-europe-september-9。

② 东南亚国家的现代国家构建大多是在摆脱殖民地统治的基础上开始的，国家认同与重建被摆在首要的地位，区域认同以稳定区域国家间关系和有利于民族国家建设为基点。关于这方面的分析可参见吴小安：《区域与国别之间》，科学出版社 2021 年版，第 167～190 页。

③ 1961 年，马来西亚、菲律宾、泰国成立“东南亚联盟”；1967 年，马来西亚、菲律宾、泰国、印度尼西亚和新加坡 5 国发表联合宣言(曼谷宣言)，决定成立东盟。

治理作为重点，力图通过推动区域市场开放、构建自贸区来促进经济发展，在此基础上又进一步推动构建“东盟共同体”，转向综合区域治理。与欧盟不同，东盟的经济、政治安全、社会文化共同体不是要成立超国家的区域治理职能机构，而是构建以区域合作规则为指导，实行以国家治理为主体的协同性区域治理方式，即“东盟方式”(the ASEAN Way)，目的是通过区域合作，凝聚区域合力，实现区域的稳定、和平与发展，在此过程中，逐步加强国家治理制度的建设。“东盟方式”所体现的“区域主义”，核心是创建维护和增进东南亚各国利益的国际区域合作机制。[①] 东盟共同体是以维护国家主权、治权为基础的，区域层次的作用是进行目标、议程、基本规则的设定与监督，由成员国按照达成的共识目标、议程落实，是一种基于政治约定与承诺和目标导向的国际区域合作治理方式。[②] 不能简单地把东盟方式归纳为“软约束”，比如，《东南亚友好合作条约》《东盟宪章》都是经过批准的区域共守法律，必须遵守，只是在开展国际区域治理的进程和方式上，考虑到各国间的巨大差别，尽可能体现“舒适度”，目的在于提供落实上的灵活空间，而不是标准上的灵活性。

非洲的区域合作具有强烈的政治合作导向，受到实现民族独立思想的驱动，有着通过区域合作实现非洲和平与发展的目标设计。1963 年，非洲统一组织(OAU，简称“非统”)成立，目标设定是实现非洲的独立和自强。与其他地区不同，推进非洲合作治理，首先需要解决的问题是，独立国家的国家治理体系构建和推进尚处在殖民统治下的国家的民族独立。因此，在以国家为主体的新型国际区域合作中，非洲联盟(简称“非盟”)要推动非洲的合作，所面临的最大挑战是国家治理能力的建设。2001 年，非统改为非盟，制定了非盟宪章，提升区域组织在维护地区和平，推动非洲各国在组织、协调与合作方面的作用，提出了面向未来的“新非洲倡议”(NAI)。非盟在组织架构上设立了比较完整的区域治理合作机制，绝大多数非洲国家都参加了

① 关于东盟方式，参见张蕴岭：《如何认识和理解东盟：包容性原则与东盟成功的经验》，《当代亚太》2015 年第 1 期。

② 东盟的这种方式重在合作进程，目标在进程中逐步体现，被称为“过程构建主义”，合作进程不仅是手段，也是目标。参见秦亚青：《全球治理：多元世界的秩序重建》，世界知识出版社 2019 年版，第 216 页。

该组织，按照目标设计，非盟将推动实现非洲自贸区、统一货币、联合防御力量等。由于非洲的复杂性，要实现这些远大目标并非易事，但是，非洲基于区域认同的区域主义意识有着内在的基础，而现实发展的需要也是非洲推进区域合作的内在驱动力。

拉美先后建立了多个区域组织，涉及不少领域，比如外交层面的“美洲国家组织”（OAS）、经济领域的“南方共同市场”（MERCOSUR）、综合性的“南美国家联盟”（UNASUR）、健康领域的“泛美健康组织”（PAHO）等。尽管在各个领域的合作有着不同的进展和成效，但是由于缺乏较强的政治共识推动，目标多元，总体而言拉美的区域合作成效有限。比如，由南美洲共同体（南共体）转型提升的南美国家联盟，曾制定了雄心勃勃的区域合作目标，成员国签署了《南美国家联盟条约》，由于内部出现政治分歧，许多成员退出，基本上处于解体的状态。[①]如今，面对拉美地区面临的诸多挑战，加强区域合作治理的呼声增强。如何形成区域认同和治理合作共识，尚面临诸多困难。

基于区域认同的区域主义在区域合作上通过多种形式体现出来，并非一定要形成构建综合性区域治理组织的共识与驱动。比如，基于安全上的区域意识，可能主要从区域安全的角度考虑，推动区域安全治理的合作，由此构建区域安全治理组织、治理机制或者签署安全协议；基于经济的区域意识，可能主要从经济发展的角度考虑，推动区域市场构建与开展经济合作，由此构建签署自贸区协议和其他经济合作协议；基于文化的区域意识，可能主要从加强区域文化联系和认同的角度考虑，推动区域文化领域的合作等。这样的区域合作被称为功能性的区域治理机制构建。

值得注意的是，在全球化深度发展的情况下，区域主义也被认为是一种对应性或者抗衡性的意识与行动。比如，文化的区域主义在有些情况下是作为抗衡“全球文化主义”而出现的，用以保护本土文化。有关拉美区域合作的一些主张和举措也有对抗强势美国影响的考虑。[②]

当然，在一些情况下，开展带有区域性特征的合作动机并非出于区域主

① 参见王鹏：《南美洲的区域治理：演进、危机与前景》，《晋阳学刊》2019 年第 6 期。

② 关于美国主张的泛美主义和拉美国家推动的拉美运动，参见王鹏：《南美洲的区域治理：演进、危机与前景》，《晋阳学刊》2019 年第 6 期。

义意识的驱动，而主要是出于利益的需要。[①] 因此，这样的合作尽管有着一定的国际区域性特征，但不同于基于区域认同基础上的区域主义驱动。因此，要避免把区域治理、区域合作的概念泛化，不然就难以准确把握国际区域治理的本质特征。

四、区域关系与区域治理

国际区域的地缘性为开展区域合作提供了最重要的依托。地缘区域国家比邻而居，有着割不断的联系和诸多共享的利益。友好相处、合作共利是邻国间最优的选择。但是，地缘本身并不必然导致所在区域的国家一定或者能够开展合作。地缘相近，也往往引发国家为利益而争夺，因纠纷而结仇。古往今来，"近而不亲"的现象并不少见。

国际区域内国家关系对于开展区域合作治理有着重要的影响。从国际区域治理的角度分析，一方面，国际区域合作的发展有助于改善国家间的关系；另一方面，良好的国家关系是推动国际区域合作治理发展的重要保障。在实际发展中，这两个方面可以相向而行、相互促进。但是，也存在不协调的情况，尽管各国有着清晰的区域认知和开展区域合作的认同，如果国家间关系出现问题，就会使合作变得困难，从而也就难以让区域合作治理在改善国家关系上发挥作用。

良好的双边关系是推动国际区域合作治理的基础。在地缘区域内，国家之间的交往多，受到诸多因素的影响，往往会出现许多矛盾，发生冲突的情况也不鲜见。良好的双边关系和区域关系，既可以是相互间良好相处的结果，也可以是相互间对存在的问题、矛盾处理得当的结果。在复杂的历史交往中，各国会积累和遗留许多难解之题，有的涉及领土、族群，有的涉及政治、安全、宗教、文化等，异常复杂难解。

现实中，有些国际区域合作已经开展起来，合作机制也建立了起来，但因为国家关系出问题而受到影响，甚至使得区域合作机制名存实亡。像南亚区域合作联盟(SAARC，简称"南盟")，尽管有着地缘连接的引力，各国也

---

① 比如，美国推动的"印太战略""印太经济框架"等，就是主要从地缘竞争战略的角度考虑的，参与的国家也并非都属于所划定的区域范围。

有着区域认知和区域认同的基础，但是，印度和巴基斯坦两国关系紧张，长期得不到和解，导致区域合作治理成效甚微。东北亚也存在这样的情况。尽管该地区地缘连接，经济关系紧密，建立起了中日韩对话合作机制，但由于日韩关系、中日关系经常出现紧张，争端激化，使得发展起来的三国合作机制不时出现停滞。在欧洲合作中，法德和解是推动区域合作的关键。在东盟，包容性合作平台的构建，使得不同政治制度的国家可以相容共处，不仅有助于改善国家间的矛盾，而且有助于增进各方合作中的区域认同和利益共识。显然，国际区域合作进程本身也会有助于国家关系的改善。因为通过开展合作，可以加深各国政府间、社会间的相互了解和理解，通过合作受益，可以增强各国对维护和推进国际区域合作的意愿。

现代区域合作是在认同和共识的基础上进行的，国家无论大小，都以平等的身份参与，在地位和权利上是平等的，在利益上是共享的。如果域内国家间力量对比失衡，特别是在一个强国占主导地位的情况下，如果找不到平衡点，构建现代区域治理机制的难度就会增加。当然，如果强国能够接受基于合作导向的区域治理理念和规则，并能提供更多的公共资源，区域合作治理就可以取得效果，并且可持续。①

要使区域合作不断深化、可持续，需要制定具有约束力的共守规则。国际区域合作的规则大体可分为两类：一类是大规则，针对整体合作定位的，对成员具有法律效力，涉及组织、权利、原则、责任等，如关于区域组织的条约、宪章等；另一类是功能性规则，针对领域合作的，对成员具有法律效力，涉及面比较广泛，像自由贸易协定（FTA）、投资协议、数字协议等，有些还涉及标准、程序等。对于区域合作来说，无论是大规则，还是功能性规则，越细化、越具体，对深化合作的作用越强。

一般情况下，出于多方面的原因，区域合作是建立在软约束基础上的，并无法律效力。区域合作多是合作的导向性目标，而无具体的规则，落实也

---

①　比如北美，由于美国是超强国家，并且长期坚持主导性，综合的区域合作组织难以建立起来，但由于美国可以提供巨大的市场利益，也需要开放的区域市场，因此，美国、加拿大和墨西哥都可以接受基于开放的北美自贸区构建。特朗普执政后，为了减轻产业转移的压力，推动构建了基于美国—加拿大、美国—墨西哥双边安排特征的区域性贸易协定框架。由于加拿大和墨西哥对美国市场有着高度的依赖性，因此两国接受了这样的差别安排。然而，在美洲大区域，这样的安排就难以实现。

是基于参与方的共识、自觉行动和责任意识。还有的则是区域性对话合作机制，具有多重目标，主要是通过领导人、政府职能部门的对话，就开展合作进行讨论，形成导向性的共识，也可以在共识的基础上推动合作议程、合作项目。

值得关注的是，信息化、数字化、智能化网络的发展，一方面有助于提升区域合作水平，提高合作利益共享性；另一方面也可推动超地缘区域的合作机制构建，也对基于地缘区域的合作形成了挑战。信息化、数字化、智能化的发展具有超地缘的特性，可以创建超地缘或者跨地缘的利益，还可以规避因地缘区域内国家间关系不好而对开展合作制造的障碍。鉴于此，国家在参与区域合作的选择上可能会更多地考虑获益因素，而不仅仅是地缘因素。这样的区域性合作机制构建与基于区域认同的区域合作不同。

第四节　国际区域治理与制度建设

国际区域治理是一个常态，是一个基于区域各国共同需要和共同利益的行动进程。国际区域治理涉及多个国家、诸多领域，实现常态化与有效的治理，需要建立常设性的治理机制，如此才可以保证治理进程的连续性与可持续性。

建立国际区域组织是开展有效区域治理的重要选择。国际区域组织是相关国家在区域层次上成立的合作治理机构。区域组织的合法性在于参与国家的认同与授权，大多通过区域组织条约或章程加以规定，有些通过签署合作协议予以确认。区域组织发挥效能的方式不同，有的通过组织自身机构行使职能，有的主要靠凝聚共识，通过成员国来行使。尽管行使方式不同，但其共同的特征是进行区域性的合作治理。现代区域组织之所以得到很大的发展，正是因为得到各方的认同，能为各方带来利益。

一、实体性国际区域组织

政府间合作组织是国际区域组织的主要形式，其组成和运行形式具有多样性的特征。实体性国际区域组织是具有独立的超国家治理职能的机构。在这类区域组织中，无论是组织形式，还是运行形式和治理效果，都有很大的差别。比如欧盟，其组织架构比较完善，设有从决策、管理到立法、议会等完备的组织架构，在治理上，行使诸多领域的区域性治理职能。

欧盟不断吸收欧洲新成员参加，基本的条件是遵从欧盟的现有组织规章，具备执行欧盟治理职能的能力，这样，欧盟基本上避免了因扩大而变得松散的弊端。在非洲，区域组织的构建有两层框架：一是泛非大框架，以非盟为代表，在机构设置方面比较完备，包括首脑会议、执行理事会、非盟委员会、泛非议会、非洲法院，以及和平与安全理事会，经济、社会和文化理事会等，成员涵盖非洲绝大多数国家；二是次区域框架，数目颇多，功能也不尽相同。在区域治理上，非洲的次区域治理合作得到了很好的发展，在许多方面取得了比较显著的成效。比如"东南非洲共同市场"(COMESA)，有 21 个国家参加，成立了自贸区、关税同盟，建立了诸多推动经济发展的合作机制。"西非国家经济共同体"(ECOWAS)，以经济发展合作为主轴，推动区域内市场开放，成立区域发展金融机构，推动单一货币区构建。同时，为了维护区内发展的环境，该组织还成立了调解与安全理事会，对冲突和战乱地区进行调解与维和，建立了从首脑会议、执委会到议会、法院等区域治理机制。东盟保持最小的区域组织架构，不设职能管理机构，秘书处负责协调，并无行使治理权力的职能，决策靠领导人会议，落实靠部长会议，实施落实计划主要靠成员国，形成了独具特色的"东盟方式"，正在建设的东盟共同体也不是把目标放在构建超国家治理职能机构上，而是放在推进区域的政治、安全、经济和社会文化的合作发展上，实现成员国的和平共处、合作共处和受益共享。

显然，区域组织并没有统一的模式，不同区域有不同的组织形式，行使区域治理的方式和效果也不同。不过，有一点是一致的，即区域组织在推进区域治理中发挥着关键的作用，一般而言，区域组织发挥作用的能力越强，效果也就越明显。

二、非实体性国际区域组织

非实体性国际区域组织的组织形式多样，它们也具备许多区域治理的功能，涉及诸多领域，从政治安全、经济发展、社会文化到生态保护等。像亚洲相互协作与信任措施会议(亚信)，主要功能是通过召开领导人和高管会议，就和平与发展问题进行对话，推进共识和推动区域合作机制的构建。其本身并不具备实施治理的功能，主要是通过召开会议，发表立场文件，对区域的安全关系、安全政策等发挥合作导向作用。类似的还有跨区域的亚欧会议、东亚—拉美合作论坛、东盟地区论坛等。比如东盟地区论坛，由东盟发起，以推动东亚地区的合作安全为导向，推动区域安全治理合作。[①]

非政府区域组织是由非政府机构推动构建的，参加者是区域内各国的非政府组织，就涉及国际区域的诸多领域参与治理，主要涉及环境、社会、人文领域，有的以独立身份开展区域治理活动，有的则通过多种形式参与官方国际区域组织规划与开展的区域治理行动。在很多情况下，基于资讯网络的便利，非政府组织开展的区域性合作治理活动通过网络连接的方式进行。在国际区域治理中，非政府组织的参与受到越来越大的重视，在国家层面、区域组织等都重视非政府组织的参与，有的进行立法保障，使得非政府组织不仅是参与的行动者，也是议程制定的参与者。不过，由于很多非政府组织不具备执行主体地位，加之良莠不齐，发展不平衡，因此如何发挥非政府组织在区域治理中的作用还有很多问题需要探讨和解决。

此外，还有联合国经社理事会所属的地区机构，如非洲经社委员会、欧洲经济委员会、亚洲及太平洋经社委员会、西亚经社委员会，其职能主要是落实联合国发展议程，推动地区发展，为地区提供技术援助，推动地区的合作以及与外部的联系等。它们与当地的国际区域组织也有着密切的联系。

三、功能性国际区域机构

在国际区域治理合作中，功能性机构发挥着重要的作用，最有影响的是地区性开发银行，如亚洲开发银行、泛美开发银行、非洲开发银行、欧洲投资银行、欧洲复兴开发银行、加勒比开发银行等。它们以支持区域发展为宗旨，为区域国家发展提供融资、技术援助等。像非洲开发银行，是在联合国非洲经济委员会支持下由非洲国家合作开办的，成员包括所有非洲国家，并吸收域外国家参加，主要向成员国的经济社会发展提供支持，帮助各国制订

① 东盟地区论坛是由东盟发起推动的跨区域官方对话机制，主要就地区安全进行对话，设定了建立信任措施、开展预防性外交和探讨解决冲突三个阶段进程，成员国涵盖亚洲、美洲和欧洲(欧盟)。目前进入预防性外交阶段。参见东盟地区论坛，https://baike.baidu.com/item/%E4%B8%9C%E7%9B%9F%E5%9C%B0%E5%8C%BA%E8%AE%BA%E5%9D%9B/1773325?fr=aladdin。

发展计划，推动区域经济合作与开放。如欧洲复兴开发银行，其宗旨是帮助和支持中东欧国家向市场经济转型，支持中东欧国家私人企业发展和国家的基础设施建设。像亚洲基础设施投资银行（简称"亚投行"），由中国发起成立，成员主要来自亚洲、欧洲等，主要为亚洲地区的基础设施建设提供融资和技术服务。还有像地区性合作基金、专门性合作机制等，主要在某个领域开展合作，如东亚地区的"清迈倡议"，就是为了应对区域性货币金融危机而签署的货币金融合作协议，通过成员国间的货币互换协议，在发生货币金融危机时提供资金支持。

功能性区域组织在其他领域也有不少，特别是在安全领域，区域性安全组织数量不少。从国际区域治理合作的角度来说，只有那些通过平等参与，以共同安全、合作安全为理念的区域安全机制构建才会在可持续的区域安全治理上发挥积极作用。

建立组织机构不仅为开展区域治理提供了制度支持，而且也大大提升了国际区域的地位和作用。但是，国际区域治理的职能权力来自参与者的认同和授权，尽管国际区域治理可以为各方提供增加的利益，但在实际发展中，在涉及国家内部的问题上，区域治理会遇到许多障碍和执行上的困难，因此，需要处理好区域治理与国别治理之间的关系，做好分工与协调。在涉及区域共域性问题时，寻求共同责任与共享利益、国别责任与利益之间的平衡。在触及国家内部问题的时候，区域层面的干预有时会变得非常敏感，处理不好可能会引起矛盾，因此，需要加强与当事国的沟通和协商。[①] 在安全领域，传统的认知和措施是以本国为中心的，而区域安全治理需要考虑共同安全的问题，为此要把自我安全与共同安全有机联系、结合起来，让参与者增强共同安全的理念，以对构建安全治理机制和安全共同体给予支持。国际区域治理合作是在发展中不断完善的，在发展中也难免会出现区域组织名不副实、治理成果有限等问题，甚至有解体的可能。尽管如此，在区域化成为潮流的大趋势下，越来越多的国家对参与和推动国际区域制度构建，开展国际区域治理持更为积极的态度，因此，国际区域治理将会得到更好的发展。

---

① 事实上，区域与国别之间在联系和互动上，并非有完全清晰的界线，既有看得见的接壤相邻的中间地带，也有看不见的超越相邻地带的密切互动关联，有着跨界、流动、互动、链接、离散、混杂与身份认同。参见吴小安：《区域与国别之间》，科学出版社 2021 年版，第 2～7 页。

第一篇　国际区域治理理论

第一章　国际区域治理的知识源

在同处一域的地理条件下，区域治理的基本前提是区域观念的认同，这种认同奠定了国际区域构建的基础，与之相应的区域社会才有可能成为"区域治理"的物质性载体。因此，区域观念和区域社会的存在是区域治理成为可能的主体性根源。区域治理理论需要对区域观的产生、变化以及更新过程进行阐释，并对区域由观念走向实践的相关要素进行综合考量。

第一节　国际区域治理观念的演变

一、区域观念

"区域"是一个地理学概念，是指用一定的标准在地球表面划分出的具有一定范围、连续而不分离的地理单位。区域的划分随着人类活动范围不断扩大而改变，不同的文明板块对区域的理解都与该板块内的人对域外世界的认知相关。人类出现以来，不同的区域世界长期处于相互封闭的状态，即使一定区域内对外联系不断扩大，相互封闭的状态也没有被打破，这种状态一直持续到公元 1500 年左右。在相互封闭的世界里，不同族群的区域观念通常以本地人生活和活动的场所为中心，如远东、近东和中东的提法带着欧洲中心论(Euro-centrism)的色彩，东洋、南洋和西洋的表述显然又带着强烈的中国中心主义(Sino-centrism)。即使到了 20 世纪初，由于语言、交通、通信等的制约，区域的划分依然带着强烈的自我中心意识，例如，根据相关学者对 1901～1911 年东亚区域概念的考证，即使到了 20 世纪初，"东洋"仍是主流的区域概念，专门用来指代中国及周边国家，“东亚”的概念虽然出现但并没有被广泛应用。[①] 地理大发现带来的欧洲人区域观念的革新，使区域的划分有了世界性意义。

区域观念是指区域内的人对世界地理状况、历史文化、社会习俗等的认知，这种认知包括两个层面：一是区域内的自我认同，如本地语言文化、风俗习惯、宗教仪式等的认同；二是对域外世界的感知，指对域外世界的地理方位、风土人情等的了解，这里的域外世界是区域内人的视野所能达到的范围。区域观念的形成伴随着人类从部族、部落、酋邦到国家的漫长过程，这种观念超越了血缘相承的族群意识，是一种特定人群自我认同的群体象征，与民族国家主权和领土要求不同的是，区域观念的主体意识和社会属性相对较弱，其区位符号和空间象征意义则相对较强，区域更多的是一个地理想象的空间，生活在这个特定地理空间的人，对域内文化有着同样的认同，对域外文化有着同样的感知。“集体身份是以共同的记忆和代代相传的意识为基础的，因而总是与特定的历史经历相关联的。”[②]随着活动范围的扩大，区域观念可能发生改变，首先是文明程度较高的板块产生的向心力辐射周边地区，使区域观念的认同范围扩大，其次是不同文明区域的交往驱使区域内的人更多地了解外部世界。随着交往的加深，区域观念从古老的大陆视野中走出来，如从中国人早期的东夷、西戎、南蛮、北狄的称呼到明清时期西洋、东洋、南洋、北洋叫法的转变，表明中国人的区域观念经过了一个从大陆向沿海转换的漫长阶段。欧洲人的区域观念传统上以地中海北部沿岸为中心，到了菲利普二世时代扩展到欧洲大陆，在欧洲人区域观念的视野从大陆向海洋转变的过程中，地理大发现起了革命性的作用，欧洲人开始按照他们

---

① 参见潘喜颜：《清末历史译著研究(1901～1911)——以亚洲史传译著为中心》，复旦大学博士学位论文，2011 年。

② Anthony Smith, “Toward a Global Culture”, in Mike Featherstone, ed., *Global Culture: Nationalism, Globalism and Modernity*, London: Sage Publications, 1990, pp.179-180.

对新世界的了解重新描绘世界地理版图，如美洲、澳大利亚的名称就源于欧洲人。[①] 那些还没来得及完全认识域外世界的人们，区域观念在交往过程中被欧洲人更新，如中国人和印度人；那些与外部世界完全闭塞的人们，则开始被动地接受欧洲人创造出来的区域划分方式，如印第安人和澳大利亚土著，直到欧洲人对世界的区域划分成为人类的普遍共识。

二、区域观念的扩展

在历史演进中，人类的视野是不断扩大的，区域观念也随之发生变化。从1500年左右开始，探索地球上未知世界的基本上都是欧洲人，因此，欧洲人的视野到了近代已经有了世界性意义，随着欧洲人在世界范围内的殖民扩张，欧洲之外人们的区域观念的视野也逐渐放大到全球。19世纪末，这种视野从区域范围向全球范围的转换基本完成，不同文明板块的区域观念最终有了同质化的世界意义。不过，全球视野下的地球人（或全球人）意识并没有取代区域观念。正如亚非拉民族国家观念的形成始于西方的冲击一样，全球视野下的区域观念在与域外世界的对比参照中，反而不断被强化，如当亚洲人知道了欧洲和非洲的存在，亚洲人身份更加强化，这在非政府领域的表现更为强烈，20世纪初远东运动会（亚运会前身）的定期举行和1916年南美足球协会的成立表明区域观念在体育文化领域的显性存在。

人类有了历史意识之后，家庭观念、族群观念和区域观念通常是并存的。国家产生之后，人类社会的组织管理形式发生改变，无论是历史编纂中的知识累积，还是现实社会中的阶层分化，国家开始作为首要观念而存在，区域只能是次级的，在国家权力面前，区域观念从来都不是主体性的意识。区域观念通常服务于国家权力需要，公元前4～公元前3世纪，中国战国的“合纵连横”和希波战争时的“提洛同盟”(Delian League)都是区域观念对战

① 美洲的命名就源于意大利航海家维斯普奇·亚美利哥(Vespucius Americus)，1499年亚美利哥率船队驶往印度，沿哥伦布所走过的航线到达美洲大陆，亚美利哥对南美洲东北部沿岸作了详细考察，并编制了最新地图，在其《海上旅行故事集》里向欧洲人宣告了新大陆的概念。后来，法国学者出版的新《宇宙学》，在地图上也加上了新大陆，并以亚美利哥的名字命名，即“亚美利哥洲”，后又依照其他大洲的名称构词形式，改为“亚美利加洲”(America，简称美洲)；澳大利亚一词源于拉丁文，意为“未知的南方大陆”(Terra Australis Incognita)，17世纪初，欧洲人发现该大陆时，误以为这里可以直通南极陆地，就以此命名，简称Australia，叫法沿用至今。

时状态的一种自然回应。近 300 年的欧洲史也表明，国家伦理在近代充满“罪与罚”，邻国之间的军事结盟只是区域合作的短暂需求。11 世纪以来，经济领域的“区域合作”在文明程度较高的地区已经出现，东亚大陆宋辽金夏之间通过“榷场”开展互市贸易，西欧波罗的海沿岸的“汉萨同盟”(Hanseatic League)成为区域性商贸网络，尽管商业化程度不同，但都一度兴盛，然而二者的结局同样都是被帝国所淹没和吞噬，前者被元朝的蒙古铁骑征服，后者在与商业帝国的竞争中败下阵来。因此，帝国霸权成为区域合作的梦魇，稳定的区域合作模式的出现，既要等到现代意义上的国家建构完成之后，也要等到成熟的自由贸易机制确立。

17 世纪以来，威斯特伐利亚体系下的民族国家原则成为国际关系中的首要准则，这样，近代以来的区域观念长期被古老的帝国观念和新兴的民族主义浪潮所掩盖，甚至加以利用。[①] 一方面，弱小的民族把区域观念的视野拉回到本族群曾经活动过的地理空间，在一定的疆域内建构民族国家；另一方面，强大的民族不满现实的版图划分，区域观念在帝国主义的驱动下膨胀成为一种地缘扩张的霸权诉求。日本的“大东亚共荣”和希特勒的“第三帝国”即是区域观念在亚欧版图两端的强力拉伸，这样，不同族群活动的弹性空间或被民族国家压缩，或被帝国拉伸(这成为 20 世纪民族矛盾和地区冲突的根源)，在这一缩一伸的过程中，区域观念异化为对民族国家的认同和对帝国观念的消极随从。

三、学术研究中的区域观念

在学术研究中，区域指特定地理范围内由政治、经济、社会文化等相关元素聚合而成的一种相对稳固的国际社会现象。布鲁斯·拉西特(Bruce Russett)列举了区域的五个特征，即地缘上的接近、社会和文化上的同质性、共享的政治态度和行为、政治上的相互依存以及经济上的相互依存。[②]当然，

① 在利用区域观念为国家外交服务上，美国是始作俑者，19 世纪早期，门罗主义曾宣称“美洲事务是美洲人的事务”，具体参见 Murphy Gretchen, *Hemispheric Imaginings: The Monroe Doctrine and Narratives of U.S. Empire*, NC:Duke University Press, 2005。

② Bruce Russett, “Delineating International Regime”, in J. David Singer, eds., *Quantitative International Politics: Insights and Evidence*, New York: The Free Press, 1968, pp.318-319.

“区域不是‘自然的’和‘赋予的’，而是在全球转型的过程中被不断创造出来的”[①]。当人类具备了越洋交往的能力后，不同区域世界间的互动更加频繁，世界开始发展成为一个整体，人类进入一个全球化阶段。全球视野下的区域划分和观念认同在域内和域外可能达成一致，区域原本作为地理学的概念在其他领域的活力也逐渐彰显出来。[②]

进入20世纪，由于地图学的发展和地理知识的普及，五大洲四大洋的地理分布和不同种族与族群的活动范围，逐渐成为国际常识。基于国族意义上的国家身份和种族意义上的区域身份，成为国际交往中最基本的身份标识。[③] 混杂、多元的区域知识就被分门别类地汇入一种新式世界观，即“国际区域”观的塑造中，区域在知识生产、传播和交流中成为国际知识的基本分类标准。于是，专业化的国际区域知识生产在欧美国家得到强化，在亚非拉国家则得到广泛传播。20世纪中叶，随着18世纪以来区域知识在人文社会学科的累积，区域研究的多学科基础基本形成，区域分类的标准在地理学的基础上逐渐开始多元化，经济、政治、文化的分类既有叠合也有冲突，如欧盟日益成为一个政治经济文化共同体，在经济上中、日、韩与东盟十国成为一个东亚经济圈（然而政治上的东亚更多地停留在地理意义上）。总体上来看，区域的国际社会化成为一种趋势，区域逐渐用于描述那些在地理上连成一片，在语言文化、社会历史、经济发展上有共同特质的地区，区域观念在区域知识的不断创造中进入了现代人文社会科学领域，成为学术研究和知识创造的一种相对固化的观念，学术界又把这种观念推向普罗大众，区域观念最终在不同区域世界的人群中形成，印刷术、电信业、互联网等传播技术在20世纪的不断突破，从技术上支持和强化了这种区域观念，从社会传播学角度来看，这成为20世纪末“区域主义”兴起的关键因素。

---

① [瑞典]赫特、索德伯姆：《地区主义崛起的理论阐释》，袁正清译，《世界经济与政治》2000年第1期。

② 例如：“区域认同”是研究区域问题的学者建构出来的概念，其开始于对区域地理划分的认可，政治地理现状和社会文化因素都起重要作用，域外认同（即他者认同）和域内认同（即自我认同）的一致性与否，是区域认同能否被深化的关键因素，对于东亚的区域概念，美国的政治家尽量忽略，而用“亚太”或“印太”来指代更大的区域范围，反映了这种区域划分认知的不同，当然，背后有美国利益参与的认知考量。

③ 关于“科学”种族主义（Scientific Racism）和“民族主义”的身份，参见[英]巴里·布赞、乔治·劳森：《全球转型：历史、现代性与国际关系的形成》，崔顺姬译，上海人民出版社2020年版，第102～111页。

四、欧洲的区域治理观

尽管区域观念长期处于次要位置,但区域特有的自然地理属性使国际关系在面临“零和博弈”和“囚徒困境”时多了一种选择。二战的结束使区域观念从民族主义和帝国主义的桎梏下解放出来,区域成为域内国家互惠合作和权力共享的想象空间,和平共处、共同发展成为区域内国家间未来关系的可能选择,欧洲人再次成为新观念的冒险者和尝试者。[①] 世界殖民体系的崩溃、现代战争的煎熬以及欧洲霸权优势的丧失,使欧洲人的视野又回归欧洲版图,他们反思威斯特伐利亚条约以来的地缘冲突并探索构建欧洲和平秩序的新办法。一方面,欧洲人开始脱掉“威斯特伐利亚束身衣”(Westphalia Straightjacket),摈弃地缘政治的民族主义和帝国主义逻辑;另一方面,欧洲学者倡导“用切实可行的‘区域主义’替代空谈的、无效的‘普世主义’”[②],欧洲政要支持通过“区域主义”建立新秩序,并开始了区域合作的初步尝试。区域观念由此获得新生,在欧洲人的推动下,联合国宪章最终签署之时也专门列出了关于区域办法的第八章。[③] 近代欧洲商业社会孕育出来的“社会契约”精神能否成为区域内国家间和平共处的政治契约,成为区域合作的关键,在吸取国联教训的基础上,联合国宪章最终达成了欧洲国家间政治契约,尽管传统文明板块依然存在,但世界版图以民族国家为单位已被重新划分,国家主权和领土完整得到联合国宪章的保障,从而结束了帝国观念与区域霸权联袂共存的历史,也结束了区域内国家铁血兵戈的地缘政治博弈(把区域纳入一国范围的国家为数甚少,俄罗斯是个地跨欧亚大陆的特例),为欧洲特别是德法两国在其他领域的合作扫清了障碍。

欧洲实质意义上的区域合作始于1950年的“舒曼计划”(Schuman Declaration),“欧洲煤钢共同体”(ECSC)是欧洲漫长历史上出现的第一个拥

---

① 这种提法来自英国哲学家怀特海的《观念的冒险》一书,在该书中,他认为观念的冒险是人类林林总总的精神经验的一部分,某些观念在加速人类通往文明的缓慢进程中产生特定的影响。具体参见[英]阿尔弗雷德·诺思·怀特海:《观念的冒险》,周邦宪译,译林出版社2012年版,第1页。

② “区域主义”的提法最早见于爱德华·卡尔1945年出版的《民族主义及其之后》一书,实际上,“区域主义”是区域观念发展到一定阶段的产物,是一种更高级的“区域认同”,区域观念在这种区域化浪潮中成为推动区域合作的主体意识。

③ 参见联合国宪章第八章, http://www.un.org/en/documents/charter/chapter8.shtml。

有超国家权限的机构，成员国第一次把各自的部分主权让渡给一个独立的高级机构。欧洲煤钢共同体的尝试获得成功，使西欧在美苏的夹缝中实现区域能源的最大化利用，也第一次使区域观念从空间想象变成了实践，开启了欧洲区域一体化的新时代。1967 年，“欧共体”(European Community)的生效又扩大了欧洲区域合作的范围。区域合作并非欧洲的专利，其他地区的区域合作在二战后也相继开始，东盟、安第斯同盟、东非共同体等区域组织继欧共体之后相继成立，兴起了战后第一波区域组织勃兴的高潮。虽然这一波“区域主义”的兴起受到冷战思维的干扰①，但区域观念已经擢升为一种现实存在的“区域主义”浪潮，“区域主义”理论得到发展②，这种探索和尝试也为后来区域组织的再次勃兴积累了经验。

五、全球性的区域治理观

由于全球化的发展，具有先导性和首创性的欧洲区域治理经验向其他地区扩展是迟早的事情。冷战的结束宣告了资本主义的胜利，被福山称为“历史的终结”，资本主义生产组织方式开始逐渐在全球居于主导地位，全球化成为一波风靡世界的浪潮。民族国家面对这一冲击，大都选择了局部全球化的区域合作，“区域主义”再次复兴，被学界称为“新区域主义”，这一波区域合作的浪潮大都以经济互惠互利为目标，“制度主义”成为主导，“新区域主义”逐渐通过制度化的合作机制和稳定的区域机构将区域从观念认同转化为一种“区域社会”的现实存在，然而，区域内不同国家政治、经济、文化等领域的差异成为推进“区域”社会化的障碍，当帝国主义的霸权逻辑不能奏效时，方式更加民主、平等的“区域治理”成为一种应然选择，由此，“治理”成为推动“区域化”的功能性选择，“区域治理”由此产生。③

---

① 冷战把意识形态斗争放在优先次序，区域观念重生的可能在意识形态的对立中又被压制下去，世界版图在美苏两极格局下变成了资本主义和社会主义两种生产组织方式的竞争。

② 这一波区域主义的浪潮通常也被称为“旧区域主义”，具体参见张振江：《地区主义的新旧辨析》，《暨南学报》(哲学社会科学版)2009 年第 3 期。

③ 有学者可能认为“区域治理”可以追溯到更远，但无论是康乾时代的东亚封贡体系，还是中世纪的欧洲基督教世界，都是帝国观念与区域霸权的联姻，即使有“区域治理”现象出现，这种治理也不是基于一种主观目的，而是服务于帝国霸权的管制需要。“区域治理”与后现代(post-modern)的经济政治组织形式相辅相成，通过一种公共契约的精神，协商处理区域公共事务，改善区域秩序，不会过分依赖均势和强调主权，只有当霸权退出区域事务时，“区域治理”才会出现。

进入21世纪，由于经济全球化的发展，区域治理也成为全球主义视域下治理的组成部分，具有全球本土化和多样化特征。世界各国越来越注重与自身地缘政治相关的区域组织、区域机制和区域集团的作用。在欧盟的示范效应下，不同类型的区域组织如雨后春笋般兴起，由发展中国家组成的区域组织表现出强劲的发展势头，成为新兴的区域力量。随着一体化的加强，区域合作的领域逐渐由经济领域拓展到政治、安全、环保等相关领域，区域组织日益成为区域内国家外交事务的优先选择，也成为区域内政治、经济、文化、安全等相关事务协调、谈判、合作与共治的最重要舞台。区域内国家以协议或联盟的形式让渡权力给区域组织机构，使其逐渐由协调、组织的角色演变为多重权力交汇的区域性委托治理机构，初步具备了区域协调与管理的职能，如欧盟通过欧元促成欧洲经济的协调一致，南共市通过南方银行来实现南美金融体系的独立，西非经济共同体(ECOWAS，简称"西共体")通过西非维和部队来维护地区安全。在全球性国际组织如联合国、WTO、国际货币基金组织(IMF)等解决国际问题能力日益弱化的背景下，区域组织在区域范围的影响力不断增强。"地区层次更明显的具有了独立性，它既是国家冲突与合作的所在地，又是学者们尝试探究当代安全事务的分析层次。"①

第二节　国际区域治理知识的生产

"区域治理"的理论与实践集中体现在区域知识的累积以及现代技术官僚(Technocrat)对区域知识的运用。区域知识涵盖区域地理、区域文化、区域经济、区域政治等多个层面，两个或两个以上层面的叠合就可以构成一个或松散、或紧密的区域社会。然而，区域知识却被19世纪以来产生于西方的社会科学用理性主义(Rationalism)的方法条块分割于地理学、历史学、政治学、经济学等不同的学科门类中。19世纪之前的区域知识更多的还是区域性的，用于描述相互分割的区域世界，现代意义上的区域知识要等到近代

① David A. Lake, Patrick M. Morgan. *Regional Orders: Building Security in a New World*, University Park: Penn State University Press, 1997, pp.3-19.转引自[英]巴里·布赞、奥利·维夫:《地区安全复合体与国际安全结构》,潘忠岐等译,上海世纪出版集团2010年版,第10页。

社会科学划分在欧洲的出现。

一、早期的区域知识

从知识考古学来看，知识生产都有其时代性，作为经验的区域知识，其生成的历史要比国际关系知识久远得多。[①] 中国在先秦时就有《山海经》，历朝历代也一直有记录周边史地的传统，如宋代赵汝适的《诸蕃志》和元朝巩珍的《西洋番国志》等。早期的异域知识多是经验性的，对域外知识的记录多是游记式的异域体验，如玄奘西游的《大唐西域记》就是对今南亚和中亚一带的翔实记录；在北非，有记录亚洲大部分地区和国家见闻的《伊本·白图泰游记》；在西亚，有伊本·胡尔达兹比赫的《道里邦国志》；在欧洲，则有著名的《马可·波罗游记》。地理大发现以来，西方传教士和殖民官员是区域知识最重要的生产者，他们与原籍国教会与大学的联系推动了区域知识生产的专业化。如新加坡英国总督斯坦福·莱佛士(Stamford Raffles)，作为新加坡的开埠者，既是著名的印尼研究历史文献《爪哇史》的作者，还是英国皇家学会会员，被认为是东方学专家。这些非本土的异域知识，自产生起就有了今天意义上的“国际性”特征，属于天然的国际区域知识。本土与异域地区在经验、知识和信息的传播及交互中，产生了原初意义上的普遍性的“区域知识”，假若没有这些知识，区域治理经验的效仿和互鉴也就无从谈起。“早期的区域知识更多是自发性和本土性的，限于对本土历史文化、社会习俗和生活经验等的自我认知。

二、近代欧洲区域知识的生产

19 世纪中叶，在古代实用科学和自然哲学的基础上诞生了近代自然科学。在此影响下，社会科学与古典学派决裂并自成体系，社会科学的产生开启了知识的再发现、再生产和再创造过程，“从产生的第一天起，就为我们今

---

① 福柯有关于“知识型”(épistémè)的论述，认为“知识型”是知识构成和生成的结构性形态，可以作为知识的范式或模型，具体参见[法]米歇尔·福柯：《知识考古学》，谢强、马月译，上海三联书店 2003 年版，第 4～5 页；[法]米歇尔·福柯：《词与物——人文科学考古学》，莫伟民译，上海三联书店 2001 年版，第 10 页。关于国际关系的时代性，参见唐世平：《国际关系政治理论的时代性》，《中国社会科学》2003 年第3 期。

天赖以生存的制度框架提供依据与合法性”[①]。在欧洲地理学和历史学的编纂中，欧洲人放眼异域世界，在不同区域世界的相互比较中发现各自不同的区域特征。对异域世界地理、历史的关注使人类学、社会学的方法最早进入区域文本的阐释和描述中，人种、语言、文学、艺术、宗教等成为区别不同区域的重要元素，随着欧洲学科划分的细化，专门研究某一特定区域的学科产生，如“东方学”就是专门用来研究亚洲历史、语言、文学、艺术及物质、精神文化的综合性学科。随着研究的深入，区域知识在人文社科研究领域也得到丰富。20 世纪上半叶，斯宾格勒和汤因比在反思“欧洲中心主义”的基础上，参照地理、语言文化、社会历史、风俗习惯等因素，以文明为单位，划分人类历史上不同的文明板块，这种文明板块的划分基本反映了人类不同区域的文明发展状况，尽管争议较多[②]，但在人文社会科学领域的影响深远，文明逐渐成为某一特定区域的文化内核。

三、经济学区域知识的生产

与文明诸要素不同的是，经济是区域观念最重要的社会基础。经济区域按人类活动的空间分布来划分，具有均质性和集聚性的特点，区域研究的经济学方法更具现实意义，区域知识的物质性建构及相关理论和方法亦多源于此。18 世纪亚当·斯密就意识到区域的经济学意义[③]，“自由主义”经济理论主张通过自由贸易实现经济扩张并通过市场规范经济交换，这成为后来主张区域合作和互相依赖等相关学说的理论根源，在此基础上，产生了专注于区域经济研究的相关学科。19 世纪以来，在杜能(J. H. Thünen)的“农业区位理论”和韦伯(M. Weber)的“工业区位理论”基础上，克里斯·泰勒(Chris Taylor)、奥古斯特·廖士(August Lsch)、沃尔特·艾萨德(Walter

---

① 黄平：《全球化：一个新的问题和方法》，《中国社会科学》2003 年第 2 期。

② 这种划分尽管形成了民族、国家、文明等身份认同在区域的复杂叠合，但对后来区域社会的重新建构产生了重要影响。

③ 生产要素的流动范围长期稳定于某个特定区域，或者稳定地从一个区域流入另一个区域，形成经济上的相互依赖，市场成为区域融合的最重要动力。亚当·斯密认为：“分工起因于交换能力，分工的程度，因此总要受交换能力大小的限制，换言之，要受市场广狭的限制。”斯密在《国富论》中已经深刻意识到距离和交通对于区域市场形成的作用，并对地中海世界、非洲、中国和印度等区域的交通状况分别进行了分析。参见[英]亚当·斯密：《国民财富的性质和原因的研究(上)》，郭大力、王亚南译，商务印书馆 1997 年版，第 16～20 页。

Isard)等经济学家从事经济与空间配置的研究,创立了"区域经济学",该学科最终成为一门专门研究区域专业化、产业集聚、经济活动区位、经济空间相互作用等经济圈层内不同经济体间关系的学科。在雅各布·维纳(Jacob Viner)"关税同盟理论"①的推动下,二战之后的"区域经济学"范畴不再局限于一国之内,而是延伸到国际关系领域,"区域一体化"研究一度成为国际关系研究的热点。20世纪末,随着学科的细化,"地缘经济学"(Geo-economics)也成为新的经济学研究领域;"地理经济学派"(New Economic Geography)在克鲁格曼、藤田等学者的推动下重新崛起,并把"区域经济学"带进主流经济学的殿堂,使区域研究保持在经济学科的影响力。

四、冷战与美国区域知识的生产

"区域知识"创造的规模化、系统化源于冷战的推动。"区域研究是随冷战而首先在美国出现、发展并达到鼎盛的多学科研究,在西方人文与社科学术界曾经有过辉煌的过去和全球影响。"②对地缘性的区域政治的关注是国家安全的需要,把与地理区域密切相关的地缘政治研究发挥到极致则是冷战的产物。美国学者埃德加·胡佛(Edgar M. Hoover)认为:"区域是基于描述、分析、管理、计划或制定政策等目的而作为应有性整体加以考虑的一片地区。"③为了应对来自苏联的威胁,美国中情局组织专家学者,成立针对苏联、欧洲和亚洲等非西方阵营的跨学科研究机构,把区域研究作为情报机构和外交智库。区域研究项目围绕冷战和国家安全开展,由福特基金会、卡内基基金会等机构提供资助。尽管这种学术资源为冷战服务的做法为学界所诟病④,但美国学界在对苏联、中东欧、东亚、非洲和拉美的研究中摸索出

① Viner Jacob, *The Customs Union Issue*, New York: Carnegie Endowment for International Peace, 1950.

② 刘康.《从区域研究到文化研究:人文社科学术范式转换》,《文艺研究》2007年第4期。

③ [美]埃德加·胡佛、[美]弗兰克·杰莱塔尼:《区域经济学导论》,郭万清等译,上海远东出版社1992年版,第239页。

④ 芝加哥大学著名历史学家布鲁斯·卡明斯(Bruce Cummings)认为:"非西方世界"的学术研究的终极力量是经济和政治的力量。两极格局和美国在世界经济中的霸主地位为区域研究划定了清晰的界限,区域研究和国际研究非常清晰地指向那些值得研究的地域、事件和进程,它们背后是众多公共和私人资源。具体参见 Masao Miyoshi and Harry Harootunian, *Learning Places: The Afterlives of Area Studies*, NC:Duke University Press, 2002。

一套区域研究的方法，为冷战后区域问题研究的繁荣奠定了基础。美国的区域研究在冷战时期取得了辉煌的成就，对全球范围的人文社会科学发展都产生了重要影响。譬如，东南亚研究的重镇在冷战期间由欧洲转移到美国，以康奈尔大学、耶鲁大学和加州大学伯克利分校的东南亚研究机构为代表，培养了本尼迪克特·安德森、克利福德·格尔茨、詹姆斯·斯科特等一代有跨学科影响力的国际学者。①然而，美国主流社会科学发展的行为主义倾向于排斥区域研究中融入文化的"解释主义"，导致在知识论上可以作为国际实践基础的区域研究始终无法进入主流学科研究中，这实际上削弱了美国社会科学对现实世界的解释力。

五、后冷战时代区域知识的跨学科生产

冷战结束后，新自由主义的推动使区域化的发展超越了原有区域研究的地缘政治范畴，欧洲一体化加速，方兴未艾的东盟、南锥体等非西方世界区域化的发展程度已经超越了区域研究的冷战范式，也超出了区域研究的理论视野，暴露了区域研究的理论缺陷。作为后冷战时代的学界回应，传统的政治经济学得到发展，无论是自由主义还是马克思主义，都抛弃了冷战思维，最终形成政治经济学的多元风格。约瑟夫·奈和罗伯特·吉尔平成为该领域的集大成者，前者在自由主义理论指导下形成了著名的"相互依赖"理论，常常用来解释后冷战时代的国际冲突与合作问题；后者在国际关系领域推动国际政治经济学成为新的学科，该学科从20世纪末以来更多地关注区域发展与合作问题。冷战后，区域研究的另一个趋势是跨学科。在政治学、经济学和社会学等其他学科领域，区域整合、区域个案考察都成为重要研究课题。这些与区域相关的学科分支或某个研究领域构成了区域研究的学科群，与风靡一时的全球化研究相对应，"区域合作""区域主义""区域一体化"理论在不同学科中被分别阐释，经济学的演绎和数学推理、国际关系的结构分析、社会学的新功能主义等研究方法推动了区域研究的发展。

---

① 有意思的是，美国的区域国别研究并没有完全紧紧追随美国的国家外交，依然坚守学科和专业导向，这为美国的区域国别研究保留了"去政治化"研究的薪火，开创了美国区域国别研究的辉煌，培养出了区域文化、社会建构和语言导向的一流学者。

冷战后出现的跨学科方法带来了区域研究的繁荣。不同学科背景的研究丰富了“区域知识”的内容，形成了区域合作的经济学、政治学和社会学原理，更重要的是，这些研究来自区域合作理论和实践的最重要智库，也成为区域一体化的理论源。这种多学科的区域研究，与20世纪末“区域主义”的兴起相辅相成，使区域观念与全球观念一样，成为21世纪初支配相关研究的重要观念之一，这种观念在非西方世界尤甚，并波及相关领域，在理论和实践上左右非西方国家的政治经济活动。不过，这些新兴的学科大多有追踪时代潮流的先天缺陷，其自身理论的建构多属于跨学科的嫁接，理论原创性不足，相关研究范式尚不清晰，缺乏实际论证和实践检验，并不能对区域发展的新现象给出有说服力的理论阐释。“新区域主义”被认为是区域合作与实践的新浪潮，事实上更多的是对“新自由主义”主导的局部世界全球化的回应。对于区域发展的新现象，如东盟在东亚区域合作进程中扮演什么样的角色，“欧盟东扩”和“北美南下”的动力是区域化还是全球化，二者的未来关系走向是竞争还是合作，新区域主义理论显得解释力明显不足。

综上所述，区域知识生产经过了不同的历史发展阶段，在不同的阶段受到不同区域或国家知识生产体系的影响。如今，区域研究越来越成为一个受到高度关注的学术研究和公共政策领域，区域国别问题的专业导向和问题指向在国际问题研究中也越来越明确。[①] 在学术研究中，区域是范围指向，治理是问题指向，国际区域治理自然也成为一个新的学科领域。

---

① 这种转向在国际学界也有体现，以SSCI为例，国际关系与区域国别期刊的分区趋向于稳定，Q1区的选题交叉越来越多，Q1、Q2、Q3区的区分度越来越精确。

第二章　国际区域治理的理论阐释

区域治理是无政府的世界治理以区域为单元的自然演进，区域治理理论的建构需要对区域治理的概念定义、学术要素和学科范畴等进行界定，并对其运行机制和实践模式进行提炼、抽象与概括。作为区域研究学科建构与理论阐释的工具，区域治理理论就是以区域为基本单位的“区域治理”的概念、框架、理论与方法。

第一节　国际区域治理的概念

区域原本是一个地理学概念，随着人类“治理”经验的不断累积和扩展，区域成为“一个依赖地理条件但越来越不再是单纯地理而是特定的政治性和经济性的社会空间”[①]。在区域社会的实践中，区域治理既有普遍意义上的工具属性，也有扎根于不同地理单元的在地属性，“把一些在地理、历史和现实中有着众多一致性和共同利益的国际单元或者国际行为体”[②]通过特定的机制聚合在同一个框架下。随着戴维·肯尼迪（David Kennedy）所说的“主权水线”（Waterline of Sovereignty）的下降，传统的“领土政治”（Territorial Politics）开始衰退，赫德利·布尔（Hedley Bull）所说的“新中世纪主义”（New-medievalism）走势日趋显现，继全球社会学和“英国学派”的国际社会理论之后，区域治理成为这种趋势最重要的解释源（Sources of Explanation）之一，学界开始关注区域治理现象。

---

① 庞中英：《全球治理与世界秩序》，北京大学出版社 2012 年版，第 93 页。

② 庞中英：《全球治理与世界秩序》，北京大学出版社 2012 年版，第 93 页。

区域治理是区域政策与国际政治在区域层面的统合，作为一个新概念，主要是基于以下几个方面：区域作为一个自我协调层次的重要性的增加、功能原则逐渐取代领土原则、通过弱制度的区域网络和伙伴关系进行合作以及多样化区域工具和形式的导入。[①] 研究欧盟内部治理的亚瑟·本茨(Arthur Benz)、斯特凡诺·帕内比安科(Stefano Panebianco)等学者认为，区域治理是结构和进程在区域范围内的引导与协调，代表一种发生在大城市、州邦或国家之间的被广泛认知的治理现象。[②] 中国学者郭树勇认为："区域治理主要是指某一国际区域内的主权国家、国际组织以及其他国际行为体对区域事务的共同管理。"[③]加里·戈茨(Gary Goertz)、凯斯·鲍尔斯(Kathy Powers)则把区域治理看作是制度意义和组织意义上的，"其制度意义在于它是由法律约束力的文件构成，这些文件包括了规则、规范和原则等，其组织性在于有特定的管理机构、决策机构和争端解决机制等"[④]。国际法学者斯通·斯威特(Stone Sweet)给出的定义则是工具意义上的，他认为，区域治理是"在具有某种形式的制度安排的区域内，通过创建公共机构、塑造公共权威、制定管理规则以维持区域秩序，满足和增进区域共同利益所开展的活动和进程，它是区域内各种行为体共同管理地区事务的诸种方式的总和"[⑤]。斯威特的定义在功能主义者(Functionalist)那里得到普遍认可。

上述学者关于区域治理的界定，与 20 世纪 80 年代治理理论的兴起密切相关，强调了区域治理的工具理性和制度属性，却忽略了区域的历史文化属性，或者是把"民族国家"作为这种因素的替代单位。来自不同学科的相关文献表明，区域治理有一个涵盖区域性、区域化、区域主义等概念的多维

---

① Michael Böcher, The concept of Regional Governance in Different National Funding Programmes, *In*: *International Workshop "Regional Governance for Sustainable Development"*, Hagen: FernUniversität, Oct. 2005.

② Stefano Panebianco, Jan Fasselt, Ulrich Doenitz, Zimmer Hegmann R, "Evaluating Regional Governance: Methodological Concerns and Practical Experiences", Paper Presented at ERSA 2005, Amsterdam, Aug.2005, pp.27-31.

③ 郭树勇.《区域治理理论与中国外交定位》,《教学与研究》2011 年第 12 期。

④ Gary Goertz and Kathy Powers, "Regional Governance: The Evolution of a New Institutional Form", No.SP Ⅳ 2014-106, *WZB Discussion Paper*, 2014.

⑤ Alec Stone Sweet and Wayne Sandholtz, "European Integration and Supranational Governance", *Journal of European Public Police*, Vol.4, No.3, 1997, p.297.

的区域知识框架，上述关于区域治理的定义并没有一个一以贯之的内在逻辑，因此也不能准确把握区域治理的外延和内涵。实际上，区域治理既是区域社会中不同行为体的社会实践，又是区域组织运行的制度设计，社会实践者、政策制定者都参与其中，前者有复杂的历史文化背景，后者则要考虑非常具体的现实需要。当区域市场、区域货币、基础设施等区域治理的客观条件成熟时，区域治理就成为一种区域社会的现存状态。因此，区域治理是一种新的制度形式[①]，除了功能性，区域治理更有复杂和具体的社会历史环境。

普遍意义上的区域治理，是元理论视角下区域研究的理论工具。元理论是学术研究中对研究对象背后的知识进行探究而产生出来的一种具有普遍意义的知识存在体系。区域治理的元理论就是以区域为基本“元”的，关于治理的概念、原理、内在结构及相关认识论和方法论的区域知识的合集，就区域治理而言，具体包括三层内涵：第一，区域作为元单位，类似于威斯特伐利亚原则下的“民族国家”，却是一个更大的物质性单元，有实体的存在，如欧盟、东盟等；第二，区域作为“元”，是一种抽象的、形而上的区域观念的表达，较之国家，这种观念的区位符号和空间象征意义较强，主体意识和社会属性则相对较弱，与治理理论去价值的工具性相一致；第三，与全球的、国家的、个体的学理分析层次不同的是，这种“元”强调区域的主体性，把区域作为人类社会发展进程的主体单位，区域有其存在的本体论价值和功能性结构。

总体而言，区域是比国家更具伸缩性的社会历史单位，区域治理是人类基于世界地理特征和不同族群分布而进行的一种以区域为基本单元的社会实践，是人类存在、认知与实践在区域空间内的三维整合。在人类发展的不同阶段，区域治理依托不同的机构，通过不同的机制来维系。从发展阶段来看，区域治理是人类由局部走向整体、孤立走向整合的最重要的社会状态，全球范围的威斯特伐利亚国家体系的形成，构筑了全球性区域治理的基础（Infrastructure），是区域治理走向全球治理的新起点，全球善治（Global Good Governance）是人类社会追求的理想状态。从学术概念上来看，区域治理是区域地理、区域观念、区域知识、区域主义、区域经济、区域安全、区域

① Gary Goertz and Kathy Powers, “Regional governance: The Evolution of a New Institutional Form”, No.SP Ⅳ 2014-106, *WZB Discussion Paper*, 2014.

环境等关于区域的存在、认知与实践等概念在区域研究中“集束化”(Clusters)的结果。

第二节 国际区域治理的理论框架

在上述概念界定的基础上,可以把人类在区域地理基础上形成的区域观念和区域社会作为不变的存在层,把区域知识和区域研究作为可变但相对稳固的认知层,把区域实践、区域合作、区域冲突作为变动的实践层,形成由“区域存在层”“区域认知层”和“区域实践层”综合延伸出来的区域治理元理论体系。区域治理理论主要基于这相互关联的三个层面的设定。

一、区域存在层

从区域存在层来看,区域观念是一种人类基于自然地理的元观念,区域观念与区域社会在区域实践中相互建构。“人类在漫长的生存历史上已经形成的文化将这些利益固定在特定的区域,他们有着生活中不可缺少的固定文化形式,使得生活的那片土地成为他们信仰的寄托和禀赋的来源。”[①]在人类社会发展中,不同的族群长期生活在特定的地理空间中,产生了区域性的“环境—人文系统”,形成了以某一族群(或相近族群)为主体的松散的区域社会,区域观念就产生于这种系统之中。亚历山大·温特(Alexander Wendt)的研究表明,人类的社会结构是由人类社会的主流观念塑造成的,观念性力量造就现实的国际政治。[②] 不同的区域社会有不同的区域观念[③],“多元中心并存、多个世界并行发展,从来就是人类历史发展的主流”[④]。地理大发现以来,全球观念的兴起并没有取代区域观念,相反,在与域外世界的参照中,区域观念被不断强化。区域内的人可以放眼世界,但在与域外世界的交往中,通常会产生“我来自哪里”的身份追问,尽管这种被追问的身份随着

① 郑冬子,郑惠子:《区域的观念——时空秩序与伦理》,科学出版社2010年版,第33~34页。

② Alexander Wendt, *Social Theory of International Politics*, Cambridge: Cambridge University Press, 1999 p.1.

③ 参见王晋新:《多元、多维与多向:重新审视1500年以来世界文明》,《学海》2007年第3期。

④ 张乃和:《认同理论与世界区域化研究》,《吉林大学社会科学学报》2004年第3期。

视野的扩大可能改变，但区域观念已经成为一种相对固化的区域认同，这种区域认同具有“去领土”(Deterritorialization)的特征，在应对外部世界时又带着就近舍远、趋利避害的工具性。[①] 20 世纪下半叶，在欧洲学者的推动下，区域观念擢升为一种区域共同体想象，被学界称为“区域主义”，这成为区域建制的观念性力量。[②]

二、区域认知层

从区域认知层来看，域内共有知识是区域社会结构的内核，知识的累积和创造在不同的区域世界里保持着相对的独立性。不同的区域有不同的传统，在此基础上形成不同的文明形态和思维习惯，无论是早期的文献典籍还是现代科技条件下创造的新知识，不同区域知识的累积与创造都相对独立。19 世纪中叶以来，现代社会科学在欧洲的产生开启了区域知识再发现、再生产和再创造的进程，人类学、社会学、考古学等学科方法在区域研究中得到应用，关于区域的文献和资料不断累积，形成了学理意义上的区域知识体系。区域主义在 20 世纪中叶的兴起使区域研究在认知上更加系统化，“正式的地区和真正的地区之间日益增长和扩大的关系导致了认知结构的制度化，逐渐加深了彼此的信任和敏感性”[③]。区域知识创造系统由此开始复苏，出现了区域性的思想库，如东盟战略与国际关系研究所(ASEAN-ISIS)、非洲治理与发展研究院(AGDI)等。这种相对独立的区域知识创造体系成为区域治理最重要的知识源。通过区域研究，区域知识用于指导区域合作的社会实践，成为区域治理最重要的理论库。

三、区域实践层

从区域实践层来看，区域为单位的元的主体性开始增强，并逐渐成长为

---

① 例如，在当今国际关系中，日本的区域身份是东北亚、东亚、亚洲还是亚太，通常取决于日本的国家利益，无论是对“六方会谈”的关注，还是东亚峰会的积极参与，以及 TTP 谈判的加入，都表明日本人区域身份的伸缩取决于国家利益，但无论怎样，日本作为东亚的区域身份是既定的。

② 在建构主义学者看来，区域观念与地理性的区域空间和物质性的区域存在叠合，构成了区域社会的现实基础，成为观念和社会存在相互建构的典型案例。

③ Hettne Björn and Fredrik Söderbaum, “Theorizing the Rise of Regionness”, *New Political Economy*, Vol.5, No.3, 2000, p.465.

独立的“国际行为体”(International Actors)。长期以来,空间意义上的区域通常是权力运作的客体,“国家主义”(Statism)优先于“区域主义”而存在。20世纪下半叶,随着民族国家原则和自由市场原则在全球范围的铺平,欧美大国主导的全球治理体系开始式微,全球治理可能回归早期不同区域世界相互封闭时的平等状态,区域社会实践中不同单位无序竞争的霍布斯状态正在发生改变。区域不再只是简单的权力运动的场域,其整合和凝聚不同次级单位的功能性力量彰显出来,并通过区域建制逐渐成长为具备国际法人资格(ILP)的“国际行为体”。国际法人资格是区域组织参与国际社会活动的基本身份,它意味着区域是一个建制化的行为实体,有着常规的组织机构和工作人员,具备在国际社会中与其他国家和国际组织发生契约关系的基本资格和操作能力。如欧盟通过欧盟理事会、欧洲中央银行等17个制度化实体机构和41个专门机构以及难以统计的私营的或半私营民间机构,已经形成了一个实体性的区域机构。[①] 这种以区域为建制单位的区域机构在区域社会实践中,有着维护区域安全、推动区域合作、强化区域认同的区域性社会伦理的功能。

在区域治理元理论的三个层次中,“区域主义”是一个核心的概念,联结存在、认知和实践三个层次。舒尔茨(M. Schulz)等认为:“区域主义代表了一种普遍现象,是一种正式的通常是国家导向型的计划和过程,也是一种涵盖规范、价值、目标和观念的客观存在,还是国际秩序的一种类型。”[②]从区域存在层来看,区域主义是区域观念在不同区域社会凝练的结果,伴随着近代以来人类互动能力的增强,区域内的互动增多,区域社会的联系不再是松散和自发的,本土性的区域观念擢升为知识化、学理化的区域主义;从区域认知层来看,区域主义是区域实践者自我认知的学理化,区域知识不再是无意识的自发生产,有导向的区域知识创造走向系统化,开始出现专门化的研究队伍和专业化的区域智库;从区域实践层来看,区域主义成为区域社会实践

① http://europa.eu/contact/contact-points/index_en.htm.

② Schulz, M., Söderbaum, F. and Öjendal J., “Introduction—A Framework for Understanding Regionalization”, in: Schulz, M., Söderbaum, F. and Öjendal, J. (eds.), *Regionalization in a Globalizing World—A Comparative Perspective on Forms, Actors and Processes*, London: Zed Books, 2001.

的理念导向，区域合作成为规避政治风险和降低“边际成本”（Marginal Cost）的理性选择，区域争端解决及合作机制逐渐形成。

总之，区域是“由自然共同体和社会共同体所构成的一个关系统一体”①，区域治理具有主体多元性、文化根植性、系统集成性的特征，贯穿如图 2-1 所示的区域存在、认知和实践三个不同的层次。在区域治理的理论阐释中，“区域主义”既是一个既定的历时性概念，也是一个正在进行的共时性概念。一方面，“区域主义”强调区域内聚力和区域认同感，宗教、文字、语言等古老的区域文化元素与现代科层制（Bureaucracy）和市场原则的结合，使“区域社会”成为一种可能的现实存在，不同的行为体通过渐进的多层次治理结成区域共同体；另一方面，“区域主义”有利于达成多边合作的一体化共识，同一区域的次级单位（通常是国家）通过切实可行的组织形式连结起来，通过区域协调来建构稳定的区域合作机制，强化区域连结，最终形成以区域为单位的社会共同体。

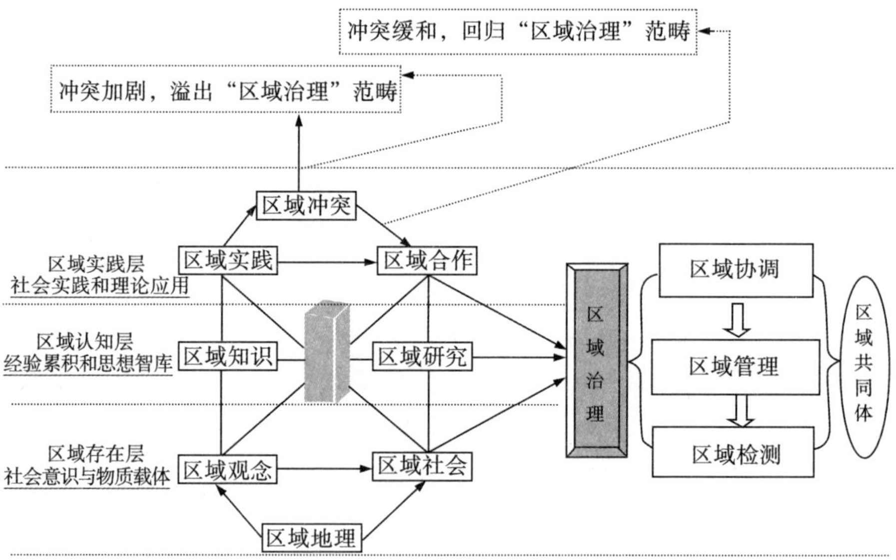

图 2-1　区域治理理论图解

① 郑冬子、郑惠子：《区域的观念——时空秩序与伦理》，科学出版社 2010 年版，第 212 页。

第三节 国际区域治理的要素

“区域治理”理论突出了“区域安排聚集束”(Clusters of Regional Arrangements)在区域治理中的重要性,是一种多层次、多元化、网络化的理论框架,有其基本的学科范畴。理论的价值要在实践中彰显,理论最终要归于实践,“区域治理”实践的主体、内容和机制等相关要素在理论视野下都有清晰的界定。

一、国际区域治理的主体

区域治理实质上是区域内原属于国家间的公共事务管理方式的变革,是摩根索等现实主义学者所说的人口、国土、资源等在区域范围内的超国家优化与治理。治理的主体不再限于传统的国家,全球的、区域的、国家的、次国家的乃至个体的行为体都可以参与到区域治理中来,其主体既包括国家,也包括私营公司、非政府组织(NGO)等自治力量,还包括区域性或全球性的政府间组织、跨国公司、国际非政府组织,以及其他可以在本地区发生影响的专门性组织。国家依然是核心单位,但“不再是作为传统形态中的单一主权权力,而是作为国际层次治理和国家连结公众(Articulate Public)的至关重要的中介”[①]。各种复杂而多元的治理力量依然需要通过国家被“缝合”进一个完整的区域治理体系中,“国家仍然是经济和政治事务的首要实体”[②],区域治理中任何忽视或挑战国家角色的制度设计和相关行为,都会导致区域治理的失效。

二、国际区域治理的内容

区域治理是区域公共事务的治理,与区域密切相关的跨国事务都属于区域治理的范畴。从相关事务的性质来看,主要包括政治性事务、经济贸易

① [美]D.赫尔德、J.罗西瑙:《国将不国:西方著名学者论全球化与国家主权》,俞可平译,江西人民出版社2004年版,第221页。

② [美]罗伯特·吉尔平:《国际治理的现实主义视角》,[英]戴维·赫尔德、安东尼·麦克格鲁编:《治理全球化:权力、权威与全球治理》,曹荣湘、龙虎等译,社会科学文献出版社2004年版,第341页。

性事务和社会性事务，以及生态环境、文化教育等相关事务。其中，同区域和平与发展相关的事务在区域治理中被置于突出的地位，区域安全则是区域治理的重点目标。进入21世纪，区域治理的内容从传统安全领域扩大到非传统安全领域，如今已经涉及安全合作、关税贸易、环境治理、产权保护、救灾赈灾、预防疾病、禁毒戒毒、打击海盗、合作反恐、货币交换、国际移民、司法合作、跨国犯罪、科技风险和反对核化等几十个相关领域。在国际治理评估机构的推动下，治理的内容近些年已经触及一国之内的政府效率、市场环境、腐败控制、媒体自由等相关问题。区域事务的分工和协作体现了“区域治理”的专业化水准，也是检验“区域治理”绩效的重要标准。“尽管各地区在治理的对象以及内容的广度和深度上具有不平衡性，但是克服经济技术合作和贸易自由化的障碍，实现生产要素的自由流动和更合理的配置，以及加强应对人类面临的共同性问题的挑战的合作和共同行动是地区治理的基本内容。”[①]区域治理也可以是全球治理失灵后全球公共政策的区域替代。例如，当《哥本哈根协议》《巴黎协议》等象征性宣言不能改变全球环境治理的尴尬时，作为“低政治、高共识”的领域，环境治理在区域层面却容易取得进展。再如，当东南亚的跨国雾霾污染问题靠单个国家无法解决时，东盟框架下的《烟霾协议》则成为区域环境治理的必然选择；欧盟对“环境正义”和自身标准的坚持，也使欧洲的环境治理效果优于其他地区。[②]

三、国际区域治理的机制

“区域治理”是一项系统工程，需要通过一定的运行机制来落实和执行“区域治理”的规范、准则和制度。“区域治理”的机制是多样的，不同性质的公共事务要求不同的制度及框架设计与之相适应，如区域环境治理，既要由区域组织协调区域内不同国家环保部门参与，也要有联合国环境规划署、区域内环保NGO及其他国际环保组织（如绿色和平组织）、相关企业乃至公民社会的参与。区域公共机构在“区域治理”中起着枢纽的作用，不同性质的公共事务要求不同的制度及框架设计与之相适应，既有欧盟那样的法律化

---

① 吴昕春：《论地区一体化进程中的地区治理》，《现代国际关系》2006年第2期。

② Henrik Selin, *The European Union and Environmental Governance*, New York: Routledge, 2015, p.2.

规程，也有东盟那样的弹性规制，但谈判与磋商、对话与合作当前仍然是“区域治理”运作的主要形式，如东亚峰会和亚欧会议的定期举行使东盟、欧盟等区域组织的运作更加制度化、规范化。在区域实践中，形成了三种最基本的区域治理机制，即协调机制、管理机制和监测机制。

四、国际区域治理的评估

学界对治理评估的关注始于20世纪90年代治理理论兴起之时，联合国开发署（UNDP）、经合组织（OECD）、世界银行（WB）等国际机构在一系列报告中通过指标、参数、指数等对不同观察对象的治理绩效进行评估，在相关数据的收集中使用了个案调查、抽样调查、数据监测、资料统计等方法，逐渐形成了专业化的治理评估体系，这种评估体系后被其他国际机构、评估部门以及学术和科研团体借鉴、推广和应用。“区域治理”的评估是通过专门的指标体系对某个特定区域的治理进程和现状进行绩效评估，评估的结果多用于监督和改善本地区的治理状况，也会用于相关机构的决策参考。目前来看，独立的“区域治理”评估机构为数尚少，其中，最具代表性的是易卜拉欣非洲治理指数（Ibrahim Index of African Governance），该评估体系由易卜拉欣基金会发起，通过84个指标对非洲的安全和法治、参与和人权、经济可持续发展机遇以及人的发展等四个方面进行评估。① 近些年，欧盟、南锥体、东盟、非盟等区域组织也通过年度报告或相关专业性报告对本地区的治理绩效进行自我观察和评估。“区域治理”的指标该如何设定，又如何对其进行评估？区域组织机构通常用“善治”（Good Governance）来回应，不过，“在国际治理评估领域，关于治理和善治概念没有达成一致认识，更没有形成治理和善治的统一标准”②。因此，“区域治理”的评估从指标设计到具体操作以及结果的使用，都是一个相当复杂的过程。

五、区域治理、国家治理和全球治理

以区域为单元的治理和以国家为单位的治理既有联系，又有区别。一

① http://www.moibrahimfoundation.org/the-index.asp.

② 俞可平主编：《国家治理评估——中国与世界》，中央编译出版社2007年版，第83页。

方面，在以国家为单位的全球治理体系中，区域治理既是国家治理的对外延伸，也是全球治理的局部化，以区域为单位的治理能够填补全球治理失灵后治理的缺失，也能够对国家治理的失败提供区域缓冲。另一方面，以区域为单元的全球治理比以国家为单位的治理有更高的开放性，创造了一个平衡“国家主义”（Nationalism）和“世界主义”（Cosmopolitanism）张力的弹性空间。[①] 区域治理对于绝对主权的国家而言是一种“软治理”，其本身包括了微观区域（Micro-region，通常是三角地带）、次区域（Sub-region）、中观区域（Meso-region，通常有比较稳定的国家间机制）和宏观区域（Macro-region，包括跨区域、区域间以及多边区域的合作）的扩张与递进，具有国家所没有的弹性和舒适度，不同的区域通过“区域间协调”[②]（Region's Concert）迈向全球善治的目标。

以国家为单位的治理是主权国家的不同领域在不同性质的全球机构内“政府间主义”的多边合作，区域治理则试图模糊一国之内的国家、市场与社会等领域的主权边界，使不同域内力量在以区域为场域的单位内实现互动。以国家和区域为单位的治理在动力源、首要理念、发展目标、未来路径和认识论上都有很大的差异，又分别具有各自的局限性，这种治理单位的差异性在实践上具有高度的互补性。区域治理的元理论有利于弥补原有的“全球治理”理论固有的一元主义治理观、工具理性主义和二元对立方法[③]的缺陷，对于优化和调整世界秩序有重要的现实意义。

综上所述，在国际区域治理的实践中，多样性的行为体既是治理的主体也是客体，不同的治理要素相互关联，形成多元性的区域共治，治理内容明确了治理的基本对象，治理评估在于完善治理的内部机制，治理机制和治理模式是在区域社会化过程中形成的，最终的目标都是实现区域共同体。因

---

① Sebastian Maslow, “The Fragmentation of the Global and the Integration of the Local: Exploring the Links between Global Governance and Regionalism in a ‘Partially Globalized World’”, *Interdisciplinary Information Sciences*, Vol.15, No.2, 2009, pp.163-178.

② 庞中英在“欧洲协调”的基础上提出“亚洲协调”的概念，依次延伸，“区域间协调”是一种以区域为单元的“区域间治理”的概念，郑先武称其为“区域间主义治理”，具体参见庞中英：《地区安全治理的未来：走向亚洲协调》，《国际安全研究》2016 年第 5 期；郑先武：《区域间主义治理模式》，社会科学文献出版社 2014 年版，第 72 页。

③ 参见秦亚青：《全球治理失灵与秩序理念的重建》，《世界经济与政治》2013 年第 4 期。

此，国际区域治理可被视为一门区域公共事务管理的科学，更关注区域公共权力的来源、合法性及其具体运作，特别关注运作过程和实际效果，并通过相关评估实现治理的自我完善和制度创新。

第四节　国际区域治理的关键变量

在区域治理中，有诸多变量，内生变量如民族国家、资源结构和地理气候等，外部变量如国际机制、全球机构、全球大国等，都是影响区域治理的重要变量，但这些通常都不是区域治理的关键变量。区域治理研究中，区域是排他性地加以界定的，内生单位有些是固化的，外部变量通常是外来的因变量。在通常的区域治理研究中，区域制度、区域大国、区域连结被认为是最重要的变量，区域治理是这三个基本变量通过特定机制在区域体系中的运行。其中，区域制度是基本保障，区域大国是关键角色，区域连结是客观指标，决定了区域治理的水平。

一、区域制度

区域制度(Regional Institution)是区域治理运行的基本架构，通常包括秘书处(Secretariat)、委员会(Council)、议会(Parliament)、法院(Court)等以区域为单位的相关机构。区域制度通常始于区域国家“政府间主义”的合作，经过了一个“区域主义”由观念到实践、区域组织由构想到实体的过程。区域制度是区域协调、区域管理和区域监测等相关机制运作的基本依托。秘书处是区域组织的常务机构，是区域组织运转的枢纽，其职责是拟定各项会务议程，秘书处在区域制度构建初级阶段通常兼具执行机构的功能，秘书长一般被视为区域组织的行政首长。委员会是区域组织的决策和执行机构，成员通常由区域各国的部长构成，委员会主席由选举或轮值方式产生。区域议会和区域法院是区域组织的立法和司法机关，是区域制度化发展到较高阶段的产物。区域制度化程度随着区域一体化水平的提高而不断提升，不同的区域组织制度化程度不同，如在 2009 年《里斯本条约》生效后，欧盟的制度构建程度和制宪水平都达到新高，而北美自由贸易协定、南盟等区域组织的制度构建依然比较松散。不同的区域制度构建有各自不同的特色，如“南美国家联盟”成立了“南方银行”，非盟设有可以派出维和部队的“和平与安全理事会”。据研究，进入21世纪，国际社会中至少有20个区域组织已经具备了国际法资格、秘书处、委员会和议会等最基本的区域建制水平。[①]

二、区域大国

在区域治理体系中，“民族国家”依然是区域内国家间(Interstate)关系最基本的行为体，国家作为次级单位存在于区域体系中，维系区域机制的运转。然而，国有大小之分，人口、地理和资源的不均衡分布，造成了不同国家实力的差别，区域秩序就是一组强弱不等国家的非对称排列。区域大国(Regional Power)是区域治理中的关键角色，没有大国参与的区域治理是极其脆弱的。在区域治理中，区域大国在区域治理中的角色通常体现在两个方面：一方面，区域大国在区域中拥有单边和多边(Unilateralism & Multilateralism)的双重优势，能保证区域治理的领导力(Leadership)，培育稳定的域内合作机制；另一方面，区域大国能够保证区域公共产品的稳定供给，既能够为周边国家提供互惠的激励措施，也能在区域和平与安全上承担更大责任。当然，区域大国的作用也可能是反向的，弱肉强食、以邻为壑的大国强权，独占性、排他性的区域合作，都无益于区域治理。[②] 区域大国的属性通常用霸权(Hegemony)、权威性(Authority)和领导力等几个标准来衡量。

三、区域连结

地理连结是区域存在的相对固化的物理形式，是区域最基本的连结。目前学界所说的“区域连结”(Regional Connectivity)是指通过现代手段形成交通、通信、资讯等网络来实现区域内不同社区更高程度的融合，使区域内

---

① Gary Goertz and Kathy Powers, “Regional governance: The Evolution of a New Institutional Form”, No. SP Ⅳ 2014-106, *WZB Discussion Paper*, 2014, pp.20-21.

② Nolte Detlef, “How to Compare Regional Powers: Analytical Concepts and Research Topics”, *Review of International Studies*, Vol.36, No.4, 2010, pp.881-901.

的商品、资金、人员等相关要素的流动限制越来越小。[①] “区域连结”的概念最早由东盟提出，后来南盟和联合国等组织的相关报告中都采用了这一概念。[②] 在以区域为单元的治理体系中，区域连结对于推动区域一体化、建设区域共同体、推动区域治理进程的作用是基础性的。区域连结是一个重要的公共政策参数，区域连结过低或者缺失，容易引发区域认同危机，甚至溢出区域治理范畴。区域连结包括贸易连结、交通连结、通信连结、社会连结等，贸易连结和交通连结是传统的连结，新兴的“区域连结”方式发挥的作用越来越重要，如通信连结已经抹去了不同国家之间的主权边界，形成了网络社区，超越了科技、知识与信息的传统交互方式。社会连结从根本上说是人的连结，与宗教、族群、历史和语言等社会文化因素密切相关，其客观导向是形成一个区域的“人民共同体”(Regional Community of People)。区域连结是反映区域一体化的客观指标，其“背后的主要驱动力是国家政府的政治意愿……各国政府必须带头建立强有力的制度框架，规划和实施区域连结议程”[③]。

影响国际区域治理发展的因素很多，重要的是关键变量的稳定性和多种变量之间的契合性。制度构建是国际区域治理可持续发展的基础，制度构建把各方的参与置于法律和规则的框架之下，同时也使治理的规划和实践依规而行，使参与各方能够分享治理的成果。

---

① S. Pushpanathan, ASEAN Connectivity and the ASEAN Economic community, Paper presented at the 24th Asia-Pacific Roundtable, Kuala Lumpur, http://www. asean. org/news/item/asean-connectivity-and-the-asean-economic-community-by-s-pushpanathan-deputy-secretary-general-of-asean-for-asean-economic-community-2.

② “Regional Connectivity in South Asia-SAARCSTAT”, http://www.saarcstat.org/sites/default/files/publications/tfreports/regional%20connectivity%20in%20south%20asia.pdf.

③ “Regional Connectivity for Shared Prosperity-United Nations ESCAP”, http://www.unescap.org/sites/default/files/RCSP_Introduction.pdf.

第三章 国际区域治理运行机制与实践

国际区域治理终归是以区域为单元的实践。区域治理并不是发生在一个同质性的世界体系中，而是发生在多个异质性的区域系统中，地缘政治、族群分布和国家构成设定了区域治理基本的实践场域，不同的区域要素通过特定的区域机制在特定的区域单元形成不同的区域治理模式。21世纪，国际区域治理具有全球性、多元性和互鉴性的特征。不同的区域治理路径产生于不同的区域环境中，不同区域的治理都有其具体的历史社会因素。国际区域治理有其内在规律，不同区域的治理进程既有全球范围的普遍性，也有不同地区的特殊性。

第一节 国际区域治理的运行机制

区域治理有其内在的机制，相关的运行机制与区域内的文化、价值和制度相契合。区域治理的机制是多样的，区域社会发展的不同阶段，不同性质的公共事务都有不同的机制及制度安排与之相适应。

一、协调机制

区域协调是一种以区域为单位的对话机制，通过区域沟通平台，塑造和达成区域共识，保持区域连结，推动区域社会化进程。区域协调通常发生在接触频繁的邻国之间，是防止战争、维护和平的基本手段，主要通过缔结条约、发表声明等形式来保证协调的有效性。区域协调机制通常是由区域事务的攸关方参与的多边机制，带有浓厚的地缘政治传统。[①]

区域协调包括区域内协调和区域外协调。区域内协调通常发生在区域社会化较低的阶段，如欧盟的前身“欧洲煤钢共同体条约”和长期保持协调关系但内部治理停滞不前的“阿拉伯国家联盟”（LAS），区域协调发展到高级阶段通常会形成制度化的区域管理机制。区域外或区域间协调机制是以建制化程度较高的区域组织为主导的双边或多边协调，APEC和东盟的“10＋X”是比较典型的区域协调机制。目前已经存在的区域间双边协调机制主要有东亚峰会、亚欧峰会、美洲国家组织、欧盟—拉美国家首脑会议、欧非峰会等，多边区域间协调机制目前还没有出现。区域外协调能力，也就是以区域为单位的双边或多边对话能力，是衡量区域治理能力的一个重要指标。目前，仅欧盟和东盟在这方面有不错的表现。值得注意的是，区域大国通常是区域协调中的关键角色，其合法性在于对一个庞大的区域行使管理时的社会功能[②]，“地区大国通常在它们所处的地区决定着地区安全关系的模式……还决定着地区安全动力与大国动力之间的全球层面互动的方式”[③]。

区域协调在形式上主要体现为两个方面：一是区域协调机构，秘书处是维系区域关系最为重要的机构，其主要职能是通过协调、沟通、斡旋等方式在地区事务上谋求合作，阻止矛盾激化，防止分歧扩大，秘书处还通过成立“专门委员会”“区域名人小组”等来推动区域协调；二是区域协调方式，谈判与磋商、对话与合作目前仍然是区域协调的主要方式，其中比较典型的是“东盟方式”。

以区域为单元的协调机制确立了一种包容性、共存性的“关系型”区域治理原则。通过区域协调，区域内部能够形成一种互信的“异质型”对话平台，不同的行为体可以实现互动，即使有矛盾，但只要互动仍在继续，就能保

① 参见庞中英：《地区安全治理的未来：走向亚洲协调》，《国际安全研究》2016年第5期。

② 参见[英]巴里·布赞、理查德·里特尔：《世界历史中的国际体系——国际关系研究的再建构》，刘德斌主译，高等教育出版社2004年版，第156页。

③ [英]巴里·布赞：《美国与诸大国：21世纪的世界政治》，刘永涛译，上海世纪出版集团2007年版，第74页。

证区域治理进程有效推进，区域治理的效果体现于其进程中。[①]进入21世纪以来，区域组织因国家间冲突而推迟或者取消区域首脑会议的情况大为减少，维系区域关系的协调机制逐渐成为国际社会的普遍共识，也成为区域治理中的普遍准则。区域协调实际上是区域内不同国家的“关系治理”[②]，“关系治理”以维系区域内互动关系为目标来推动区域内的社会化进程，即便没有结果，进程依然重要。

二、管理机制

区域管理机制主要是通过区域权威机构对区域事务进行管理，目前的区域管理基本上是通过如前所述的秘书处、委员会、议会和法院等区域机构来执行。国家元首或政府首脑会议通常是区域管理的最高决策机构，政府首脑会议每年至少召开一次，决定区域内部建设和对外关系的重大事务，大会执行主席由与会首脑选举或者由各成员国轮流担任。如南锥体、东盟和西共体等的主席由其成员国轮流担任，欧洲理事会常任主席则由选举产生，被外界称为“欧盟总统”。部长会议对首脑会议负责，是共同体最重要的执行机构，承担着区域范围内的政府间合作的职责。部长会议定期举行，成员通常是每个成员国相应部门的部长，负责相关领域的具体事务，讨论、决定相关计划并监督相关事项的执行。秘书处通常负责为部长会议准备工作报告，审议提交部长会议通过的相关计划。区域管理主要有两种机制，分别是政府间主义的联席机制和联邦主义的共同体宪法机制。

技术官僚的科层化是政府组织化运作的传统依赖，也是现代公共管理发展的需要。区域共同体运转的畅通有赖于这种以国家为忠诚对象的科层化技术官僚队伍。政府间主义的联席机制直接源于联合国运作的成熟经验，不同的区域共同体内部基本上都建立了政府首脑会议、部长会议、技术和专门委员会等为主体的联席机制。通过政府间的联席机制，共同体内的

---

① Acharya Amitav, "Culture, Security, Multilateralism: The 'ASEAN way' and Regional Order", *Contemporary Security Policy*, Vol. 19, No. 1, 1998, pp. 55-84; Acharya Amitav, *Constructing a Security Community in Southeast Asia: ASEAN and the Problem of Regional Order*, New York: Routledge, 2009.

② 参见秦亚青:《关系与过程:中国国际关系理论的文化建构》,上海人民出版社 2012 年版,第143页。

职能部门得以对接，形成了对区域事务的整体统筹。在决策方式上，不同的区域组织依据本区域的具体情况确立了不同原则，如东非共同体、东盟、上海合作组织等都采用“协商一致”的原则，欧盟则采用有效多数的“双重表决”原则。总体来看，区域内国家间职能部门的联席机制，是一种区域内的多边“政府间主义”，这种联席机制使奉行“国家主义”的政府职能部门成为区域治理可资倚重的力量。这种依托区域内现有政府资源供给区域公共产品的政府联席机制，对于公共产品供给能力较低的区域组织的发展尤为重要，保证了区域治理的基本架构。

区域性国际组织在国际法层面已经具备了独立的法律人格，根据缔约协议，区域性国际组织具备直接承担国际权利和义务的法人资格。如《欧盟宪法条约》《东盟宪章》《非盟宪章》《南美洲国家联盟宪章》等区域法律文件已经明确了区域共同体对内对外的法律效力。根据区域组织的发展需要，在共同体宪法的基础上，共同体理事会、共同体议会、共同体法院在区域治理的实践中逐渐产生，并开始行使类似于一国之内的行政、立法和司法权力。不同的区域共同体根据各自的特点，分别成立了相应的机构，如“南共体”有专门的政治、防务和安全机构，东盟有专门的人权机构和基金会等。所有相关机构费用由区域共同体的成员国以会费的方式分摊，这些机构在法律上和实际上都成为区域治理的委托代理机关，行使区域性的行政、立法和监督等权力。

当区域治理进入高级阶段时，区域制度构建就会进一步提升。[①]区域制度构建的提升是区域社会化发展到一定程度的内在需要。欧盟是目前法律机制最健全的区域共同体，其他区域共同体的宪法机制也开始渐具雏形，如东非共同体已经计划推出东非联邦方案，东非联邦将具有统一的总统、内阁、议会和法院等。东盟也改变了“弱制度”的传统，2008年的《东盟宪章》标志着东盟在法制化上迈出了重要一步。不过，区域制度化程度的提升要保

① 区域制度构建路径被认为会在“政府间主义”与“联邦主义”之间徘徊。关于政府间主义和联邦主义，参见 Stein Michael and Lisa Turkewitsch, The Concept of Multi-level Governance in Studies of Federalism, 2008, pp.4-6, PSA International Conference, International Political Science: New Theoretical and Regional Perspectives, 2008, http://paperroom.ipsa.org/papers/paper_4081.pdf; Puetter U., “Europe's Deliberative Intergovernmentalism: the Role of the Council and European Council in EU Economic Governance”, *Journal of European Public Policy*, Vol.19, No.2, 2012, pp.161-178。

持制度化的区域治理与传统的国家治理的平衡，因为域内的“制度主义”超越了国家的承受能力，对传统的国家主权则是一种挑战，会带来“民族国家”的反弹，导致区域治理进程受阻。

三、监测机制

区域监测主要是指对区域治理效果的评估，总结区域治理经验，并不断纠偏和提供最新的咨询报告。随着区域一体化进程的深化和扩展，成功的区域监测结果，有助于巩固区域治理，促进区域间的相互作用，这对于域内欠发达的小国来说尤为重要。[①]

区域组织的监测机构通常是下设区域智库。在所有的区域组织中，欧盟有最为发达的监测和评估机制，欧盟统计系统专门设计了“欧洲统计实操守则”(European Statistics Code of Practice)，确立了相关性、准确性、及时性、清晰度、可比性、连贯性等原则，形成了一整套评估工具。欧盟统计局(Eurostart)负责欧盟数据库的采集和管理等，不同领域的专家委员会对区域内、区域外的相关指标进行监测、评估和分析，形成评估报告，相关评估通常会体现在欧盟年度报告里。[②] 南锥体、东盟、非盟等近些年也设立了专门的监测机构，通过年度报告或相关专业报告，对本地区的治理绩效进行自我监测和评估。区域组织与国际组织在区域监测和评估上还会定期合作，如2013年，东盟一体化监测中心与世界银行亚太区咨询专家联合推出《东盟一体化监测报告》。[③] 在区域治理中，“技术与专门委员会”通常是为区域治理提供咨询参考而成立的，在区域监测、评估以及危机预判和应对中发挥着重要作用。此类咨询委员会通常是根据共同体发展需要而设立的，如面对2008年的欧债危机，欧盟理事会成立了“欧洲系统风险委员会”(European

---

① Philippe de Lombaerde, Antoni Estevadeordal and Kati Suominen, *Governing Regional Integration for Development: Monitoring Experiences, Methods and Prospects*, Farnham: Ashgate Publishing, 2008, p.3.

② http://www.eui.eu/Research/Library/ResearchGuides/Economics/Statistics/DataPortal/EDD.aspx.

③ http://documents.worldbank.org/curated/en/915081468234873037/Association-of-Southeast-Asian-Nations-ASEAN-integration-monitoring-report-a-joint-report-by-the-ASEAN-Secretariat-and-the-World-Bank

Systemic Risk Council)，以提高欧盟规避风险的能力。从区域治理的监测指标来看，大多的区域监测是以国家为单位的国际评估指标在区域内的综合，其中包括民主指数、清廉指数、自由指数、政府效能、贫困比率、人均 GDP 等指标。这些指标多参照世界银行 1999 年创建的"世界治理指数"(WGI)和联合国发展计划署 2002 年启动的"治理指标项目"(Governance Index Project)，除了国家治理指标，更多的是基于"人类发展指数"(HDI)。近些年不同的区域组织也开发出了自己的指标体系，例如，欧盟把"政策一致性"(Policy Coherence)和"公共参与度"(Public Participation)也作为区域监测的指标，并强调了"温室气体排放"(Greenhouse Gas Emissions)、"经济能源强度"(Energy Intensity of the Economy)等环境指标。

从目前的情况来看，区域监测机制大多还处于初级阶段，在区域监测和评估上面临着"指标的可用性、监测任务的专业性和监测机构的管理能力"等的挑战。[①] 不同区域指标体系的差异给区域监测经验的共享带来了困难，由此带来了区域治理监测的不可比性。联合国开发署的高级顾问德克·汉瑟姆(Dirk Hansohm)认为，不同区域的指标应该有可比性，"区域监测应从其他地区的经验中受益，与另一个区域可比较的指标也需要加以利用"[②]。

根据目前区域监测的经验来看，"区域连结"是区域治理中必须着重考虑的常规变量，代表着区域治理的成效。"区域连结"多体现于经济指标里，不同的区域组织每年的年度报告里基本上都能通过几十个相关指标来反映区域一体化的程度，如域内国际直接投资(FDI)、域内贸易额和域内物流等。"区域连结"还体现在非政府的社会领域，区域 NGO 的增加能够自下而上地增强"区域连结"，对于区域共同体的形成有长远意义。例如，在"阿拉伯联盟"内部，尽管官方的一体化停滞不前，但民间有一个以伊斯兰教信仰为纽带的商业、文化和慈善等的社会网络，保持了阿拉伯世界的内部连结。

综上所述，区域治理的协调、管理和监测机制是在区域社会化过程中自然生成，其目标都是向区域共同体迈进，最终达到区域善治。总之，区域治

① Philippe de Lombaerde, Antoni Estevadeordal and Kati Suominen, *Governing Regional Integration for Development*, p.13.

② Philippe de Lombaerde, Antoni Estevadeordal and Kati Suominen, *Governing Regional Integration for Development*, p.206.

理理论侧重于区域公权力的来源、构成及其合法性，在具体操作上更关注区域治理的运作机制，并通过监测与评估实现治理的自我调整与完善。

第二节 国际区域治理的模式

国际区域治理具有全球性、多样性的特征。世界治理版图基本保持了亚洲、欧洲、非洲、美洲和大洋洲相互连接与相互依赖的地缘政治经济格局，区域治理的发展体现在欧盟、非盟、东盟、南美洲国家联盟等区域制度构建的构想和实践中。大体而言，区域治理模式主要有以下三种：制度主导的规则治理、过程主导的关系治理和大国主导的霸权治理。

一、制度主导的规则治理

规则治理设定国际行为体是一个理性的个体，通过规则的制定可以降低成本、减少冲突、促成合作，来维护体系的运转。20 世纪 90 年代以来，规则治理一直是国际关系研究中的主流话语，关于国际机制（Regimes）和国际制度（Institutions）的研究为规则治理提供了重要的学术支持，无论是区域还是全球层面的实际操作，决策者和执行者都习惯于规则治理的方式。从区域治理的案例来看，欧盟治理是最为典型的以制度主导的规则治理。

欧洲的规则治理模式源于欧洲的社会契约理念，是中世纪以来欧洲人对社会契约的偏好和实践的结果，也是欧洲人追求区域和平秩序过程中经验与教训沉淀的结果。自 17 世纪以来，欧洲就开始了区域规则治理的思想与实践的探索。格劳秀斯的《战争与和平法》形成了独立的法律理念，奠定了现代国际法的基础；皮埃尔的《永久和平方大纲》、卢梭的《永久和平案》和康德的《永久和平论》一脉相承，主张在承认国家主权基础上建立欧洲国家的联合体，通过界定国家权力界限、履行社会契约的形式建立欧洲的和平秩序。欧洲近代史上的威斯特伐利亚体系和维也纳体系就形成于欧洲冲突与合作并存的区域实践中，通过《威斯特伐利亚条约》《乌德勒支条约》及相关合约，欧洲人以国际法的形式确立现代国际关系的基本规范。“国家社会的规范以及用来维护国家地位、减少战争几率的治理制度可以解释国家生存的原因。”[①]根据罗西瑙的研究，19 世纪的欧洲国家主要通过贯彻“诸如发布规范、批准政策、阻止单边行动、确立国家地位、创立国际规制、引入冲突解决机制及强制法令”[②]等方式来维护欧洲秩序。然而，二战之前的欧洲国际关系史是一部“零和博弈”史，威斯特伐利亚体系划定的地缘政治的“民族国家”疆界和权力边界，并不能保证每个国家都遵守规则，也不可能为欧洲赢得长久和平。因此，欧洲的规则治理需要不断完善，欧洲人需要在区域范围内进行更加深度的社会化规则治理来解构国家(De-nationalization)，这种规则治理要以区域为“元”单位，涵盖区域内政治、经济、文化、社会、安全、环保等不同的领域，区域共同体建构的可能性使欧洲国家在面临“零和博弈”和“囚徒困境”时多了一种选择。

规则治理对于欧洲的意义体现在区域共同体的制度设计和实体建构中，欧洲一体化的过程就是规则治理不断深化的过程。欧洲一体化始于 1951 年的《欧洲煤钢共同体条约》，该共同体是欧洲漫长历史上出现的第一个拥有超国家权限的机构，成员国第一次通过契约的形式把部分主权让渡给一个独立的高级机构，开启了欧洲治理的新时代。

经过 50 多年的努力，通过《罗马条约》《和平条约》《欧洲统一法令》《马斯特里赫特条约》和《里斯本条约》等相关条约，欧盟以法律的形式确定了欧盟运行的规则、制度和方式。欧盟设立欧盟理事会、欧盟委员会、欧洲议会、欧洲法院、欧洲中央银行等组织机构，并通过各种专门委员会，形成了“联邦主义”的共同体宪法机制，结束了欧洲区域国际社会中的无政府状态，确保欧洲治理有章可循。欧洲有法制的传统，这种机制对其成员国形成了很强的约束力，保证了区域治理的有效性。如今，欧盟的规则治理通过不同的运行机制，已经覆盖了多个不同的领域，形成了一种多样性、多层次、网络化的治理模式。根据德国学者的研究，欧盟已经形成了“专门委员会、相互承认、半私人的监管组织、共同体机构、开放的协调方式(OMC)”五种新的治理模式，“与以前相比，治理的手段和程序有很大不同，功能进一步分化、向行政

---

① [美]詹姆斯・罗西瑙主编：《没有政府的治理：世界政治中的秩序与变革》，张胜军、刘小林等译，江西人民出版社 2001 年版，第 33 页。

② [美]詹姆斯・罗西瑙主编：《没有政府的治理：世界政治中的秩序与变革》，张胜军、刘小林等译，江西人民出版社 2001 年版，第 47～48 页。

和技术机构的权力让渡以及利益攸关者的参与程度都获得提升”[①]。

制度主导的规则治理在欧洲一体化中起到了非常重要的作用，欧盟治理经验被世界其他区域借鉴。事实上，全球范围区域治理的兴起基本上都受到了欧盟制度主导的规则治理模式的影响，所有的区域组织如南锥体、南共体、安共体、西非共同体、东盟等都形成了各自区域特色的规则、规程和制度，规则治理在区域共同体建设中的地位越来越重要。通过对欧盟、北美和南锥体三个区域自由贸易的比较研究，经济学家弗朗切斯科·迪纳(Francesco Duina)发现，规则治理通过各自的区域法律来实现标准化，带有明显的区域社会化特征，与各自区域历史的发展方向相一致。规则治理“把绝大多数甚至全部成员国在一体化之前就已存在的条件和活力复制到跨国层面上……给社会活动者带来了前所未有的机遇和挑战”[②]，对于区域共同体的社会建构有重要意义。

二、过程主导的关系治理

区域治理是一个参与方关系治理的过程。“关系治理是一个进行社会/政治安排的参与协商过程，用来管理、协调和平衡社会中的复杂关系，使社会成员能够在产生于社会规范和道德的相互信任的基础上，以互惠与合作的方式进行交往，并以此建立和维持社会秩序。”[③]这种区域治理模式以维系区域内互动的关系机制为纽带，以推动区域内社会化进程为主导，以建构区域内“元关系”为主要目标，即便一时没有结果，进程依然重要，因为进程建构身份。东盟是这种治理模式最为典型的代表。

东南亚区域治理是以东盟为核心构建区域内不同行为体之间的伙伴关系，以实现东南亚范围的政治安全共同体、经济共同体和社会文化共同体为总体目标。通过21个部长级委员会、29个资深官员小组、120个技术或工作小组和每年差不多200场大大小小的东盟会议，东盟形成了内部的对话

① 周弘、[德]贝娅特·科勒-科赫主编:《欧盟治理模式》，社会科学文献出版社2008年版，第75～77、80页。

② [美]弗朗切斯科·迪纳:《自由贸易的社会建构》，黄胜强、许铭原译，中国社会科学出版社2009年版，第181～183页。

③ 秦亚青:《关系与过程:中国国际关系理论的文化建构》，上海人民出版社2012年版，第143页。

与沟通网络，这种网络维系了区域合作进程，有效地推进了区域治理。东盟并没有像欧盟那样实现内部的制度化规则治理，也没有像欧盟一样实现实质性融合，但通过推动“东盟连结”，保持域内政治、经济、文化、社会的合作关系，维系了东南亚区域“国际社会化”的历史进程。东盟副秘书长普斯巴纳丹(S. Pushpanathan)认为：“连结性对于推动东盟实现一体化、建设东盟共同体、确保东盟主导区域治理的进程都是至关重要的。”①东盟治理的特点是：把区域关系作为治理对象，依靠多种框架的会议机制和协商交流体系等“软性规制”来保证合作进程的畅通，治理规范多通过合作宣言、联合声明等方式来表达，而不是通过制度化建设来推进，带有弱制度、协商性、意向性的特点，被称为“东盟方式”。②

东盟治理的区域模式是东南亚历史发展的产物。东南亚的区域主义生成于一个复杂和多维度的过程，这个过程从个体的、民族的、国家间乃至全球不同层面的分析中可以发现。③ 东盟治理的模式植根于东南亚的文化传统中，宽容隐忍的佛教文化、注重和谐秩序的儒家文化、强调家庭与伦理的马来土著文化、相对中东较为温和的伊斯兰文化在东南亚的多元存在，形成了一种“重关系、轻利益、尚和谐”的社会交往传统，这种交往方式也体现在外交层面。作为一个整体的区域，东南亚的概念是在第二次世界大战时才出现的。④ 20世纪中叶以来，殖民主义的宗主国治理模式在东南亚本土力量的挑战中日益衰败。第二次世界大战结束后，东南亚国家纷纷在民族主义的旗帜下获得独立，民族国家成为维系东南亚社会治理结构的基本政治

---

① S. Pushpanathan, ASEAN Connectivity and the ASEAN Economic Community, Paper presented at the 24th Asia-Pacific Roundtable, Kuala Lumpur, http://www.asean.org/news/item/asean-connectivity-and-the-asean-economic-community-by-s-pushpanathan-deputy-secretary-general-of-asean-for-asean-economic-community-2.

② 参见张云：《国际政治中“弱者”的逻辑——东盟与亚太地区大国关系》，社会科学文献出版社2010年版，第27～37页。

③ Juns-Uwe Wunderlich, *Regionalism, Globalization and International Order: Europe and Southeast Asia*, Farnham: Ashgate Publishing, 2007, pp.2-3.

④ 作为政治实体的“东南亚”这一概念是在第二次世界大战期间偶然出现的。1943年8月盟军的魁北克会议决定建立一个涵盖缅甸、马来半岛、苏门答腊和泰国的“东南亚战区”(SEAC)，后来战区的范围扩大到荷属东印度群岛和印支半岛，这种军事上的权宜之计为后来东南亚区域主义的发展提供了富有想象力的框架，成为东南亚以区域为单位进行治理的来源。具体参见[新]尼古拉斯·塔林主编：《剑桥东南亚史Ⅱ》，贺圣达等译，云南人民出版社2003年版，第464页。

单位。然而，冷战形成了东西阵营的对峙，受美苏中等大国角力影响，东南亚有演变为一个典型的“后殖民地冲突形态”的可能，这一趋势后来由于印度尼西亚和越南两个区域性大国先后放弃对地区霸权的追求而得到扭转。

20世纪70年代以来，东盟作为区域组织开始兴起，成为最重要的权威性区域机构，主导了东南亚的区域治理进程。东盟沿着海岛国家—沿海国家—内陆国家的路径向北扩展，在北扩过程中形成了区域治理的统一规范。由于东南亚任何单个国家在地缘竞争中都处于弱势地位，因此，所有国家都寄望于通过东盟在复杂的国际环境中获得有利地位，不同国家的异质化使规则治理在东南亚总是滞后于区域治理的现实需要。因此，东盟通过“区域连结”来推动区域社会化的长远目标，在东盟框架与合作机制的设计中，关系治理较之规则治理成为优先选择。从长远来看，作为一个后殖民主义的欠发达地区，在错综复杂的区域国际关系中，东南亚维持和平与发展的局面并保持整体的进步和连结的强化，就能够推进区域的社会化进程，规范和规则孕育于关系治理的实践中，并推动东盟的集体身份认同。缅甸在区域治理中“国际社会化”、东盟“10＋3”机制对东亚合作的推动都是这种进程治理发挥作用的重要案例。

进程主导的治理是区域社会实践的结果。这种治理模式在东方社会体现得比较明显，如“上合组织”、未来的“南盟”、中日韩对话机制等，都重视进程主导的重要性。即使在强调规则治理的欧盟，进程治理也是欧盟处理内部事务的方式之一，例如在《欧盟宪法条约》遭到法、荷公民投票否决后，欧盟也通过妥协、谈判和最终协商一致而不是投票的方式通过修正条约。东盟治理经验对其他新兴地区的治理也有启示意义，如非盟和南美洲国家联盟作为洲际性的区域组织，也是通过进程主导治理的方式来实现区域治理的进展。当然，进程主导治理也并不排斥规则治理，在可行的情况下，根据治理的需要，也积极推动规则的制定。

三、大国主导的霸权治理

大国主导的治理模式是指“公共权力集中在区域内的主导国家手中，其权力的来源在于区域内的非对称依赖关系以及主导国对区域公共产品的承担责任”[①]。由于美国在北美地区的主导地位,北美自由贸易协定以及后来重新谈判的“美加墨协定”是比较典型的大国主导模式,基本框架设定、规则和谈判的方式都带有美国主导的突出特征,特别是“美加墨协定”的构建,基本上是按照美国主导的议程和规则进行,留给其他方讨价还价的空间很小。不过,尽管美国拥有大国主导的权势,但并非都可以构建主导的治理机制。比如,20 世纪 90 年代初,为了应对欧盟构建统一大市场的影响,有关方面提出在亚太地区构建“亚太共同体”(Asia-Pacific Community),就没有得到亚太地区所有成员的认同,多数成员更愿意接受“开放的地区主义”(Open Regionalism)。1994 年美国提出构建包括所有美洲国家的“美洲自贸区”(FTAA),设定了时间表,并开启了谈判进程,因多数国家担心美国主导而没有成功。

不过,在一些区域合作组织中,如南部非洲共同体(SADC),尽管南非在其发展中起着特殊的作用,在一些方面起着主导性作用,是“区域公共产品”的主要供给方,但南非在区域合作中刻意地保持低调,在“后殖民主义”的区域治理环境中形成一种独特的“南共体方式”[②]。“南共体方式”的主要特点是以“政府间主义”为主要的合作机制,以拥有主导地位的大国为权力核心来辐射周边地区。新兴大国主导的“区域治理”体现了一种“良性治理”的特征,重视建构区域治理的能力,通过能力建设培育稳定的区域治理进程。这种大国主导主要体现在两个方面:一是主导能力,能够为其他参与国家提供激励措施;二是接纳能力,在区域治理中承担更大的责任。这种非对称的“政府间主义”跨国关系不是靠强制,而是靠主导国进程引领和区域公共产品的供给能力来维系。巴里·布赞(Barry Buzan)认为,不能简单地将这种大国主导视为高压强制的产物,大国的合法性在于对一个庞大的区域行使管理时的社会功能。[③]

大国主导的“区域治理”模式有其深刻的历史根源。罗伯特·基欧汉

① 高程:《区域合作模式形成的历史根源和政治逻辑》,《世界经济与政治》2010 年第 10 期。

② G. Le Pere, E. N. Tjønneland, Which Way SADC: Advancing Co-operation and Integration in Southern Africa, Institute for Global Dialogue, 2005.

③ 参见[英]巴里·布赞、理查德·里特尔:《世界历史中的国际体系——国际关系研究的再建构》,刘德斌主译,高等教育出版社 2004 年版,第 156 页。

(Robert Keohane)认为:“过分简单地将霸权的概念视为完全的统治或是视为无私的贡献,只会妨碍而不会帮助我们理解历史。”[①]从历史上看,霸权治理的特点通常是以某个宗主国为核心,负责供给帝国内的公共产品,形成一种以“军事—政治结构”为主导的帝国治理结构,发展出区域性的国际体系,“随着文明核心本身的扩张,这些具体的国际体系又演变为地区规模体系”[②]。帝国通常是由强大的文化凝聚力结合在一起的社会共同体,随着帝国的扩张,文化认同的范围不断扩大。由于互动能力(Interaction Capacity)和地理因素的制约,这种霸权治理模式只能是区域的。在沃尔兹的理论里,早期帝国性的区域社会结构已经具备了现实主义国际政治的所有必要条件。马丁·怀特(Martin White)认为这是一种宗主国国家体系,确立了核心帝国与其周边附庸国的关系,是一种“元”国际社会(Meta-international Society)。[③] 因此,大国主导的霸权治理模式有其历史的合法性,在不同的区域范围普遍存在这样的区域治理结构,早期存在不同帝国分别主导东亚朝贡体系、基督教欧洲秩序和阿拉伯世界的局面。基欧汉认为,霸权领导下的国际机制在霸权衰落之后对于世界和平依然发挥着关键作用。美国学者沃麦克的非对称国际关系理论(the Asymmetry Theory)也能够解释这种治理模式下大国与小国之间的平衡。[④]

尽管大国主导的区域治理模式存在于区域合作的国际社会实践中,有其历史的延续和区域社会的现实需要,但如果传统大国不能走出现实主义的国际政治逻辑,则这种模式很难推动。国际权力中心向区域的转移是一种趋势,大国在“区域治理”中如何发挥作用,对于区域治理的发展有着重要的影响。如果大国在区域治理制度构建、区域连接和区域公共产品供给上发挥“软实力”(Soft Power),而不是追求霸权或者绝对主导,几个大国能够

---

① [美]罗伯特·基欧汉:《霸权之后——世界政治经济中合作与纷争》,苏长和、信强、何曜译,上海世纪出版集团2006年版,第138页。

② [英]巴里·布赞、理查德·里特尔:《世界历史中的国际体系——国际关系研究的再建构》,刘德斌主译,高等教育出版社2004年版,第201页。

③ 参见[英]巴里·布赞、理查德·里特尔:《世界历史中的国际体系——国际关系研究的再建构》,刘德斌主译,高等教育出版社2004年版,第207页。

④ 参见[英]巴里·布赞、理查德·里特尔:《世界历史中的国际体系——国际关系研究的再建构》,刘德斌主译,高等教育出版社2004年版,第201页。

合作而不是进行权力争夺，大国的作用就对区域治理的发展起到建设性的作用，比如欧洲区域组织构建和区域治理之所以能够取得成功，得益于法德和解与法德合作，两国共同合力推动区域合作进程，并且在发展中起到引领的作用。

权势、制度与关系都是区域治理中的核心元素，它们与不同的区域历史及现状的结合，形成不同的区域治理机制和模式，在区域治理进程中不同程度地发挥作用。在现代区域治理的发展中，不同的元素通常是混合共存和相互作用的，成功的区域治理是建立在制度建设、进程可持续和大国建设性引领的有机结合与动态调整基础之上的。

第二篇　国际区域治理制度

第四章　国际区域治理制度构建

国际区域治理制度是国际区域治理的重要保障。国际区域治理制度有不同的形式，既有实体性的国际区域治理组织，也有功能性的合作机制，还有不同形式的合作协议、合作项目；既有政府间合作组织，也有非政府间合作组织。它们在国际区域治理中发挥着不同作用，共同构成了国际区域治理的制度体系。

第一节　国际区域治理制度构建基础

国际区域是多个国家共同相处的地区，区域层面的问题需要治理，相关国家有合作治理的意愿和共识，这些都成为推动构建国际区域治理制度的基础。不同的国际区域情况，在区域制度构建基础上也有着很大的差别。

一、国际区域治理制度的定位

国际区域制度建设的实质是通过界定国家共同的区域身份和利益，塑造和确立正式/非正式约束及彼此交往规则的过程。国际区域治理制度基于区域内相关各方共同的意愿和认知，通过共同参与的方式，在区域层面建立合作组织，或者构建具有实际职能的合作机制。国际区域治理制度具有合法性存在的基础，具有行使治理的职能权力，能够获得治理成效，并且体现为共享原则。

（一）合法性

国际区域治理制度是各参与方通过签署协议或条约，并得到参与方国家的批准而建立的。当代国际制度的合法性基础是多边主义。国际区域治理制度是由各方共同参与、共同协商、共同构建，因此，能够得到各参与方的承认和支持，具有独立存在的合法性。有些国际区域治理组织（如欧盟、东盟）在制度结构、功能构造和运行机制上较为完善，已经具备国际法人地位，既可以作为国际区域的代表，被其他国家、国际组织所承认，也可以派驻使团，或被接纳为代表区域整体的组织成员。以合作机制形式构建的国际区域治理制度具有超国家性质，它们可以依据规则、规范和国际法独立运行。

（二）治理功能

建立在共同参与和共识基础上的国际区域治理制度之所以重要，首先源自所在地区各方的现实需要。因此，构建国际区域制度的初衷是行使治理职能，以应对和处理现实及未来的各种问题和挑战。国际区域治理功能的多少，治理成效的强弱，与国际区域治理制度构建的方式和制度化水平直接有关。总体而言，国际区域治理制度建设越完善，治理的功能就越多，治理的成效也就越显著。国际区域治理制度的治理功能通过多种方式实施，包括制定规约、制定治理规划或者通过成员实施治理项目等。国际区域治理主要针对国际区域的共域性问题，涉及区域几方或者各方的共同利益，对区域关系和区域发展具有影响的问题。国际区域治理是以各方平等参与合作的方式进行的。国际区域治理制度要解决的主要问题是保障各方平等参与，实现合作共治。只有平等参与才能保证各方参与的积极性和形成合作共治的合力，而合作共治是国际区域治理的基本方式和原则。当然，由于各参与方的责任和能力不同，在治理中，各方在承担责任、落实治理行动等方面会有不同。一般而言，承担的责任越大，治理能力越强，发挥的作用也就越大。在许多情况下，开展区域治理也会与全球治理以及其他区域相联系，甚至需要开展彼此间的合作。

（三）治理成效

成立国际区域治理组织，必须使各方能够通过参与治理受益。换言之，治理所取得的成果需要体现出共享性，而不是由个别国家所垄断，或者为个别国家的利益服务。同时，国际区域治理组织要取得各成员国的信任和支持，必须能够获得治理成效。一方面，成效是制度构建获得各成员国信任和支持的基础，也是治理制度不断发展的前提；另一方面，治理成效与治理制度建设密切相关，制度建设是一个不断改进与完善的过程，在不断进行制度改进与完善的过程中，治理的成效也会不断得以提升。有些国际区域治理组织成立后，往往治理成效不大，主要是受到不同因素的影响。比如，有些是因为国家关系恶化，影响了区域治理制度的运行；有些则是因为成员国内部出现政局、经济或者社会问题，要么难以落实国际区域治理议程，要么对实施区域治理加以拒阻；还有些是因为国际区域治理制度本身的缺陷，如存在管理能力缺乏、制度设计和构建不合理等问题。

（四）公共产品

建立国际区域治理制度的目的是为国际区域提供公共产品。本质上，民族国家为本国内部提供公共产品，任何超出本国范围的产品供给，要么是通过交换获得，要么是出于“善意”。前者（交换）基于市场进行，后者则主要通过赠予、援助进行。两者的顺利运行都有前提：市场交换运行的前提是获利，赠予、援助往往需要设定授予条件。国际区域治理制度所提供的是属于区域内各国共享的国际公共产品。比如，通过构建区域治理制度进行安全治理所获得的区域安全与和平环境，就是属于各方共享的公共产品；开放区域市场所创建的国际新市场、对区域环境进行治理所获得的环境改善等，都属于公共产品。构建区域治理制度是为了解决一国不能解决的问题，必然会涉及国家主权的转移和衍生问题，因此，需要取得各国对涉及治理的领域、方式与获益给予认同和授权。比如，对于区域治理所涉及的政治、经济、社会、文化治理的界定；对于超国家治理与国家治理的界定，特别是对于区域治理与不干涉原则和内容的认定；对于区域性公共产品提供方式和共享利益（Shared Interest）分配的认定；对于导致区域公共利益损害的行为、后果（如污染排放、资源破坏性开发）责任与区域治理行动的认定，以及对于涉及民族、宗教、人员流动、社会舆论治理的认定等，都需要在治理进程中通过合作的方式予以解决，以达成共识、形成规则。

（五）参与主体

国家是参与和推动构建国际区域治理制度、落实治理功能的国际主体。国际区域治理组织或合作机制所制定的宪章、法律、法规，需要获得参与成员国的承认，有些还需要履行成员国的法律认定。在治理的参与主体方面，并非只有政府拥有治理职能，非政府行为体、社会公众也是参与治理的重要力量，在许多方面发挥着独特的作用。国际区域治理组织行使职能主要通过制度和机制进行，即国际区域治理组织建立独立的组织和管理机构进行决策、履行治理职能。通常情况下，由成员国领导人组成的决策机制进行最高决策，然后组建管理和职能部门进行决策落实、行动规划制定和议程设置。功能性治理机制一般是通过协议构建，主要通过具体的协议规则来进行治理导向，提出治理要求，一般不需要成立专门的管理机构，实施主体为成员国政府、参与企业与社会团体。

二、国际区域治理制度的构建

国际区域治理制度的构建是一个不断发展的进程。在一般情况下，国际区域治理制度是由少数国家发起，首先会成立合作性的区域组织，在发展过程中不断吸纳新成员实现合作组织的扩大，并不断提升合作组织制度建设水平，丰富治理的功能和提高治理的效能。在有些国际区域，区域组织实现扩大和深化的进程比较顺利，形成了比较完善的治理制度；有些国际区域的组织构建并不顺利，进程出现反复，甚至陷入停滞；有些国际区域则在制度完善和治理功能上遇到困难，难以取得持续性的发展。因此，国际区域治理制度的建设需要一些基本条件，构建进程需要有可持续性，进程中断会导致恢复的难度增大。当然，构建条件不是自然具备的，需要志同道合者共同创造。在诸多条件中，最为重要的是参与方对国际区域治理的认同与意愿、共识与合作，以及区域内关系。

（一）认同与意愿

国际区域认同是参与和推动国际区域制度构建的前提。认同是区域各方出于对自身区域归属的认定，即认同自身的国际区域身份。国际区域认同具有多重含义，包括区域性归属、区域性利益、区域性关系、区域性责任等。在此基础上，参与方才会愿意让渡部分国家治权，交由国际区域组织来实施。就国际区域治理制度构建而言，认同的前提是相关方有着参与和推动的意愿，即愿意在国际区域层次上参与和推动区域组织或其他形式的合作机制。为什么会有构建国际区域治理制度的意愿呢？不同的区域有差别，也有共性。共性来自对构建国际区域治理组织有益的认定，要么基于本国利益的考虑；要么基于理念，即对只有通过构建国际区域治理制度才可以解决一国不能解决的问题的认知。比如，欧洲国家对于欧洲区域联合的意愿，主要基于对战争伤害的反思，认定只有通过欧洲联合才可以实现欧洲的和平。

（二）共识与合作

国际区域治理制度建设是多方参与和推动构建的。在国际区域内，各方对于构建国际区域制度的认同和意愿存在很大差别，在此情况下，需要各方就如何构建国际区域制度达成共识，形成集体一致的认知和行动议程。万事开头难，由于达成共识并非易事，因此，国际区域制度构建往往最初由少数几个国家发起，在发展中不断扩大，逐步提升和完善制度。比如，欧盟最早是由西欧6个国家发起成立的煤钢共同体开始的。先是6个国家在制度构建上达成了高度的共识，即通过构建区域合作组织，防止成员国间发生战争，继而通过区域合作治理实现和平。如今欧盟成员国的数量已经扩大到了27个，制度建设也由功能性治理逐步发展成为综合性治理。东盟最早由5个东南亚国家发起，逐步吸纳东南亚区域的所有国家参加，并且提升为东盟共同体。国际区域治理制度的构建不同于传统的结盟，是通过成员的平等参与和协商合作进行的。合作既是方式，也是原则。尽管在构建过程中，大国的作用特别重要，但并不能垄断或者主导构建进程。鉴于此，国际区域治理制度的构建也称为“区域合作”。

（三）区域内关系

国际区域内成员之间的关系复杂，存在诸多矛盾，甚至在某些情况下会发生冲突。尽管各方在国际区域治理制度上有着认同、意愿、共识与合作，但是如果成员之间的关系不好，就会影响区域治理制度的构建和制度运行。如果主要成员间发生冲突，会使国际区域治理制度陷于瘫痪。尽管国际区域治理制度构建和运行本身有益于成员国间关系的改善，但在有些情况下，域内成员国间的关系往往会超越区域合作进程。比如，中、日、韩三国早在2008年就构建了合作机制，但受到中日关系、日韩关系波动的影响，中、日、韩合作进程受阻；像拉美的安第斯条约组织（安第斯共同体）由于成员之间的关系问题，在很大程度上制约了制度的构建和运行。当然，国际区域治理制度构建和区域成员关系二者之间有着互动关系。良好的互动可以使成员处理好关系，有利于推动区域治理制度的构建，而区域治理制度构建的发展又可以推动成员间关系的改善。

三、国际区域治理制度的基本职能

制度建设是国际区域治理的基本保证。没有制度建设，就难以有效开展国际区域治理。参与国际区域治理制度构建的成员不仅在地缘上有着紧密的连接，而且在历史、经济、社会、文化等方面有着长期和特殊的历史联系，有共同关心的问题和共同的利益。因此，各方在发展经济，构建良好的区域关系和区域秩序，维护区域和平与安全环境，保障共同利益等方面有着共同的认知，容易达成共识，并进行协调与合作，这为国际区域构建治理制度奠定了政治、观念和利益基础。构建国际区域治理制度的初衷，一方面是为了应对和解决区域内的共域性问题，另一方面是为了利用共同资源创造更多价值，以满足域内各国不同领域、不同方面的利益。

国际区域治理制度的基本职能是保障区域治理目标的实现。有效的国际区域治理制度是通过建立国际区域治理组织进行的。国际区域组织具有较高的治理层次和制度水平。在区域组织的基础上，建立从决策、执行到职能机构的制度体系。功能性的制度构建，有些是在区域组织内进行的，有些则是通过建立专门的功能性机制进行的，比如东亚区域的 RCEP 这类自贸区的构建就是通过相关国家的谈判和签署协议完成的。另外，自贸区的运行还需要各成员通过国内法律程序，再各自依规而行；有些治理行动是通过相关方协议，或者共同建立治理项目进行的，具体由参与方的相关部门负责实施。总体而言，国际区域治理制度构建是包括合作组织、规约、议程在内的治理体系的构建，在不同区域都有着不同形式的构建模式，也有着不同形式的治理方式和治理内容。

国际区域治理的领域大体可分为三类：一是跨境性的自然领域，涉及山川、河流、海域、资源、天气、自然灾害等，自然领域有着国家归属性，其存在与影响亦具有跨境性，往往连接区域的多个国家，涉及诸多共同的利益；二是对区域具有综合影响的问题，如争端、战争、恐怖活动、地震灾害、重大事故、交易规则、信息安全等，尽管它们大多发生在一个国家，但是其影响具有扩延性，涉及多方利益；三是对各方具有共同利益的区域潜能，所谓区域潜能，是指只有在区域层次才可以体现出来的，如成立区域组织或合作机制、创建区域市场、制定区域规则等。

随着现代经济社会的发展，各国间的相互联系和相互依赖性越来越强。无论是国际区域的共域性问题，还是各国的外溢性问题，都越来越突出，这进一步增加了国际区域治理的必要性和紧迫性。因此，对国际区域的治理有其必要性，而推动国际区域治理制度建设是开展区域有效治理的基本保障。

第二节　国际区域治理制度构建的认知

国际区域治理制度有多种形式，功能各异，制度化的程度也不同，但有共同之处，就是都以国际区域为主要平台，对区域内涉及共同利益的问题进行治理。进而，区域各方通过治理创建更好的区域关系、区域秩序、区域发展和区域环境。

一、国际区域治理制度构建的理论认知

对如何解释国际区域治理制度的构建，有着不同的认知角度。在现有理论中，一般把制度化建设归为由“区域主义”理念推动，把功能性机制构建归为由“功能主义”理念推动。本质上，国际区域治理制度的构建是在多种认知趋同基础之上的。

（一）治理主权让渡

国家支持和参与国际区域治理制度构建的动机中，最重要的是基于通过构建治理制度可以获得收益的认知。参与各方对于获益的认知，也形成了共同获益的认知。开展区域性治理不仅需要具体的投入，也需要赋予区域制度以治理权，这是国家治理权向区域治理权的部分让渡。因此，参与各国承认国际区域治理的集体权利和相关职能，并且遵守区域治理制度所制定的规则。一旦通过区域治理制度构建，区域组织和其他形式的区域治理机制就有了独立于单个国家治理的区域职能。这既是国家治理权的让渡，也是国家治理权的扩大，因为各成员国都通过国际区域治理制度获得了区域治理的参与权，并且获得了治理收益。

国际区域是有着超越主权国家范畴的公共领域。对超越国家范畴的区域共属性问题（或称之为公共领域）的治理，常涉及区域内多个国家、多个领

域和多方利益。有些区域共域和区域连接同时存在自然地理属性、人文属性与国家属性。因此，对这些区域领域问题的治理，需要兼顾它们之间的关系，平衡存在的矛盾。而且各治理领域之间有时存在同一问题的不同方面，比如水资源的划分和使用关系到上下游不同国家的发展和民生，能源和气候问题对经济和贸易的发展都能够产生制约作用，金融问题从某种层面而言与经济安全问题相关联，人员的跨国流动也会导致非传统安全问题的产生，等等。

同时，国际区域治理制度的构建有利于国家之间获得相互信任，形成认同感。因此，这种认同观念有利于改善国家间的关系，提升区域构建的责任意识，从而推动国际区域形成有利的共处与和平发展的环境。

（二）超国家区域规则

国际区域治理制度的运行必须遵守成员共同制定的规则，不能任意而行。但国际区域制度下的规则具有超国家性质，成为国际区域规则。有些人认为，国际治理制度不能规范国家的行为，这种认知有失偏颇，因为规范作为制度的一部分，被区分为建构性的规范和规制性的规范。建构性的规范能创造社会主体，然后决定它们特定的能力和其他与行动相关的禀赋，例如权力或主权；规制性的规范不仅能够建构国家的行为，国际组织同样是制度构建的产物。① 因此，任何超国家的国际区域规则都是对国家行为的规范，即成员国家需要遵守国际区域治理制度下构建的共守规则。

国际区域治理是对区域公共事务进行所谓“无政府的治理”，但通过各成员政府的落实形成“有政府的治理”，在涉及国际区域共有利益的领域实现“善治”，并且促进成员国的“善政”。比如在区域经济治理方面，成员国政府通过区域治理制度或者机制构建（如自贸区），消除成员国之间存在的阻碍贸易、投资、技术、人员流动的壁垒或政策障碍，从而获得通过构建区域开放与规范市场所带来的利益。

国际区域治理制度能够规范和约束国家的行为方式、行动范围，克服国家过度的本位行为。事实上，国际区域制度使得成员国家的政策得以规范，

---

① John Duffield, “What Are International Institutions?”, *International Studies Review*, Vol.9, No.1, 2007, pp.7,8,12.

有利于提升国家的治理水平。国家是国际区域事务中的主要行为体。利益最大化是国家行为、企业行为的基本特征。在缺乏有效约束的情况下，区域内国家的行为往往会自行其是，使国家之间产生分歧和矛盾，在很多情况下，对整个国际区域造成坏的影响。只有建立在国家自律、自愿和集体认同基础之上，基于自愿和认同的治理权让渡，以及对遵守共同规则的认知，国际区域制度对国家行为的规范和约束才能趋于牢固，才能获得最高意义上的合法性。而国际制度恰恰可以为社会生活提供稳定性和有意义的规制性、规范性和文化—认知性要素，以及相关的活动和资源。①

（三）合作作为价值观

国际区域治理制度的构建是相关各方共同发起和推动的。制度构建和治理作为一个不断发展的进程，需要各方进行紧密的合作，把合作作为共同的价值观。在构建制度和进行治理的过程中，会出现各种各样的矛盾和困难，也都需要各方通过合作的方式进行协商、协调，达成共识，只有这样，治理进程才具有可持续性，才能不断实现扩大和深化。许多现行的国际政治、国际经济理论都强调，通过排他性的争夺、竞争实现利益的最大化，而国际区域最大化的利益是通过合作共建的方式实现的。尽管在制度构建和治理的过程中，各方会基于各自的利益进行讨价还价，但基于合作价值观的争论，其目标还是能够达成共识。当然也会出现由于争议而达不成共识使进程中断的情况，甚至由于达不成共识导致个别方退出制度构建，使得整个制度构建陷入停滞。毕竟，国际区域治理制度的构建并非是一个自然发展与和谐一致的进程，而是通过矛盾化解、利益协调，不断推进以达成共识的进程。成功的国际区域治理制度是建立在合作价值观战胜本位价值观的基础上的。因此，国际区域治理制度首先是一种合作制度，鉴于此，它们才可以为国际区域治理提供稳定的机制。

国际区域治理制度在构建和运行过程中让各参与方有了更好的了解，对获益有了更好的预期，在合作价值观导向下，各方可以不断调整自身政策和利益取向，避免或者尽可能减少与其他成员的分歧，不仅可以改善信息不

① 参见[美]理查德·斯科特：《制度与组织——思想观念与物质利益》，姚伟、王黎芳译，中国人民大学出版社2010年版，第56页。

对称现象，还可以使国家之间能够全面、准确地了解彼此行动的意图，从而使制度构建与治理进程变得更为顺畅。从国际区域治理制度构建的角度看，合作既是制度构建进程启动与不断推进的前提，也是在进程中不断培育和加强的一种共同价值观。

二、国际区域治理制度的内涵

国际区域治理合作制度的实质是通过界定国家共同的区域身份和利益，塑造和确立正式与非正式约束及彼此交往规则的过程。区域制度化建设的前提是参与各方对国际区域的高度认同，参与方愿意让渡部分国家治权，交由区域组织来实施；区域制度的构建是基于和培育合作价值观的进程，因此，国际区域治理制度的内涵可以从治理主体和治理途径两个维度加以观察。

（一）区域身份与权益

国际区域制度的主体指的是制定和实施区域规则制度的主权国家或国际组织。当代国际区域治理制度建设的一个重要特征是以主权国家为参与主体，在治理进程中多元主体参与为基本原则。国际区域治理制度作为成员国集体的区域代表机构，并非只是体现国家治理权的让渡。更为重要的是，成员国家获得了区域治理的权利和身份。也就是说，在现代民族国家本位的国际法前提下，成员国家还具备国际区域制度代表的身份，成为参与超国家国际区域治理的主体，并且具有制度上的合法性。从这个意义上来看，这是对现代民族国家制度的一种变革，使得国际区域由自然的存在向制度的存在转变。

国际区域制度的参与者不仅是代表国家的政府，还有非国家行为体（公司、非政府组织）和公民个人，这也是治理的基本含义。由此，参与治理的非国家行为体和公民个人获得了区域治理制度下的超国家权益，分享了国际区域制度下治理的成果与利益。就公司而言，最重要的变化是获得了区域市场开放与规则制定的规模效益，拥有区域的制度保障身份；各成员国的公民则获得了制度构建所提供的区域身份，这就意味着可以分享治理所创建的区域权益。比如，欧盟成员国的公民具有欧盟公民身份，分享欧盟统一大市场构建所提供的旅行、就业、居住和其他方面的区域性待遇。

（二）区域利益与保障

国际区域治理制度能为成员国提供更多、更好的治理收益，这也是制度构建获得各方支持的基础。鉴于构建国际区域制度是以超国家的区域为范畴，因此区域治理带来的利益具有大空间（即国际区域空间）、大环境（即国际区域环境）和大利益（即国际区域利益等）的特征。因此，国际区域治理制度所创建的利益远超过国别利益。以国际区域市场为例，其空间远比国别市场空间大得多。对于生产与其他经营来说，可以实现规模效益，实现资源要素和经营优势的互补。就国际区域关系和综合环境而言，通过区域治理制度构建，可以改善成员间关系，减少矛盾冲突，维护区域和平发展的大环境。国际区域治理制度的构建和开展，不仅带来现实的利益，而且有助于实现未来更好的发展。

鉴于国际区域治理制度是建立在共同参与和合作基础之上的，无论是治理还是利益分享，都可以避免被个别大国所垄断。国际区域治理制度是由多种协议构成的一种规则体系，各国政府、非政府组织、企业以及个人的参与都是依据法律、规则，有着明确和清晰的规范，治理行动依规而行。治理作为不断进行的进程，创建了多元主体参与的网络，有利于推动区域治理制度化的良性发展，有利于创建更加均衡与合理的区域秩序。传统的区域构建所形成的是由主权国家主导的一元化政治结构，国际区域治理所创建的是一种政府、非政府组织、企业和公民个人共同参与的合作伙伴关系。从国际区域治理制度构建的角度来认识，可使治理更具有可持续性。

尽管绝大多数国际区域都建立起了不同形式的治理制度，但是良好的制度构建和运行需要诸多条件，许多国际区域制度的构建和存在形式简单，导致治理功能和作用有限，真正在治理制度方面构建完善并运行良好的尚不占多数。在有的地区，制度构建的最基本条件，比如区域认同与区域共识尚弱；有的地区即便建立起了治理制度，但治理效果尚不明显。因此，尽管国际区域有着客观存在的基础，也有推动治理制度构建与开展治理的需求，但在成员间并不一定会形成推动治理制度构建的合力。

第五章　国际区域治理组织

国际区域治理组织是最基本的国际区域制度化形式。国际区域治理组织是由国际区域成员共同参与构建的，具有法律地位且独立运行的实体。国际区域治理组织有不同的组织形式和治理功能。

第一节　国际区域治理组织的特征

国际区域治理组织即以国际区域为范围构建的合作组织与合作机制。国际区域组织具有不同的形式和结构，承担着不同的国际区域治理职能。国际区域组织是由国际区域内成员的政府或非政府组织根据自愿、自主、平等的原则，合作建立的具有合法地位的运行实体，它承担着国际区域治理的职能。根据国际组织的主体构成状况来区分，国际区域治理组织可分为政府间组织和非政府间组织。

一、国际区域治理组织的类型

（一）政府间组织

政府间组织是国际区域治理组织的主要形式，也是国际区域治理制度的重要载体，其成员是参与国的政府或其他代表国家的官方机构。成立政府间组织是国际区域制度化建设的重要形式，有的区域组织逐步构建起比较完善的区域制度，包括立法机构、决策机构和管理机构等，比如欧盟；建立了比较完善的区域政治制度体系，包括欧洲理事会（决策机构）、欧洲议会（立法机构）、欧盟理事会（执行机构）、欧洲法院（仲裁机构）。有的则在区域组织基础上建立领导人会晤、部长会议与职能部门沟通的合作机制框架，主要是进行对话协商，就重要事务达成共识，而具体实施主要依靠成员国进行。也有的在区域组织下建立有选择的职能管理机构，行使部分管理权。

由于区域性问题的领域常涉及多个国家，因此问题的影响不会局限于某一国家，而是具有广泛性。区域性问题的产生大多有一个相对较长的积累过程，造成的影响具有长期性，这些问题往往会引发国际关系危机甚至地区危机，对它们的治理直接关系到国际区域局势的走势。很多特定领域的问题对不同国家的影响不尽相同，造成的影响也具有不确定性。因此，面对不同区域性问题表现出的不同特征，客观上对政府间组织的治理能力提出了要求，要求其治理职能更加完善，权限更为扩大。

就实践而言，政府间组织日趋活跃的表现正逐步改变对国家治理的认知。一方面源于国际区域规约的约束性。国际制度的逐步完善，使国际规约的覆盖面日益扩大，把不同层面的实践和规范置于超国家的地位，使得国家主权行使的范围和功能发生改变，必须遵守国际治理组织制定的规则，履行相应的治理责任。另一方面则体现为国际区域治理组织对成员涉及国际区域利益的一些国内事务进行直接的干预。各成员国需要接受政府间组织的干预，按照国际区域治理组织的要求进行调整与改变，使其相关领域的决策过程符合政府组织的规则要求，完成相应的治理任务。鉴于政府间组织具有超国家的治理法定功能，因此一方面可以规范和约束成员政府的行为，另一方面可以创建国际区域的整体性存在和功能构建。

整体而言，政府间组织有三种类型：第一类是具有独立的超国家治理职能的实体性组织，主要由主权国家根据政府间协议建立的各类地区联盟、国家联盟、地区共同体、安全组织等，比如欧洲联盟、东盟、非盟、欧洲安全组织、阿拉伯国家联盟等。第二类是功能性实体机构或合作机制，它又可以分为两类：一类是实体机构，如地区金融机构，像地区性开发银行、亚洲基础设施投资银行（简称“亚投行”）等；另一类是功能性机制，如自贸区，其基于政府间协议构建，具有实际运行功能。政府间组织的成员主要是各主权国家政府参与构建，由政府派代表参与运行。第三类是具有组织、协调和讨论地区事务功能的非实体性组织。它们是由各国政府或者政府部门根据治理议题常设的各类地区论坛、协会及功能性会议等，比如东盟地区论坛、亚欧会议、亚洲相互协作与信任措施会议等。

在联合国体系下，建立了一些以国际区域为范畴的国际组织。比如联合国经社理事会下建立了欧洲、亚洲及太平洋、拉丁美洲和加勒比、非洲以及西亚5个区域委员会。它们既带有全球组织的特征，也带有国际区域治理组织的特征。各委员会的宗旨都是促进该区域的经济社会发展，构建基于区域经济社会发展的合作机制。

（二）非政府间组织

非政府间组织指的是由不同国家的社会团体组成，旨在促进政治、经济、科学技术、文化、宗教等领域的相互联系与合作。非政府间组织的活动重点是社会发展领域，如商业、救援、扶贫、环保、教育、卫生等，以商会、协会、专门性组织等名义构建，有的是仅限于非政府成员，有的则是政府、非政府机构和个人共同参与，因其独立性和专业性而在国际区域治理领域发挥着独特作用。①

现代国际区域治理是以政府为主体的多角色参与体系。但国际区域治理之所以称为治理，一个重要的标志是非政府间组织的广泛参与。非政府间组织的参与是在统筹规划与行动议程下进行的，要么是按照分工承担治理责任，要么是通过合同承担治理议程的项目。当然，在有的情况下，一些非政府间组织也根据自定的议程开展治理活动，比如在区域环境治理领域，非政府环保组织往往非常活跃，所取得的成效也非常显著。

绝大多数的非政府间组织成员主要来自非政府组织、企业、社会团体或公民个人，他们参与非政府间组织活动时，一般不代表自身所在的国家。国际区域非政府间组织大多以国别组织为基础，以非实体的形式构建区域合作框架，开展民间区域治理活动，主要涉及环境、社会、人文领域，有的则以灵活的形式参与官方构建的区域组织的活动。非政府间组织的许多行动并不在政府间合作治理的议程之内，可以看作是政府间合作治理的有效补充。多元主体参与治理和行动更有利于国际区域治理制度体系的完善。

非政府间组织参与治理具有自身特有的优势。非政府间组织的成员并非国家政府，极少需要协调各国政府之间的关系，其活动范围和参与治理的领域也不易受政治因素的制约，有助于它们参与治理的有效性。在有些方

① 参见张健雄：《欧洲联盟》，社会科学文献出版社2019年版，第2页。

面，更易于为实现区域公共利益而超越具体主权国家的利益诉求，减少大量中间环节，提高参与治理的效率，降低治理成本。

二、国际区域治理组织的形式

国际区域治理组织数目众多，按照设立的宗旨职能来看，涉及领域较广泛的可以称为综合性组织，涉及领域聚焦于安全、经济、人文等个别或专门领域的称为专门性组织。

（一）综合性组织

综合性组织是国际区域治理的主体，以共同体、国家联盟、区域组织的形式构建，承担国际区域治理的综合职能，并且具有很强的区域实体驱动力。从组织结构看，综合性国际区域治理组织大都具有完整的组织结构，设有决策、管理等职能机构，所治理的领域覆盖了政治、安全、区域关系、经济、文化、科技、教育、气候治理等广泛的领域。综合性国际区域治理组织的发展具有短期和长期目标，以构建开放、合作、和平、发展的区域共同体或者联盟为长远目标。迄今，综合性组织中结构完整、运行顺畅、功能发挥较好的是欧洲联盟和东南亚联盟，二者在诸多方面不同，但都在国际区域治理成效上取得了突出的成效，成为凝聚国际区域共识，实现区域和平与发展不可或缺的力量。而像非洲联盟、南部非洲共同体、加勒比共同体、安第斯共同体、海湾合作组织等，也都在区域治理中得到发展。有的国际区域综合性组织，如美洲国家组织、太平洋岛国论坛、阿拉伯联盟等也都在推动国际区域认同、推进区域协调与合作方面发挥作用。

（二）专门性组织

专门性区域组织是指在某一个领域构建的区域性组织，涉及区域安全、经济合作、人文交流、气候治理等领域。专门性区域组织聚焦某一个领域，议题集中，治理针对性强，成员间容易达成共识，从而形成目标明确的治理议程和行动。从目前的情况看，专门性区域组织以安全和经济的治理为主要领域。

安全是国际区域治理最为重要的领域。建立国际区域安全组织的宗旨是通过集体的努力，推动区域内危及安全问题的解决，缓和地区紧张局势，实现区域的共同安全。多国共处区域常存在诸多争端矛盾，往往引发国家间的冲突甚至战争。有些问题可以通过双边协商谈判加以缓解或解决，有些则不能。有些涉及多个当事方，自行解决困难更大。推动国际区域制度构建，制度性的安排，可以避免出现谈不了、谈不成甚至矛盾激化的困境。安全性的区域组织代表各国政府出面更具权威性，达成的是参与国家间的协议，具有法律保障。比如，欧洲安全与合作组织（简称“欧安组织”），其成立的主要使命便是为成员国就欧洲安全事务进行磋商提供平台，特别是欧盟与俄罗斯的对话与协商。欧安组织为欧洲国家提供了对话、协商的平台。当然，由于后冷战时代的欧洲在安全方面存在大的结构矛盾，欧安组织在构建泛欧洲安全机制方面面临很大的矛盾和短板，导致其在消除对抗、阻止冲突发生和避免战争等方面并没有取得成功。

有些国际区域组织一开始是为专门治理问题而构建，但随着治理领域的扩大，逐步发展成为综合性的组织。比如，上海合作组织成立之初主要是针对区域安全问题，特别是在应对恐怖主义、极端势力、分裂势力等方面开展合作，建立了专门的反恐机制，包括信息中心、联合行动机制等，效果显著。如今，上海合作组织已经向综合性区域组织转变；2008 年建立的中日韩领导人会议主要聚焦三国以及东北亚地区的经济发展问题，也涉及东北亚地区的政治、安全和其他领域的合作议题，因此，也具有综合区域合作组织的特征。

推动国际区域经济发展是国际区域治理的重点，有些是在综合性组织治理安排下进行的，有些则是构建专门的合作机制，现实中，一些综合性组织是以建立专门性经济治理机制开始的。比如，欧盟就是从建立欧洲煤钢共同体、欧洲共同市场开始的。成立国际区域经济治理组织的目的主要是打开区域内国家间开展经贸交流的关税、非关税壁垒，制定市场规则，协调与统合各国的经贸政策，一般以自贸区、关税联盟、共同市场和经济联盟为主要形式，其中，自贸区是最为普遍的构建形式。自贸区实际上是政府间的协议，通过协议建立区域市场开放的运行规则。自贸区的运行和管理并不是依靠建立实体性区域组织，而是依靠具有法律效力的规则，因此，属于专门性国际区域治理机制。作为机制，其运行主要靠参与者遵循统一的规则，其组织机构设在各成员国的职能部门中，成员间的机构组成区域性组织框架，框架本身具有实际的实施、协调、监督和规划功能。

（三）非实体组织

在国际区域治理组织中，许多是由国家政府和非政府组织建立的，主要是开展政府间、非政府间对话，以凝聚合作共识，构建良好的国际区域环境。由国家推动构建的有金砖国家合作、东亚峰会、亚欧会议、亚洲相互信任与合作措施会议（简称“亚信”）等。APEC是一种带有特殊性的非实体国际区域合作机制。APEC聚焦区域经济发展治理，其成员以经济体的名义参与，其运行方式主要是通过协商达成区域治理目标和行动议程，只设有秘书处，成员经济体各自以协调的方式和自主的方式进行落实，采用的也都是非约束性的议程。因此，目标和议程的落实也就比较灵活，没有完成目标和议程也不会进行问责。有些官、产、学共同参加的合作性非实体组织，如太平洋经济合作委员会（PECC）、东盟地区论坛等组织大都没有常设运行机构，其职能主要是组织国际区域各相关方，就共同关心的问题进行交流讨论，发表立场文件，推动国际区域的治理。还有一些合作性的非实体组织带有专门性的特征，它们由专门领域的机构、个人参与，以协会、商会的名义注册与开展活动，广泛涉及商务、技术、学术、文化、环保等领域。这类非实体组织也具有推动国际区域合作、提升治理水平的功能。

第二节 国际区域治理组织的职能与组织架构

国际区域组织是一个复杂的治理制度体系。顾名思义，国际区域治理组织的基本职能是以合作的方式开展国际区域治理，涉及地区政治、安全、经济、社会、科学技术、环境、文化、生活的各个方面。

一、国际区域组织的主要治理职能

国际区域治理组织的职能可以大体归纳为政治职能、治理职能和规则职能，它们通过综合与专门治理体现出来。

（一）政治职能

国际区域治理组织的政治职能主要通过政府间组织的运行体现出来。政府间组织的决策机构通常由成员国的领导人组成，每次领导人会议的召开都会就有关国际区域形势、成员间关系、合作方向等主要议题进行讨论，以达成共识，发表联合声明，或者通过区域组织的重要文件。领导人会议(峰会)的重要意义是以国际区域组织为平台，就相关重要问题进行沟通、对话、讨论、协商，凝聚共识，因此具有很强的区域合作共治政治导向。

作为国际区域治理组织，召开领导人会议不是为了增加分歧，而是推进共识；不是本国优先，而是区域集体利益优先。当然，出于维护本国利益的需要，各方领导人会把不同意见带到组织平台据理力争。在有些情况下，合作议程会因为分歧太大达成不了共识而被搁置。比如20世纪60年代，欧洲经济共同体就发生了“空椅子危机”，使合作进程中断①；中日韩领导人会议也因为日韩、中日双边关系出现问题，自2019年中日韩召开第8次会议后被中断。事实上，国际区域的政治构建是一个不断磨合的过程，也是不断深化互信关系的过程。政治构建是国际区域组织有效运行和开展区域治理的关键，如果说国际区域治理制度的构建是建立在成员对区域的认同与共识基础之上，那么只有政治认同和共识的不断提升，才能使国际区域治理的基础不断加固，使治理进程保持可持续性。

(二)治理职能

治理是国际区域组织的基本职能。国际区域组织的基本治理理念是应对和解决国际区域层次存在的问题，也可以说区域组织的治理是问题导向的。就区域治理的方法而言，可分为进程治理、规则治理和项目治理。当然，三者既有区别，也有密切的联系，共同构成治理的职能体现。

进程治理指的是把国际区域制度构建和治理行动作为一种不断行进的进程，一些重要目标是在国际区域组织治理进程中，通过各种努力逐步实现的。比如，共同体构建作为国际区域治理的目标，就体现在国际区域治理不断发展的进程之中。再如，通过治理实现区域的和平与发展，是国际区域治理组织的基本职能；最终实现以共同体作为国际区域存在形式，就是国际区域治理组织构建的重要定位。

---

① “空椅子危机”是指1965年6月30日，欧洲经济共同体委员会主席、德国人哈尔斯坦试图将欧共体部长理事会的表决机制从全体通过制改为多数通过制，从而扩大欧共体委员会的权力。法国总统戴高乐对此采取了消极抵制的态度，不参加会议，召回本国代表，使得法国领导人座椅空了六个月。直到1966年1月，欧共体与法国达成了妥协，其他成员国都作出让步，实际上答应了法国的要求，同意法国提出的决策机制的全体一致原则，法国才重回座椅参加会议。

规则治理主要是通过国际区域治理组织制定规则,使得成员国的相关政策和行为遵守区域共同规则,以避免个别成员的行为损害其他成员利益和区域整体利益,使国际区域治理行为建立在规则基础之上。同时,也有助于国际区域的构建向着良好的方向发展,把遵守规则作为各方义务和责任。

项目治理是国际区域治理组织开展治理的主要内容。国际区域治理组织针对国际区域存在的问题,设立各种治理项目。有些项目是针对具体问题,有些则是着眼于长期规划和发展目标。比如区域基础设施网络规划和建设,就是着眼于区域长期发展而进行的项目。有些项目则是通过国际区域治理组织直接进行融资,更多的是通过成员国根据统一的规划进行建设,并融入区域网络机制之中。比如欧盟组织就对信息技术开发、飞机制造、航天工程等大型项目进行了统筹规划,以推进成员间的分工与合作。

（三）规则职能

国际区域治理组织的重要职能是为各参与方制定治理规则。与治理规则相关的国际区域关系、区域秩序、区域经济、区域社会等涉及众多具体的领域,因此,规则制定具有很强的针对性。同时,规则制定也体现为一个不断深化的过程,需要不断推出新的规则以适应新的发展变化。有些规则是关于构建国际区域治理制度的基本规则,通常以条约、宪章的形式存在,比如《欧盟宪章》;有些则是关于国际区域成员合作共处的原则,比如东盟的《东南亚友好合作条约》用以规范与指导东盟与非成员国之间的关系,不仅适用于东盟成员国,也对东盟非成员国开放;有些是以协定的方式签署,如各类自贸协定,把涉及自贸区的各项内容都列入其中;更多的规则是针对某一具体方面的问题,比如技术标准规则、产权保护规则、信息数据规则等,比如欧盟的《一般数据保护条例》就是针对数据保护制定的重要规则。

大多数法规都是由政府间组织制定的,具有法律效力。许多行业规则则是由非政府组织制定的,特别是由商会、专门性协会制定的规则,被称为"行规"。它们尽管不像政府间组织所制定的法规那样具有法律效力,但也往往具有"准法规"的效力,被称为"软法",即参加行业组织的成员,甚至同行业非成员也都要遵守,否则成员相互间的业务就会受到影响。还有些由非政府组织制定的旨在规范成员行为的规约,也具有很强的约束力。

其实,国际区域治理组织的构建和运行还具有区域建构(Regional

Building)的作用。基于地缘连接的国际区域是一种自然性的存在,而通过区域各国的交往与利益黏连,国际区域成为一种现实存在。但是,只有通过构建基于合作和共同参与的制度性构建,只有通过不断发展和加强国际区域治理组织,国际区域才会成为一种客观和现实存在的实体,才会成为世界构成结构中不可或缺的存在和功能本体。

二、国际区域治理组织的组织架构

国际区域治理组织的构建方式和组织形式具有多样性,并不存在一个统一的模板。不同区域组织有着不同的组织结构,无论在治理目标、议程设置、推进机制,还是在功能结构等方面都具有多样性。比较完善的政府间组织的组织架构大都包括:第一,决策机构,主要是由各成员的领导人会议组成,一般是作为常设机构召开年度会议(每年或者规定的年度),在需要的情况下也可以召开特别会议;第二,执行机构,主要是由部长级代表组成,对于领导人作出的决策和区域组织制定的议程进行落实;第三,职能机构,包括秘书处、分类设立的职能机构。

欧洲联盟作为当前最成熟的国际区域组织,拥有最完善的组织架构,主要包括:欧洲理事会,即成员国领导人会议,就欧盟发展的重大问题进行决策;欧盟理事会,负责欧盟的立法和政策制定;欧盟委员会,是欧盟常设的职能执行机构;欧洲议会,具有监督、咨询和立法职能;欧洲对外行动署,具有协调成员国外交政策的职能;欧洲法院,是欧盟的最高法院,具有执法与释法的职能。另外还有一些具有专门职能的内设机构,比如经济和社会委员会、地区委员会、欧洲审计院、欧洲统计局、欧洲煤钢共同体咨询委员会、欧洲中央银行、欧洲投资银行等。

东南亚联盟作为具有东盟特色的区域组织,其组织架构要比欧盟简单得多,行使治理的方式也不同。东盟的组织架构主要有:东盟峰会,就东盟发展的重大问题和发展方向作出决策;东盟协调理事会,由东盟各国外长组成,是综合协调机构;东盟共同体理事会,包括东盟政治安全共同体理事会、东盟经济共同体理事会和东盟社会文化共同体理事会,用以协调各领域工作;东盟部长会议,由成员国相关领域主管部长出席,对所属共同体理事会负责;东盟秘书长和东盟秘书处,负责协助落实东盟的协议和决定,并进行监督；东盟常驻代表委员会，由东盟成员国指派的大使级常驻东盟代表组成，代表各自国家协助东盟秘书处、东盟协调理事会等机构开展工作；东盟政府间人权委员会，负责促进和保护人权的相关事务。此外，东盟还设有秘书处，为各成员国的联合信息汇总，以及各类附属机构，包括半官方和民间机构。

非洲联盟作为囊括整个非洲大陆的政府间组织，设有比较完备的组织架构，主要包括：首脑会议，为非盟的最高权力机构；执行理事会，由成员国外长或指定部长组成，对首脑会议负责，落实其通过的有关政策并监督决议的执行情况，下设常驻代表委员会和特别技术委员会两个辅助机构；非盟委员会，为非盟常设行政机构，负责处理非盟日常事务；泛非议会，为非盟的立法与监督机构，目前只具有咨询、建议和预算监督职能；和平与安全理事会，主要职能是维护地区和平安全，预防地区冲突，对成员国实施军事干预与维和行动，进行人道主义和灾难救援等；非盟发展署，负责制定非洲的发展规划和推动发展合作；经济、社会和文化理事会，为咨询机构，由成员国社会团体、专业团体、文化组织和非政府组织等组成；非洲法院，为非盟的司法机构等。

非政府间组织架构形式多样，不像政府间组织那样完备和复杂。一般设有理事会或者代表会议，对相关事务进行讨论和提出方案规则。在许多情况下，非政府间组织主要依靠常设秘书处负责经常事务。比如，有官、产、学代表组成的太平洋经济合作委员会，设有理事会大会，通过召开年度会议对相关事务进行讨论，制定行动议程；设有小规模的秘书处，还有成员国设立的协调性委员会，组织参与相关的活动。

国际区域治理组织既有国际组织的一般性特征，也有其自身的独有特征。国际区域治理组织有突出的地缘性特征，成员国是特定区域内的国家和非政府组织。国际区域治理组织成员国具有比其他成员更长的历史联系和共同利益，特别是在民族、历史、文化、语言、宗教等方面有着特殊的联系，成员间的相互依存关系更为密切。鉴于此，国际区域治理组织在构建与开展治理上都具有认知、共识的基础，也有推动其发展的内在动力。当然，国际区域治理组织的发展是一个不断协调矛盾、克服困难的进程，各个地区的发展也不平衡。尽管如此，国际区域治理组织作为国际区域治理的载体，得到了普遍认可。有些成熟的组织，如欧盟、东盟、非盟等已经成为具有区域集体法定代表的机构，被世界各国、联合国和其他国际机构承认，派驻使团或被接纳为集体成员。这是国际区域本体构建的一个重要发展。

第六章 国际区域组织制度与运行比较

由于国际区域有着很大的差别，因此国际区域组织在制度构建、运行与治理功能上也不尽相同。由于不同的国际区域有着不同的治理需求，因此在治理重点、方式和效果上也存在很大差别。本章以欧盟、APEC、非盟和南方共同市场为例，从综合的角度解析其制度构建、组织结构、运行方式和存在的问题。

第一节 欧盟的制度构建与发展

欧洲联盟是迄今为止制度构建最完善的国际区域治理组织，其发展经历了一个从单一到综合、从低水平到高水平的过程。

一、欧洲区域治理组织的发展

1950 年 5 月 9 日，法国外交部长罗伯特·舒曼(Robert Schumann)提出了建立欧洲煤钢共同体的"舒曼计划"，建议法国和德国以及任何其他愿意参加的欧洲国家，集中使用煤炭和钢铁资源以实现生产和流通领域的一体化。1951 年 4 月 18 日，法国、联邦德国、意大利、荷兰、比利时和卢森堡六国在巴黎签订了《欧洲煤钢联营条约》(亦称《巴黎条约》)，成立煤钢共同体，合作管理成员国的煤炭和钢铁生产与销售，其治理职能由一个超国家的权力机构行使。1957 年 3 月 25 日，这六国在罗马签订了《建立欧洲经济共同体条约》和《建立欧洲原子能共同体条约》(统称为《罗马条约》)，成立了两个共同体。1965 年 4 月 8 日，这六国签订《合并条约》，将欧洲煤钢共同体、欧洲经济共同体（European Economic Community，EEC）和欧洲原子能共同体

(European Atomic Energy Community,EURATOM)进行合并,成立欧洲共同体(European Community,EC),条约于 1967 年 7 月 1 日生效。欧洲共同体在发展过程中经历了一些波折,但逐步实现了扩大,先后吸纳了丹麦、英国、爱尔兰、希腊、西班牙、葡萄牙参加,到 1986 年成员国达到 12 个。

1986 年,欧共体推出《欧洲单一法案》,使共同体的管辖范围扩大,奠定了共同体一体化的法律基础。1991 年 12 月 11 日,欧共体马斯特里赫特首脑会议签署了《欧洲联盟条约》,以建立欧洲经济货币联盟和欧洲政治联盟为目标,宣布欧共体 12 国将实行共同外交和安全政策,并将最终实行共同防务政策。此外,欧共体还实行共同渔业政策,建立欧洲货币体系,建设经济货币联盟。1993 年 11 月 1 日,《欧洲联盟条约》正式生效,欧洲共同体更名为欧洲联盟。1995 年,欧洲多国签署的《申根公约》生效,取消了会员国之间的国界。1999 年 1 月 1 日,欧洲经济货币联盟启动,欧元诞生。迄今,欧盟成员国增加到了 27 个,吸纳了多数欧洲国家参加。

二、欧盟组织架构与治理职能

(一)组织架构与职能分工

欧盟的主要部门包括欧盟委员会、理事会(包括欧洲理事会、欧盟理事会)、欧洲议会、欧洲法院、欧洲审计院、欧洲对外行动署,以及其他职能部门。

欧盟委员会(European Commission)简称“欧委会”,是欧盟的核心部门,是政治、立法、行政、执行、监督机构。该部门具有立法动议权、倡议并制定共同政策、监督和确保共同体政策的贯彻、捍卫欧盟条约的权威、编制财政预算、协调成员国之间和机构之间关系、负责对外经贸关系等几项重要职能。

欧洲理事会(The European Council)又称为“欧洲首脑会议”或“欧洲峰会”,是欧盟的最高决策机构,属于政府间机构。欧洲理事会决定欧盟的大政方针,尤其是有关外交方面的决策。

欧盟理事会(Council of the European Union)又称“部长理事会”,是欧盟的主要立法与政策制定、协调机构,属于政府间机构。欧盟理事会的主要任务是协调欧共体各国家间事务,制定欧盟法律和法规,与欧洲议会共同分享某些立法权，如共同预算决策权，并负责引导货币交易方面的政策。

欧洲议会(European Parliament)是欧盟的立法、监督和咨询机构。欧洲议会虽然是立法机关，但没有立法动议权。欧盟立法动议须通过欧洲议会、理事会和欧盟委员会的联合行动才能完成。

欧洲法院(The Court of Justice)是欧盟的仲裁和司法机构，负责审理和裁决在执行欧共体条约和有关规定中发生的各种争执，同时也是共同体法律的解释者和澄清者。欧洲法院是实施欧盟法律的最高法院，但不实施成员国法律。

欧盟审计院(The Court of Auditors)负责审计欧共体及其各机构的账目，审查欧共体收支状况，并确保对欧共体财政进行正常管理。审计院有向欧洲法院提起诉讼的权力，但没有司法职能。该机构在《阿姆斯特丹条约》签订后被赋予审计整个欧盟财务的权力。

欧洲对外行动署(European External Action Service)相当于欧盟的外交部和国防部，由欧盟外交与安全政策高级代表(兼任欧盟委员会副主席)领导，负责欧盟的共同外交与安全政策，包括共同安全与防务政策的执行。

此外，欧盟还设有经济和社会委员会、地区委员会、欧洲统计局、欧洲煤钢共同体咨询委员会、欧洲中央银行、欧洲投资银行等机构，以及欧洲经济区和地中海联盟两个外围组织。①

(二)治理领域和治理措施

欧盟治理的目标是为推动实现欧洲一体化扫清障碍。欧盟的一体化领域包括经济一体化领域、功能性领域、农渔业领域和对外政策领域。

1.经济一体化领域

1985年，欧盟委员会发布《建成内部市场白皮书》，并于1986年签署《单一欧洲文件》，将欧洲单一市场定义为“一个没有内部边界的，能够确保商品、人员、服务和资本流动的地区”。在该文件指导下，包含282项措施的欧洲单一市场计划得以制订，并转化为成员国的法律政策。《欧洲联盟条约》正式生效后进一步推进了统一大市场的构建，具体表现在消除了各种贸易壁垒，进一步推动取消边界有形障碍、财政壁垒和技术壁垒；消除政府歧视

① 参见张建雄：《欧洲联盟》，社会科学出版社2019年版，第47～100页。

性垄断采购壁垒，形成统一的政府采购市场。欧洲内部市场的构建也从商品的自由流通向资本、人员和服务的自由流通延伸，从关税同盟向共同市场延伸，从经济联盟向货币联盟延伸。2013 年，欧盟委员会进一步提出了完善内部大市场的举措，包括改善初创企业融资渠道、在欧盟内部加强对专业资格的统一认证、落实内部大市场政府采购规则和推动数字经济的发展等内容。

2.功能性领域

对功能性领域的治理既涉及市场环境、产业发展、技术开发等宏观领域，也涉及运输、能源、电信等具体领域。欧盟通过推出各类功能性政策来对相关领域进行治理。

一是竞争环境治理。欧盟通过在区域和国家两个层面出台政策构建机制，以促进良性竞争，营造良好的竞争环境。在区域层面，由欧盟委员会下属的欧盟竞争网络（ECN）来交换和实施欧盟竞争规则的信息；在国家层面，通过竞争当局（NCA）对违反竞争规则的事件开展调查，并进行处理。在治理框架方面，涉及鼓励和保护竞争规则，禁止缔结妨碍竞争协议，限制垄断行为，控制兼并行为，限制国家扶持行为等，以制止和惩罚反竞争行为，营造良性的区域竞争环境。

二是产业治理。欧盟产业治理的具体政策体现在《欧洲煤钢共同体条约》《欧盟运行条约》和《欧洲联盟条约》中，包括对煤钢产业的干预、对产业的支持政策等内容。在机制构建方面，欧共体通过建立结构基金对落后地区的工业进行扶持，通过欧洲投资银行和研究与技术开发（RTD）对新兴产业进行推动。在实践中则通过出台改组“夕阳”工业、支持“朝阳”工业、支持中小企业、支持研究与技术开发计划、保护工业不受来自区外“不公平”竞争的损害等政策，推动产业的良性发展。

三是研究与技术开发治理。1984 年，欧共体制定并实施了“研究、技术开发及示范框架计划”（简称“框架计划”，FP），鼓励企业将研究与技术开发计划着眼于提高欧洲的竞争力，鼓励合作以分担科研成本，要求科研单位通过竞争取得科研项目经费，鼓励基础研究项目，防止民营企业获得政府研究资助取得不公平竞争优势。截至 2020 年，欧盟先后实施了 8 个框架计划。另外，欧盟在《欧洲联盟条约》中明确了其科技政策，强化并扩大了欧盟在研究与技术开发活动中的协调作用；2000 年，欧盟提出“电子欧洲”行动计划，以实现信息化，消除互联网发展的各种障碍因素，加速欧洲网络建设，推动“新经济”的发展；2010 年推出《欧洲数字议程》，通过建立数字化单一市场，带来可持续的经济和社会收益。

四是共同运输治理。欧盟通过环境保护政策、构建运输业单一市场、实施跨欧运输网络计划等措施，达成“无壁垒欧洲”目标。为此，欧盟在 2011 年发表《单一欧洲运输领域的路线图》，提出建立综合运输网络、创建多模式对接平台、改善新成员国基础设施、投资未来交通运输技术手段等目标，以应对交通运输对环境的破坏、交通方式不平衡增长、运输线路拥堵等的挑战。

五是能源与电信。欧盟在《欧洲联盟条约》中提出了建立欧洲能源网络的目标。2014 年和 2017 年，欧盟两次提出了能源战略，目标是建立单一能源市场、提高能源供应的可持续性、保障能源生产和运行的安全、大力发展低碳能源、降低能耗等。欧盟的电信是一体化和开放程度最低的部门之一。欧盟成立时提出了跨欧网络计划，并在 1993 年的《增长、竞争和就业》白皮书和 1994 年的《班格曼小组报告》中提出要在电信部门推动该计划，旨在协调欧盟成员国的电信业和实现电信市场自由化，促进欧洲“信息高速公路”的发展。政策目标聚焦于争取开发市场、连接各成员国网络、提高电信服务的相互操作性，以及对供应商开放网络准入等方面。为此，欧盟委员会制定了实现移动电信、通信卫星、电台和广播电视完全自由化的措施。2000 年，欧盟首脑会议通过了“电子欧洲”计划，以促进欧洲互联网的使用和发展，将互联网延伸到欧洲社会的每一个部门。2015 年，欧盟委员会推出“单一数字市场”计划，通过消除成员国在网络通信领域的壁垒，在数字领域将所有成员国纳入单一网络中，建成一个无障碍的无缝网络，涵盖电子营销、电子商务和电信领域。

3.农渔业领域

第一，共同农业。欧共体提出的共同农业政策旨在刺激农业生产，保障粮食供应，提高农村人口的生活水平，并抑制粮食价格，保护消费者利益。在治理机制方面，欧共体建立了价格支持体系，对农产品价格进行干预；对少数产品进行补贴；制定共同体优惠政策，设置农产品进口壁垒；制定农产品出口补贴政策;推出农业货币制度,消除汇率波动对农产品价格的影响。1992 年,欧盟委员会提出“麦克沙利改革计划”,将维持欧共体的农业生产和出口实体地位、生产规模向需求看齐、将价格支持向收入支持转变、健康发展乡村社会、保护乡村环境和开发乡村潜力列为改革目标。欧共体扩员后,对共同农业政策产生了较大冲击,主要涉及农业补贴和农民收入补贴问题。为此,欧盟在 1993 年提出减少农业预算的妥协方案,逐步减少并取消对部分农产品的保障性价格补贴。2002 年,欧盟建立新成员经济发展的结构基金和“凝聚”基金,建立财政补偿机制。2003 年,共同农业政策强化了收入支持机制,并逐步将补贴与产量脱钩。2013 年,共同农业政策推出新改革目标,以提高农业竞争力、实现可持续发展和促进创新、支持就业和增长,并将财政补贴转移到土地非农业生产利用领域。

第二,共同渔业。欧盟提出共同渔业政策,旨在稳定水产品市场,确保水产品在合理价格水平上的稳定供应,保护海洋渔业资源,确保渔民经济利益最大化。为此,欧共体对捕捞水域实行准入制度,保护和管理渔业资源;建立渔业共同组织,制订促进渔业发展计划,实行共同外部关税。2011 年,欧盟委员会对共同渔业政策进行改革,通过促进渔业可持续发展、促进水产养殖、发展国际合作、设立欧洲海事和渔业基金等措施,应对欧洲渔业面临的各项挑战,推动可持续发展。

4.对外政策领域

欧盟对对外政策领域的治理关系到政治一体化的构建。在对外政策领域,对外经贸政策、共同外交与安全政策是主要的治理措施。

第一,对外经贸政策。欧盟在《罗马条约》中提出了创建关税同盟的目标。在治理措施方面,涉及共同对外贸易政策和共同外部关税政策两部分内容。共同对外贸易政策来源于共同商业政策(CCP),该政策规定成员国需要将关税主权和总的贸易政策制定权让渡给共同体,政策内容包括共同体关税体制、与第三国签署的共同贸易协定和统一使用的贸易政策工具。值得注意的是,共同对外贸易政策是“有管理的贸易”,该共同商业政策的集体决策机制具有明显的贸易保护主义倾向,并不是完全的自由贸易政策。为此,欧盟采取了共同外部关税、数量限制政策、反倾销政策、保护措施、自愿性出口约束和产品当地含量规则等手段进行贸易保护。在出口方面,欧共体奉行自由出口的共同规则，为此在实施程序上规定可以在必要的时候实施监督和保护措施。1992年，欧盟废除了部分产品的出口限制；在进口方面，欧共体实行自由进口的共同规则。共同进口规则规定了商品进口的信息和协商程序，必要时采取监督和保护措施，以保护共同体利益。

第二，共同外交与安全政策。欧盟在欧洲的政治与安全体系中拥有举足轻重的地位。20世纪80年代，欧共体推出《单一文件》，提出制定和实施共同体外交政策，加强欧洲政治合作。1993年的《欧洲联盟条约》确立了欧洲政治合作机制的地位，即"共同外交与安全政策"(CFSP)，该政策要求成员国协调在国际事务中的行动，在国际舞台上确定欧盟的共同立场。条约还规定，共同外交与安全政策最后要形成共同防务政策，最终建立共同防务机制。1999年生效的《阿姆斯特丹条约》进一步强化了该政策，并界定了欧洲共同外交与安全政策的目标，即维护欧洲的共同价值观、根本利益和独立，全面加强欧盟及其成员国的安全，维护和平与加强国际安全，促进国际合作，发展和巩固民主与法治，尊重人权和基本自由。欧盟分别于2003年和2016年发布了《欧洲安全战略》和《欧盟外交与安全政策》。在这两份文件中，欧盟提出了共同外交的方针政策和安全观。

(三)治理方式与措施

欧盟作为一个区域治理组织，采取了共同体治理、政府间合作治理和开放协调治理等方式，先后构建了欧洲关税同盟、共同市场和货币联盟，以保障欧洲一体化进程的顺利推进。

欧盟通过构建"超国家机构"实现主权集中化。由于一体化涵盖范围广、程度深，欧盟的运行已超出政府间机制所能协调的范围。因此，欧盟构建了一套超国家的调节和管理机制，由成员国上交部分主权给某个"超国家机构"，以建立一个置于国家之上的"权力中心"。欧盟各部门代表的是欧盟成员国的整体利益，不代表某个成员国政府的利益。欧盟通过设立共同协调和管理机构，推动成员国拆除贸易壁垒，制定广泛的共同政策；通过功能性的集中活动，大幅降低地区内部交易成本，提高治理效率。

欧盟采用政府间合作原则协调成员国间的重大事务。欧盟成员国上交的主权有限，涉及国家根本利益的主权依旧掌握在成员国手里。欧洲理事会和欧盟理事会作为政府间机构，其决策主体仍然是各成员国政府，代表的是各成员国利益,反映的是各成员国的意愿。因此,在关系到重大问题的决策和涉及成员国未上交主权的事务时,需要由欧洲理事会或欧盟理事会来协调处理。在政策制定和实施过程中,政府间机构发挥着重要的作用,既体现了国家的治理特性,又带有明显的政府间治理性质。欧盟在推进区域治理中,通过协调达成共识,进行立法和制定各类共同政策;通过不同类型治理机制的设立,在成员国之间推行共同的区域政策,逐步建立起了一整套区域治理协调制度。这种制度具有开放协调的特征,在尊重成员国的多样性和实现欧盟治理的统一性之间找到平衡。①

三、欧盟制度的构建、运行与矛盾

欧盟是由成员国共同参与和推动构建的超国家区域治理组织,其突出特点是在成员国达成共识的基础上,进行区域综合治理。因此,欧盟的制度构建体现了成员的共同意志,制度的存在和独立运行是建立在成员国的认同和支持基础上实现的。

一是构建认同。二战后,欧洲构建区域制度的根本目的是建立区域联合以防止再发生对抗、战争。欧洲区域的构建也是建立在持久和平的共同认知基础上的。这种共识不断推进欧洲区域合作制度构建的扩大和深化,支持构建超国家的区域治理制度和行使区域治理职能。但是,在构建一个什么样的区域制度上,欧洲一直存在认知和行动上的差异与矛盾,每往前走一步都要经过激烈的辩论和耐心的协调。比如,在欧洲共同体成立后,在要不要以及如何提升政治联合问题上就存在分歧,经过反复讨论,才在1972年的领导人会议上达成共识,在十年内建成一个政治联盟。②冷战的结束和德国的统一,为欧洲区域联合提供了新环境。对于欧洲共同体如何发展,欧洲执委会的德洛尔提出要加快速度建立欧洲联邦,对此,法、英等国家政府并不支持。经过反复讨论才达成了一个基本共识,即欧洲合作要由共同体建设转向联盟建设。然而,各国在构建一个什么样的联盟问题上出现了分

① 参见朱贵昌:《开放协调机制——欧盟应对成员国多样性的新治理模式》,《国际论坛》2010年第3期。

② 参见[美]吕克·范米德拉尔:《通向欧洲之路》,任轶、郑方磊译,东方出版中心2016年版,第238页。

歧，不少方案被否定。最终欧共体通过了《马斯特里赫特条约》构建了欧盟，对共同利益、最高决策权力机构角色和共同外交及防务等权力进行了明确的界定，此后，又经过《阿姆斯特丹条约》(1997 年)、《尼斯条约》(2001 年)、《欧洲宪法条约》(2004 年)和《里斯本条约》(2007 年)逐步加以完善。欧盟在制度调整过程中，成员国在决策权力分配、欧洲议会和欧洲委员会席位数量等问题上存在诸多分歧。但最为重要的是，欧盟完成了作为具有法律效力的合法存在和治理制度运行的构建。

二是制度认同。欧盟的制度构建是在不断发展的进程中逐步进行的。在制度构建中，一直存在构建一个什么样的制度的认知分歧。比如，建立欧盟统一货币(欧元)就经历了复杂的过程。1979 年欧洲共同体建立欧洲货币体系，创建欧洲货币单位(ECU)；1989 年欧洲委员会提出《欧洲共同体经济与货币联盟报告》；1991 年签署《经济与货币联盟条约》，正式确定建立统一货币。其间，欧盟在汇率、货币政策、欧洲中央银行职能等问题上出现反复，欧元直到 2002 年才正式流通，当时只有 12 个成员国加入欧元区。英国、瑞典和丹麦从一开始就反对货币统一政策，最终没有加入。再如，旨在加强欧盟治理的欧洲宪法条约，尽管得到了成员国的签署，但在各国公民投票中受到挫折。法国、荷兰的全民投票都没有通过，公民担心赋予欧盟过高的权力会增加“布鲁塞尔官僚机构的权力”，损害成员国的利益；《欧洲联盟条约》在丹麦和英国等国也遭到了否决和阻力。种种分歧和阻力最终导致本应成为具有联邦性质的欧洲联盟，只能以“联盟”的形式存在。另外，欧盟在超国家权力机构设置和决策机制建立中，也常遇到成员国在司法、民事、外交和安全等事务方面的主权障碍，导致欧盟在组织体制和结构方面出现多元性特征。2020 年英国完成脱欧程序，正式退出欧盟，实质上是其对欧盟制度构建的不认同。

三是分歧与矛盾。欧盟制度构建与制度运行中存在构建认同和制度认同的分歧和矛盾。特别是，新成员入盟除了对欧盟制度的完全认同外，还必须达到入盟的标准，经过自我对接进行改革，避免了新成员的认同差异和与区域制度差异所导致的组织运行困难。尽管欧盟吸收新成员采取了比较严格的标准，给予入盟国较长的制度调整时间，但由于欧盟内部的发展存在较大差距，成员国彼此间存在利益差别，特别是成员国个体利益与区域整体之间存在的矛盾，使得在制度构建和制度运行中不断出现分歧、矛盾，甚至冲突。比如，欧洲债务危机的本源就是成员国经济治理上的问题和外部冲击导致的债务高企和还债违约导致的内部危机。从区域治理制度运行的角度来看，欧洲债务危机与欧盟在规约成员国货币政策、财政政策上的失能有着直接的关系。

第二节　APEC 的制度构建与运行

亚洲—太平洋区域（简称“亚太区域”）包括东亚、大洋洲、美洲的太平洋沿岸国家，APEC 是亚太区域的官方经济合作机制，主要职能是推动区域贸易投资自由化，加强成员间经济技术合作。APEC 具有区域合作组织的性质，但其制度构建与运行独具特色，形成了鲜明的“APEC 方式”。

一、亚太区域经济合作的制度构建

二战后，随着经济的发展，太平洋沿岸国家构建了越来越紧密的联系，形成了北美与东亚相互连接的经济区域。在此情况下，各方推动地区合作与制度构建的驱动力不断增强。在民间和官方的参与和推动下，先后成立了太平洋盆地经济理事会（PBEC）、太平洋贸易与发展会议（PAFTAD）和太平洋经济合作理事会（PECC）。APEC 的成立是一个重要的里程碑，标志着亚太区域的合作由民间提升到官方。

APEC 最初只是一个致力于区域经济合作的部长会议，首次会议于 1989 年 11 月 5 日至 7 日在澳大利亚首都堪培拉举行。1991 年 11 月，第三届部长会议通过了《汉城宣言》，正式确定了该机制的合作宗旨、运作方式、组织构建等。1992 年，第四次部长会议决定在新加坡成立秘书处与该机制的运作基金，1993 年 1 月秘书处正式运行。1993 年 11 月，首次领导人非正式会议在美国西雅图召开，标志着部长会议升级为 APEC。此后，APEC 不断完善制度构建，如成立太平洋工商论坛（PBF）、贸易投资委员会（CTI）、亚太经合组织工商咨询理事会（ABAC）、政策支持小组（PSU）等。亚太地区存在多层次、多样性的区域合作机制，APEC 吸纳了多数区内经济体参与，成为推动区域经济合作与治理的主渠道。

二、APEC 制度框架与治理

(一)组织架构与职能分工

APEC 建立了领导人非正式会议、部长级会议、高官会议、委员会和工作组、秘书处五个层级性的制度架构,根据领导人通过的宣言、议程和目标开展区域经济治理。

第一,领导人非正式会议。APEC 成员称为经济体,因为有中国香港、中国台湾以经济区的身份参加,领导人会议称为“非正式经济领导人会议”(AELM)。该会议主要讨论 APEC 发展进程中最关键的问题和地区热点问题,并根据地区局势的变化对 APEC 治理机制进行顶层设计。截至 2021 年,APEC 共召开了 28 次领导人非正式会议。

第二,部长级会议。APEC 部长级会议包括年度双部长会议以及专业部长会议。双部长会议包括外交部长和经贸部长会议,每年在领导人会议前举行一次;专业部长会议定期或不定期举行。[①]

第三,高官会议。高官会议是 APEC 的协调机构和核心机制。高官会议一般由各成员司局级或大使级官员组成。工作内容包括提出议题、相互交换意见、协调看法、归纳集中,然后提交部长会议讨论。会议的主要任务是负责执行领导人和部长会议的决定,并为下次领导人和部长会议做准备。

第四,委员会和工作组。高官会下设 4 个委员会:贸易和投资委员会(CTI)、经济委员会(EC)、经济技术合作高官指导委员会(SCE)、预算管理委员会(BMC)。分别负责贸易和投资自由化工作;研究本地区经济发展趋势和问题,协调经济结构改革工作;指导协调经济技术合作;开展预算和行政管理。各委员会下设多个工作组、专家小组和分委会等。

第五,秘书处。秘书处为 APEC 各层次的活动提供支持与服务,秘书处负责人为执行主任,2010 年起设固定任期,任期三年。政策支持小组专门研究 APEC 进程中的各种评估、审议,为合作机制提供智力支持。

此外,APEC 还有工商咨询理事会和工商领导人(CEO)峰会、环太平洋

① 专业部长会议包括贸易部长会、财长会、中小企业部长会、能源部长会、海洋部长会、矿业部长会、电信部长会、旅游部长会、粮食安全部长会、林业部长会、结构改革部长会、交通部长会、人力资源部长会、妇女与经济高级别会议、卫生与经济高级别会议等。

大学联盟和妇女领导人会议。[①]

（二）治理领域与治理机制

APEC 的成立旨在促进地区经济增长与合作，提升亚太地区贸易投资自由化和便利化水平，推动成员国经济发展。自 1989 年成立以来，APEC 强调其治理领域有“两个轮子”——贸易投资自由化、便利化和经济技术合作。因此，APEC 的治理也就围绕着如何推动这“两个轮子”顺利运转而进行。

APEC 通过大幅度降低关税、减少非关税壁垒以推动区域贸易投资自由化、便利化；通过在经济和技术领域的标准、规制合作，增强“亚太大家庭”意识等措施，促进经济技术合作。经济技术合作的目的是更好地推动贸易投资自由化、便利化，加强成员的参与能力建设，实现区域经济的共同发展。APEC 推动区域贸易投资自由化、便利化和经济技术合作，主要靠议程推动，实行“一致行动”与“单边行动”相结合的方式，因此，在实施中有单边行动计划（IAP）和集体行动计划（CAP）。

茂物目标（Bogor Goal）是 APEC 推动区域贸易和投资自由化的主要议程。APEC 成立了“名人小组”，对亚太区域经济合作提出方案，1994 年领导人会议通过了名人小组提出的茂物目标，按照该目标，发达经济体在 2010 年，发展中经济体在 2020 年分别要实现贸易投资自由化的目标。为此，先后制定了大阪行动议程（OAA）、马尼拉行动计划（MAPA）和部门自愿提前自由化（EVSL）。1997 年的亚洲金融危机对 APEC 推动的行动议程产生了严重影响。同时，尽管 APEC 设定了一些落实规则，比如制定了落实行动议程表，进行落实进展评估等，但由于缺乏制度性的强力推动措施，原定发达经济体成员在 2010 年实现茂物目标的规划落空，自然，发展中经济体到 2020 年实现目标的规划也落空。

尽管如此，依托 APEC 合作机制推动亚太区域市场开放与开展经济合作的意愿仍然存在。每年召开的领导人非正式会议都坚持 APEC 推动区域开放与合作的议程，针对形势的发展提出合作目标。2010 年在日本召开的领导人非正式会议发表了《横滨宣言》，提出推动 FTAAP 的建设，此后为此

---

① 详见 APEC 官方网站，http：www.apec.org/。

开展研究，但由于出现分歧，有关构建 FTAAP 的设想被搁置。[①] 美国推动了 TPP 建设，美国退出后，日本领衔完成了"全面与进步跨太平洋伙伴关系协定"(CPTPP)，东盟领衔推动了 RCEP，由此，以 APEC 为主渠道推动的亚太区域经济合作进程受到很大的影响。

(三)组织方式与特征

APEC 是具有实际内容的官方合作机制，有别于欧盟那样的国际区域组织，常设机构只有一个很小规模的秘书处，其他治理功能都由非实体性会议和工作机制承担，由承办者组织和成员经济体领衔，其运行方式是靠议程驱动。因此，其制度构建的主要方式是建立机制框架，由成员经济体"自愿"和"自觉"落实治理行动。

APEC 坚持"开放的地区主义"，即不限制成员参与其他的区域经济合作，不搞封闭的区域集团，支持 WTO 多边贸易体系。APEC 采取自主、自愿和协商一致的合作与治理方式，不同于自贸区构建，需要签署协议，遵守约束性条约规约。同样，APEC 通过成员共识达成治理的目标和议程规划均不具有法律约束力，由成员自愿执行。这种非约束性和自愿性的机制构建既有有利的一面，它保证了 APEC 成员的参与度与舒适度；也有不利的一面，它使 APEC 制定的目标和议程难以实现。

三、APEC 制度运行和治理中的制约

APEC 作为一个区域合作机制，缺乏制度性规约，这对其行使区域治理职能只能形成根本性的制约。由于缺乏法律基础，所有的议程都只能靠成员的自觉，这不仅会受到成员间获益差别认知的影响，也会受到成员间关系发展的影响。

美国是亚太区域最大的经济体，对 APEC 的发展拥有很大的影响。20 世纪 90 年代初，美国之所以积极推动亚太地区经济合作，甚至积极推动实质性的区域制度建设，主要基于北美与东亚大市场实现更紧密的连接会为其带来巨大的经济利益，加之其外部受到欧盟推动统一大市场建设的压力，

① 参见国家开发银行研究院、中国社会科学院国际学部：《亚太自贸区：战略与路径》，经济管理出版社 2016 年版，第 249 页。

便寄希望于构建 APEC 来实现对冲。为此，美国提出了构建亚太共同体，构建有约束性的区域贸易安排。在这样的意图和努力没有得到其他成员（特别是东盟国家、中国等）支持的情况下，美国便另起炉灶，推动建立 TPP。面对中国综合实力的快速上升，美国对中国的战略敌视逐渐出现。为此，美国提出了不包括中国的印太战略，以降低亚太区域合作的重要性。

鉴于 APEC 框架下的合作议程落实不到位，各方转而推动其他议程，形成了多个自贸区并存的局面。如北美自贸协定（后来的美墨加协定）、东盟自贸区、TPP 与 CPTPP、“东盟＋”自贸协定、RCEP，以及多个双边自贸协定等。加上美国推出的对华全面战略竞争政策，推动排斥中国的印太战略和印太经济框架等。这种情况下，亚太地区顺利运行以 APEC 为主导的合作机制面临严峻挑战。面对新形势，尽管 APEC 仍在运行，但如何重聚共识，使其发展可持续，扭转制度失能的局面，难度不小。①

第三节　非盟的制度构建与发展

非盟成立于 2002 年，其前身是 1963 年成立的非洲统一组织。非盟是集政治、经济和军事于一体的全洲性区域治理组织，其发展经历了一个不断调整与整合的历程。

一、非洲统一合作运动的沿革

泛非主义是促进非盟诞生的思想基础，它既是一种社会政治思潮，也是一种政治运动。在泛非主义思想的推动下，非洲国家逐步凝聚共识，加强非洲内部团结与合作，发挥整体力量，解决自身问题，实现非洲和平与发展。1963 年 5 月 25 日，31 个获得独立的非洲国家共同签署了《非洲统一组织宪章》，宣布成立“非洲统一组织”，简称“非统”。非统的成立实现了非洲国家的非洲统一理想，使非洲国家有了全新的领导机构和独立的政治体系。非统逐步发展成为国际舞台上一支重要的政治力量。随着 1994 年新南非的

① 参见张蕴岭：《APEC 需要新共识、新动力》，苏格主编：《APEC 30 周年纪念文集》，世界知识出版社 2020 年版，第 5 页。

诞生,开启了非洲发展的新时代。此后,非统不断扩大,截至1998年6月,成员国数量扩大到53个。

1999年9月9日,第4次非统特别首脑会议签署了《苏尔特宣言》,提出成立非盟的倡议。2000年7月,第36届非统组织首脑会议通过了《非洲联盟宪章草案》。2001年7月,第37届非统组织首脑会议正式宣布由非统向非洲联盟过渡。2002年7月,第38届非统暨首届首脑会议宣布非洲联盟正式取代非统。非盟的成立使非洲区域的治理合作、非洲的和平与发展秩序构建进入了一个新的阶段。①

二、非盟组织架构与治理职能

(一)组织架构与职能分工

非盟的主要组织机构有首脑会议、执行理事会、非盟委员会、泛非议会、非洲法院、和平与安全理事会、经社文理事会,以及金融机构等。

首脑会议(The Assembly of the Union)由各成员国的国家元首和政府首脑或常驻代表组成,是非盟的最高权力机构。主要职能包括制定非盟的共同政策、接受和考虑非盟以外其他非洲组织提交的报告和建议、设立非盟组织机构、监督非盟政策或决议的执行情况、通过非盟预算等。

执行理事会(The Executive Council)由成员国外长或其他部长组成,下设常驻代表委员会和特别技术委员会两个辅助机构。执行理事会的主要职能是对非盟首脑会议负责,执行首脑会议的决议,实施对成员国的制裁;基于成员国的共同利益来协调和决定在对外贸易、资源管理、交通运输、科教文卫等各方面的政策。

非盟委员会(The Commission)为非盟常设行政机构,其领导机构由主席、副主席及委员组成,组织机构、职责和制度则由非盟首脑会议决定,主要负责处理非盟的日常行政事务。

泛非议会(The Pan-African Parliament)是非盟立法、监督与咨询机构,主要议事内容包括:人权、民主和法治;非洲国家的良政、透明度和责任心;

① 参见路征远:《非洲统一组织研究:泛非主义视角》,上海社会科学院出版社2020年版,第186页。

非洲的和平、安全和稳定；非洲的团结、合作和非洲人民的共同命运感；非洲的联合自强、经济复苏和发展；非洲的区域经济组织及其议会组织之间的合作与协调；非洲国家法律之间的协调等。

非洲法院（The African Court of Justice）是非盟的司法机构，主要负责调停成员国之间的争端及其他涉及法律的事务，以及非盟各机构提交的诉讼、非盟内部各机构之间的诉讼，或首脑会议请求审理的诉讼等。

和平与安全理事会（The Peace and Security Council）是安全职能部门，旨在维护各成员国之间的和平与稳定，抵御外来侵略。其内部机构主要包括大会、军事参谋委员会、非洲快速反应部队、特别基金等，由 15 个成员国代表组成。

经社文理事会（The Economic，Social and Cultural Council）是非盟的咨询机构，由各成员国不同阶层、不同行业代表组成。该机构旨在为广大民众提供参政、议政的机会。

非盟还建有金融机构，包括非洲中央银行、非洲货币基金组织以及非洲投资银行；此外还有专门技术委员会、区域经济共同体（RECs）以及非洲同行审议机制等。[①]

（二）治理方式与措施

非盟是一个实体性区域组织，拥有行使区域组织职能的权力，其区域治理主要体现在成员国内部、地区和国际合作三个层面，目标是维护非洲的经济社会发展、政治稳定和集体安全。

非洲各国摆脱殖民统治走上独立道路后，各国面临的主要任务是国家构建，解决殖民统治留下来的诸多问题，建立有效的国家政治制度，创建稳定与发展的综合环境。许多国家面临政治转变、民族冲突、领土争端、经济落后等严峻问题，饱受军事政变和内乱之苦，因此，非盟通过制定促进国家制度构建和良治的决议，促进了非洲国家政权的平稳转变，促进了民族和解及人权保障。不仅如此，冲突、战乱和外部干预不仅对国内，也对区域的安全形成了威胁，因此，非盟发挥区域治理组织的功能，行使干预政策，以帮助成员国终止战乱，推动和平解决成员国之间的冲突，阻止成员国之间使用武

① 参见张丽华：《国际组织概论》，科学出版社 2015 年版，第 138～141 页。

力或以武力相威胁。为此，非盟赋予和平与安全理事会在危急时刻(如发生战争罪行、屠杀和反人道罪行等)对某一成员国进行干预的权力，制定了《非洲互不侵犯和共同防御条约》，逐步建立了以区域组织为依托的国家及区域和平秩序构建治理机制。比如，非盟对布隆迪内战、苏丹达尔富尔危机、索马里内战等危机进行了不同程度的介入和干预，通常与联合国进行合作，开展维和行动。[①]

经济发展是非洲国家面临的最大课题。非盟通过制定区域发展规划，加强宏观调控与支持，指导成员国完善经济制度和治理政策，为此出台了一系列指导性规划和规则。比如在发展目标方面，非盟通过构建"新非洲倡议"促进区域发展，保障地区安全，塑造新型国际关系。该倡议全面规划了非洲自身的政治、经济和社会发展目标的蓝图，旨在解决贫困加剧、经济落后和被边缘化等问题。在发展战略方面，非盟通过出台"21 世纪可持续发展战略"，整合洲内资源，解决贫困问题，并推进与非洲其他组织的发展，推动地区经济一体化、地区合作与地区安全，为此还绘制了构建非洲自贸区的蓝图。该战略被所有非盟成员所签署，并得到 43 个成员国的正式批准。该计划实行良政、推动可持续发展、塑造新型国际关系等举措，受到了西方国家和国际社会的普遍支持。另外，非盟在加强基础设施建设方面，建立了一系列关于财务透明性、合法性和规则性的框架机制，以及加强汇率、财政和货币管理等的指导性治理措施；在农业领域制订了《非洲农业发展综合计划》，以改善土地和水资源管理，改善农村基础社会和改革农产品贸易政策，加强食品安全合作，增强灾害管理，推动农业研究和促进农业技术推广，为成员国的农业发展提供支持；在预防艾滋病等传染性疾病方面，制定了共同行动方案，加强国际合作等。

建立有效的国家治理制度是许多非洲国家面临的重要任务。非盟发挥了区域治理组织的作用，同时也在积极推动国家政治制度的构建。比如，非盟通过建立"非洲相互审查机制"(APRM)，增进对非洲国家政治制度建设的监督，以提高各国的政策水平，实施更为有效的国家管理。不仅如此，非

① The African Union: Achievements, Challenges & the Future of Africa, https://www.thecollector.com/african-union/.

盟还通过制定《非洲联盟预防和打击腐败公约》、成立非洲反腐败咨询委员会，以及制定《2011～2015非洲反腐败战略草案》《非洲互查机制战略计划(2016～2020年)》等规约，推动非洲现代化治理制度的建设。

非盟的制度构造规模小，承担的区域治理任务重，因此其运行方式和治理行动主要依靠制定区域规划、规则，以对成员国进行直接干预和提供直接支持的方式推动治理和发展。同时，由于缺乏区域治理的资金和人才资源，加之成员众多，国内情况复杂，非盟的治理效果大打折扣。这导致在很多情况下，非盟需要利用区域治理组织的地位，推动与外部国家、国际组织合作，包括引导有能力的非政府组织直接参与治理。

三、非盟制度构建与运行中的困难

尽管非盟在组织架构上参照了欧盟，但无论在制度建设还是在治理功能上，都难以与欧盟相比。但非盟在积极地探索符合非洲实情的区域治理方式。

非盟成员国众多，各国的国家治理水平和经济发展水平较低且参差不齐，加之非洲国家内部存在着错综复杂的部落、领土与宗教矛盾，造成很多国家饱受内乱之苦，政局的不稳定导致了国家治理的失败，在很大程度上也限制了非盟治理作用的发挥。尽管非盟采取了组织介入和干涉的方式，以解决非洲国家内部市场治理机制、安全治理机制缺失等问题。但在多数情况下，并没有消除继续发生动乱的根源，难以推动非洲形成稳定与和平的地区秩序。同样，旨在推动政治监督的互查机制，由于采取了自愿参与和非惩罚的措施，也难以真正促进非洲国家治理的重大变革和进步。

非洲国家的经济结构存在较强的依附性和脆弱性，容易受到外部变化的冲击和外来力量的干预。非盟以非洲联合的形式积极推进与欧盟、世界银行、IMF和各大经济体的合作，争取资源和改善管理，为非洲争取公平的国际贸易地位。但由于经济结构单一，很多非洲国家的经济高度依赖自然资源的开发，因此极易受到国际市场动荡的冲击；气候变化对非洲农业造成巨大的影响，使农作物减产，也导致了难民危机。因此，非盟在推进对外合作过程中，最为关键的是推动非洲国家提升自身的治理能力。

面对诸多挑战，非洲需要非盟在区域治理上发挥更大的作用。但进一步增强非盟的治理能力，就需要增加筹资来源，获得用于开展治理的经费。目前，非盟从成员国增加筹资面临着不少困难，其大多数运行费用来自外部援助。为此，非盟需要进一步提高其凝聚力和号召力，同时也需要增强外界对非盟领导能力的信心。[①] 2013 年，非盟制定了《2063 年议程》，确定了未来 50 年的发展蓝图。该议程包括 15 个期间议程，决心把非洲建成一个开放合作、互联互通、和平与繁荣的大陆。尽管面临诸多挑战，非盟会不断加强制度构建和提升治理能力，推进议程的落实。[②]

第四节　南方共同市场的制度构建与发展

1991 年 3 月 26 日，阿根廷、巴西、巴拉圭和乌拉圭四国总统在巴拉圭首都签署《亚松森条约》，宣布建立南方共同市场（简称“南共市”）。该条约于 1991 年 11 月 29 日正式生效，1995 年 1 月 1 日在南共市正式运行。南方共同市场的目标是实现区域内的商品、服务、生产要素自由流动，建立统一对外关税，对外采取统一的贸易政策；力图通过区域合作与治理，促进区域内经济的发展，实现区域的稳定与和平。目前，正式成员国为阿根廷、巴西、巴拉圭、乌拉圭和委内瑞拉[③]，智利、秘鲁、哥伦比亚、厄瓜多尔、苏里南、圭亚那、玻利维亚为联系国。

一、组织架构与治理职能

（一）制度架构与职能分工

南方共同市场成立了完备的组织机构和职能部门，包括首脑会议、共同市场理事会、共同市场小组、贸易委员会、联合议会委员会、经济和社会协商论坛等部门。

首脑会议（Mercosur Summit Meeting）是共同体的最高决策机制，成员

① The African Union's 20 years: Record and new challenges, https://www.gisreportsonline.com/r/the-african-unions-20-years-the-record-and-new-challenges/ .

② The African Union: Achievements, Challenges & the Future of Africa, https://www.thecollector.com/african-union/.

③ 因国内局势变化，委内瑞拉自 2017 年 8 月起被无限期暂停成员国资格。

国首脑每半年举行一次会议，讨论共同体机构建设、内部改革、对外共同关税等政策，以及成员国组成及其各自经济形势、同区域外国家或国际组织进行贸易谈判的立场、成员国间贸易纠纷、各领域一体化建设等具体事务。

共同市场理事会(Common Market Council)是由成员国外交部长和经济部长组成的最高决策机构。理事会负责共同市场的政治指导和决策，负责筹备和组织首脑会议工作。理事会主席由各缔约国外长轮流担任，任期半年，每年至少举行一次成员国首脑会议。

共同市场小组(Common Market Group)是执行机构，负责实施《亚松森条约》和理事会作出的决议；在执行贸易开放计划、协调宏观经济政策、与第三国商签经贸协定等方面提出具体措施建议；监督贸易委员会和行政秘书处的活动，拟定保证共同市场正常运行的工作计划。

贸易委员会(Trade Commission)是共同市场小组的辅助机构，负责共同市场的联合商业政策，监督各成员国共同对外关税的执行情况，跟踪成员国内部贸易与第三国贸易情况，具有决策权。

联合议会委员会(Joint Parliamentary Commission)是成员国直接机关的代表机构，主要职责是促进本国执行共同市场的决定，具有咨询和协商性质，无决策权。

经济和社会协商论坛(Consultative Economic and Social Forum)是共同市场经济和社会部门的代表机构，主要职能是提供咨询、向共同市场小组提出建议。该论坛由成员国商业团体和工会代表组成，起顾问作用，具有自治性，但无决策权。[①]

(二)治理方式与措施

南方共同市场主要通过建立贸易开放和贸易政策协调机制、宏观经济政策协调机制、争端解决和保障共同竞争等机制对经济一体化领域进行治理。

南方共同市场的主要治理目标是取消关税和非关税壁垒，以实现贸易开放计划。为此，《亚松森条约》规定了在成员国之间逐步、连续和自动降低关税和取消关税限制的四项措施：制定减税计划、确定各成员国的征税例外

① 参见王飞：《南方共同市场》，社会科学文献出版社2019年版，第37～40页。

清单、确定对外共同关税政策和实行共同贸易政策。

南方共同市场以《亚松森条约》和相关规约为基础，进行内部宏观经济政策协调，以落实降低关税和取消非关税壁垒计划。为此，南方共同市场于1992年签订了《拉斯拉尼亚斯日程表》，推动成员国在各领域、各部门采取保障措施，以落实《亚松森条约》确定的最终目标和期限；1995年成立科学技术和旅游专家会议、技术合作委员会以及劳务和体制等专门小组，以确定优先任务，加快一体化进程；1998年签署《乌斯怀亚法案》，在制定金融和投资政策、加强宏观经济合作、讨论建立统一货币等方面进行推进；1999年成立宏观经济协调高级小组，确定了通过协调成员国宏观经济政策、建立本地区货币联盟的战略目标；2000年制定统一宏观经济政策，并提议建立货币同盟和贸易争端解决机制；2003年成立仲裁法院，2008年金融危机后设立中小微企业保障基金，加强区域内基础设施建设，加强区域内宏观经济政策协调。

南方共同市场建立的宗旨是推进各成员国间的市场相互开放，加强经济合作，协调宏观经济政策，促进成员国经济的发展。南方共同市场以建立关税同盟为主要目标，逐步建立和完善共同对外关税体系。在治理实践方面，1991～2000年，南方共同市场分两步完成了自贸区建设目标；2000～2010年是南方共同市场从自贸区向关税同盟过渡期，在此期间逐步取消了原产地规则，完全开放了服务业；2010年8月，南方共同市场通过《共同关税条例修订案》，正式开始推进关税同盟建设。在机制构建方面，2003年，南方共同市场就设立常设代表委员会、协调共同关税政策、加强贸易仲裁法院的作用、合理解决贸易纠纷和完善金融体系等达成共识；2004年设立贸易仲裁法院，决定在成员国间的信息、环保、农业技术等方面加强合作；宣布成立南方共同市场统一基金，以缩小成员国发展差距；签订避免双重征税协定。2019年，南方共同市场提出统一货币，进一步推动一体化进程。

南方共同市场在协商一致的基础上确定了解决争端的原则、程序和仲裁办法。仲裁法庭的仲裁权受到争端各方承认，裁决对争端各方具有约束力。在保护条款方面，南方共同市场商定了消除进口商品对进口国威胁的方法，并为此编订了《对非呈示贸易提出控告和协商的程序》，规定某成员国在某时期对另一个成员国进口某种产品明显增加，而该产品给国内市场造成损害或严重威胁时，进口国可向共同市场小组提出请求进行磋商，以消除该产品进口对本国市场的损害。保护条款不仅适用于区内产品，也适用于非成员国的产品。此外，该程序还规定了协商方法、进口定额、控告原则等内容。在保障公平竞争环境方面，南方共同市场对各方的公平竞争机会给予保障，并提供合理的产品价格和品质保障。

南方共同市场的成立为各成员国提供了通过谈判解决双边纠纷的平台，维护了地区的稳定与发展。南方共同市场在国际和地区重大问题上协商共同立场，以维护共同利益，提高话语权。同时，各成员国通过和平谈判的方式解决彼此双边纠纷，为经济一体化铺平道路。在此基础上，南方共同市场与其他拉美区域合作组织加强合作，推进拉美区域的合作进程。2000 年，首次南美国家首脑会议召开，南方共同市场与安第斯共同体决定建成囊括两大集团的自由贸易区，最终形成南美经济贸易区。南方共同市场实现了扩员，2012 年和 2015 年，委内瑞拉和玻利维亚分别正式加入南方共同市场。

南方共同市场积极推动对外合作，1995 年 12 月与欧盟签署了《区域性合作框架协议》，决定在 2005 年建成跨洲自由贸易区。1998 年欧盟决定启动与南方共同市场四国和智利建立自由贸易区的谈判。经过多年的谈判，2019 年双方宣布就以自贸区为主要内容的战略伙伴协定达成一致，完成自贸谈判（目前尚未签署协议）。此外，南方共同市场与印度签署了优惠贸易协定，与埃及签署了自贸协定，与新加坡等完成了自贸谈判，与加拿大、韩国等的自贸谈判正在进行，与中国谈判自贸协定也在考虑中。

二、南方共同市场制度运行与治理中的问题

南方共同市场的主要职能是推动区内经济开放与合作，同时也在推动成员间关系，解决区域内政治、安全与社会矛盾方面发挥积极的作用，具有区域合作治理的综合功能，被称为一个区域经济与政治集团。在促进相互间贸易方面，南方共同市场取得了很大的成效，1990～2010 年，区内贸易由 40 亿美元增长到 410 亿美元，增加了 10 倍。[①]但是，近年由于外部冲击，成员经济增长放慢，内部贸易增长受到影响。

南方共同市场的运行建立在议程推动的基础上，在议程设定和实施中面临诸多分歧与冲突。由于共同市场内部缺乏有效机制，市场开放给各方带来的利益不均衡，成员国内的贸易保护主义思想根深蒂固，使得市场开放进程严重受阻，离建成共同市场的目标还有很大差距。不仅如此，作为主要

① Mercosur：South America's Fractious Trade Bloc，https://www.cfr.org/backgrounder/mercosur-south-americas-fractious-trade.

成员的巴西和阿根廷之间的互信水平较低,双边冲突性问题不断显现,在一定程度上影响了南方共同市场的一体化进程。比如,在合作方向上,巴西更注重南南合作框架,阿根廷则重视与北美的合作。另外,在汇率和对外共同关税方面,以及在推动与域外国家或区域组织构建自贸区方面,两国也存在明显分歧。无论如何,南方共同市场的未来发展在很大程度上取决于两个主要国家的合作。

南方共同市场的任何政策都需要成员国达成一致,由于缺乏强有力的区域治理制度构建和执行机制,即便达成一致,也难以有效实施设定的议程和目标。成员国政府对区域合作的优先顺序存在不同认知,对区域合作的利益期待有落差,在国内政策与区域治理相悖的情况下,区域治理由于得不到成员国议会支持而难以得到实施。由于南方共同市场是建立在多个双边协定基础之上的,共同规则与政策协调难度大,导致很多共同政策难以得到落实。关税同盟需要实施共同的对外关税,而实行统一的共同关税需要成员国一致同意,但各成员国对外关税差别大,巴西和阿根廷主张保持高关税以保护国内产业,而巴拉圭和乌拉圭则实行较低的对外关税,使得关税同盟的建立面临困难。

南方共同市场成员内部不稳定,成员国关系不时出现矛盾,也对其发展产生不利影响。比如,成员国巴西与阿根廷、阿根廷与乌拉圭、巴拉圭与巴西均存在矛盾;2012 年因巴拉圭国内出现政治动乱,南方共同市场暂停了其成员国资格;2016 年委内瑞拉局势恶化,南方共同市场决定终止其成员国资格;等等。国际区域的有效治理需要建立在各方坚定的参与意愿、协同的治理认知和有效的制度构建与治理能力基础上,在这些方面,南方共同市场还需要进一步得到提升。

南方共同市场建立之初有一个大目标,即建设成一个关税同盟和自贸区,成为类似于欧盟那样的统一大市场。从实践看,要实现这样的初衷还有很长的路要走。[①]

---

① Explainer: what is Mercosur? https://www.as-coa.org/articles/explainer-what-mercosur.

第三篇　国际区域经济治理

第七章　国际区域经济与治理

在地缘国际区域中，地缘经济成为联系相邻国家、促进国际区域紧密合作的关键因素之一。国际区域经济合作使资本、技术、知识、劳动力等生产要素可以在域内各国流动与交换，因此，良好的国际区域经济关系能够带动区域生产率的提升，维护国际区域经济秩序的和谐稳定，促进国际区域经济繁荣和域内国家的互利共赢。同时，经济区域化与经济全球化两者相辅相成。在有效的治理方式下，国际区域经济的发展为经济全球化发展奠定了坚实基础，并提供了重要推动力。

第一节　国际区域经济

一、国际区域经济的形成与发展

所谓国际区域经济，是指地理毗邻的国家和地区在长期的经济社会活动中，通过贸易、资本流动、技术转移、人员往来形成了紧密的经济关系，而这种区域联系得到相关各方的政策支持。尽管不同国家之间的物品、人员交流古已有之，并且形成了一定的集聚中心，但现代意义上的国际区域经济是建立在大规模生产要素流动、不同国家开展生产分工基础之上的。

欧洲最先发展资本主义经济，因此，欧洲最早形成了基于交换与分工的国际区域经济。欧洲资本主义经济的快速发展，大大促进了欧洲国家之间的经贸联系。英国作为工业革命的发源地和现代工业的摇篮，成为引导国际区域经济发展的主要力量，也成为欧洲经济连接的核心。在开展贸易和投资的驱动下，理论和国家的政策也转向支持分工和自由贸易。在理论上，如亚当·斯密(Adam Smith)的“绝对优势理论”和大卫·李嘉图(David Ricardo)的“比较优势理论”等都论证了生产分工和贸易交换的好处。在政策方面,如1786年英法签署的《伊甸条约》(Eden Treaty),推动市场开放,这对于推动欧洲国际区域经济的发展起到了积极的助推作用。英国和法国在1860年签订的《科布登—薛瓦利尔条约》(Cobden-Chevalier Treaty)则成为欧洲建立自由经济制度的第一个里程碑。①

自工业革命开始,重商主义开始逐步退出历史舞台,欧洲区域经济整体表现出高度自由化的特征,且在英国、德国、法国等核心国家的带领下,欧洲从19世纪到第一次世界大战之前达到了经济发展的一次高潮期。在这一时期,由英国引领的第一次工业革命建立了机械化生产体系,并创立了现代纺织业和钢铁工业;由德国引领的第二次工业革命创造了新的能源系统,并带动各行各业的革新。② 这使得欧洲成为当时主导全球经济和贸易发展的重要力量。从1876～1880年,欧洲制成品出口占世界的比重为94%,且英国、法国、德国提供了欧洲全部工业制成品的72%,而在第一次世界大战前夕的1913年,欧洲制成品出口占世界的比重为82%。可以看出,在欧洲区域经济发展过程中,英国、法国和德国之间形成了“三足鼎立”的格局。世界制造业生产分布情况见表7-1。③

表7-1　世界制造业生产分布情况

单位:%

	1870年	1913年
美国	23.3	35.8
英国	31.8	14.0
德国	13.2	15.7

① 参见[匈]伊万·拜伦德:《20世纪欧洲经济史:从自由放任到全球化》,徐昂译,上海人民出版社2020年版,第10页。

② 到1910年,欧洲大陆已经形成了国家间相互连接的铁路网络,铁路线共计36.3万公里。这不仅大大降低了企业的运输成本,更加强了当时欧洲地区各国之间贸易合作的便利性,促进欧洲区域经济发展。

③ 参见[英]H.J.哈巴库克、M.M.波斯坦主编:《剑桥欧洲经济史(第六卷)——工业革命及其以后的经济发展:收入、人口及技术变迁》,王春法、张伟、赵海波译,经济科学出版社2002年版,第24页。

续表

	1870 年	1913 年
法国	10.3	6.4
俄国	3.7	5.5
意大利	2.4	2.7
加拿大	1.0	2.3
比利时	2.9	2.1
瑞典	0.4	1.0
日本	11.0	1.2
印度	11.0	1.1
其他国家	11.0	12.2

受到两次世界大战的影响，欧洲国际区域经济出现颓势，尤其是英国，其国际地位和影响力都在快速下降。与此同时，美国得到快速发展，以此为基础，围绕美国形成的国际区域经济也不断成长，国际区域经济发展重心由欧洲转向北美。这主要表现在以下三个方面：首先是货币，随着布雷顿森林体系的建立，国际货币权力由英镑转移至美元，这使得北美在货币领域成为全球焦点。其次是人口，战争不仅使欧洲人口外流，也使其人口规模无法实现快速扩大。根据联合国估算，1930～1940 年，北美地区人口年均增长率为 0.79%，欧洲地区为 0.75%，但到了 1940～1950 年北美地区人口年均增长率为 1.41%，而同期的欧洲仅为 0.04%。最后是资本，美国在战后成为全球最大的资本输出国，资本输出总额从 1946 年的 394 亿美元增加到 1982 年的 8342 亿美元，这不仅带动了欧洲区域经济恢复，也促进了北美区域经济合作。相比之下，英国在战后的海外英镑余额仅为 35 亿，其国内的黄金和外汇储备更是不足 5 亿英镑。

值得提及的是，在欧洲崛起过程中，伴随大规模对外扩张，在世界各地建立殖民地，但是由于宗主国与殖民地之间是一种单向输出入关系，被殖民地区成为宗主国的原料、劳动力供应地，殖民地被置于落后的境地，并没有形成现代意义上的经济区。以非洲为例，在一战和二战期间，非洲地区形成了出口导向的生产体系，但其支柱是本土小农经济、“农业飞地”、移民农业、采矿业，并非建立起现代化开放型工业体系。虽然持续出口可以增加非洲劳动者收入，但殖民地管理、铁路建设等因素让非洲各殖民地政府的财政负担严重，无法实现经济的独立自主。此外，非洲建立的铁路虽然延伸到非洲内陆各个区域，但并未有效地将各个区域联系起来形成经济区，大多数铁路仅用于服务进出口贸易，因此当时的非洲铁路网络是一种“国际贸易叶片状市场体系”。①

历史上，亚洲曾形成以中国为中心的经济区，但主要是依托传统的朝贡体系，建立在简单的物品交换的基础上。随着近代中国的衰落，与外部的经济联系中断，中国周边地区的大多数国家成为西方列强的殖民地。日本通过“明治维新”和“脱亚入欧”，实现对外开放，并快速发展起现代工业，开展海外贸易。日本曾力图通过武力占领的方式构建由其主导的“大东亚共荣圈”，但是，其经济联系方式是属于殖民地性质的单向输出入关系，当地的经济并没有发展起来。

第二次世界大战之后，经济全球化发展不断提速，但全球化的背后离不开国际区域经济网络的搭建和成熟运作。随着第三次科技革命的出现，国际分工逐渐由产业间向产业内再向产品内不断深入，同时随着跨国公司这一角色的成长，在分工之上形成的产业链、供应链成为战后国际区域经济发展的重要基础，科技创新成为国际区域经济发展的主要动力之一。在这一时期，世界逐渐形成了“欧洲—北美—东亚”的分工格局和贸易网络。其中，欧洲在地区经济一体化方面走在最前列，不仅建立了欧洲煤钢共同体、欧洲经济共同体、欧盟，更为其国际区域经济发展提供了较为健全的制度基础；东亚在前期日本的带领下，产业不断转移至东亚其他国家，国际区域经济网络得以不断扩张并快速发展，东亚逐渐成为“世界工厂”。相比之下，由于地区内各国政治、经济、文化等方面的差距较大，北美国际区域经济网络的建设起步较晚，直到20世纪80年代才开始推进，并在20世纪90年代建立北美自由贸易区。

---

① 参见[美]拉尔夫·A.奥斯丁：《非洲经济史：内部发展与外部依赖》，赵亮宇、檀森译，上海社会科学院出版社2019年版，第206页。

进入21世纪，尤其是近年来，“逆全球化”的浪潮兴起，由科技、经济、政治因素所引起的各类冲突和摩擦频发，全球化的经济合作受阻，经济区域化再次成为全球重点问题。同时，新冠病毒疫情的暴发不仅使人员、原材料等生产要素的流动受阻，全球产业链、供应链中断等也成为阻碍各国经济发展的重要问题，这使得各国更加关注自身所处区域的经济合作。与以往不同的是，科技需求、经济需求、政治需求三者相互交织，并成为引领当前国际区域经济发展的关键因素。在此基础上，围绕个别国家所形成的“价值观导向”则为部分国际区域经济发展提供了新的依据。此外，寻求安全稳定的产业链、供应链也成为构建国际区域经济网络的主要目标之一。因此，在这一时期，竞争与合作同时成为国际区域经济发展的核心议题。以东亚为例，RCEP的签订整合了东亚市场，提供了国际区域经济合作制度框架。但同时，由美国主导的“印太经济框架”(Indo-Pacific Economic Framework，IPEF)则令东亚地区的竞争性和不确定性加剧。

综上所述，通过简单梳理国际区域经济的形成和发展过程，可以发现国际区域经济的形成本质上是国际区域经济关系和秩序建立的过程。在全球经济网络尚未形成时期，国际区域经济秩序更多是围绕单一或少数毗邻国家建立的国与国之间的经济关系，由于当时国际分工程度以及各个市场之间的连接程度都相对较弱，因此各个区域之间的秩序重合度较低。在经济全球化高度发展时期，国际区域经济秩序更多表现为国际经济秩序的区域化应用，即根据国际区域经济、政治、文化特征而形成的区域内国家间经济规则。

二、国际区域经济发展的基本特征

从国际区域经济的形成机制来看，在地缘定位的基础上，区域内各国存在对经济利益的共同需求以及相似而稳定的区域观是国际区域经济形成的基本因素。[①]国际区域经济的发展依托开放的区域市场，在开放的区域市场中，生产要素在区域内流动，进行优选配置，通过区域内布局促进各国发挥其国家竞争优势，获得更多利益。从微观角度来看，区域市场将公司的业务范围由本国扩大至整个区域市场并实现规模经济。其中，开放的市场空间为各国公司提供竞争与合作的环境，推动产业分工和供应链的形成，由此，大大增加了国际区域经济的规模，在区域各国间构建相互连接的经济关系。同时，区域各国有着不同的资源禀赋和比较优势，在开放和竞争的环境下，跨国公司进行优选布局，从而增进区内经济发展的效能。

国际区域经济的发展离不开区域内各国政府的推动和支持，在相互开放的基础上，各国经济交流得到发展，通过制定规则减少交易障碍，让经济活动依规而行。在区域内，出于多方面的原因，各国间会出现发展不平衡、政策差异和规则不统一的问题，因此，需要加强区域经济治理合作，创建开放发展、合作发展和共同发展的良好环境。

总的来看，国际区域经济的发展具有以下三个基本特征。

第一，国际区域经济主要是以地缘为基础的连接。地缘连接提供相互交流的便利条件，有着长期交往所形成的文化相通与合作共处的认同。从世界经济演进过程看，地缘是形成特殊经济关系的重要因素，地理位置越接近，人员和经济交流就越频繁，贸易规模也就越大。基于地缘连接的区域经济并不是封闭的，也与外部有着直接和间接的联系，并且呈现双向交往的特征。特别是在世界市场开放、全球化发展的情况下，区域内外的相互联系更为密切，进而形成了基于分工的全球供应链网络。不过，在全球化的供应链网络中，仍然有着明显的经济区域化特征，体现在资源、人员、科技、生产、服务等方面所表现出的区域性比较优势。

第二，国际区域经济发展是建立在各方区域认同之上的。所谓区域认同，即各方对所在区域、对参与受益和对推动区域合作有着理念认知、政策

---

① 国际区域观是由多元素构成的，地缘认知是基础，国家利益是核心，诸如对外关系、文化价值、族群、宗教等是在国际区域观形成中起重要作用的因素。一国区域观形成的影响因素包括：国家所处的地缘位置；国家与区域的联系，包括对外关系、民族、宗教、文化等；国家与区域的利益；国家的综合实力以及区域内外的综合力量、关系变化等。参见张蕴岭：《国际区域学概论》，山东大学出版社 2022 年版，第 30 页。

取向的共识，即有着相向而行的定位。这种认同性是各方推动区域规则、机制构建，对国际区域经济发展进行投入的重要保证。现实中，凡是各方有着较强的区域认同的区域，经济的区域性发展就凸显。尽管随着自身政治、经济情况的变化，以及区域关系和环境变化，各方对区域的认同定位和投入会有变化，但总的来看，是在参与和推动中不断得到提升的。利益认同是参与和推动国际区域经济发展的前提，从参与中受益使得政府、企业和社会对国际区域经济的发展给予更大的支持，而区域认同的加强又会推动区域经济的发展，从而形成一种基于共识的互动。

第三，国际区域经济的发展是建立在区域各方共同受益基础之上的。国际区域能为各国带来比单个国家更大的市场空间和更多可资利用的资源。同时，通过国际区域经济合作，各方可以在参与过程中获得便利，也得到获利的机会。区域市场有着自然形成的基础，但现代区域经济空间是通过各国合作构建的。域内各方通过相互开放，创建了区域大市场，通过共守规则取得公平参与和获利的机会。合作共建是现代国际区域经济发展的保证，国际区域经济越发展，合作的广度和深度也就越大越强。经济发展是一个动态过程，各方追求和实现的利益定位与目标也不断变化，为实现国际区域经济的可持续发展，参与各方需要不断推进合作，以使国际区域经济运行环境不断得到改善，使区域经济不断获得发展的新动能，使参与各方受益。

当然，世界不同国际区域的经济发展与经济合作有着很大的差别，有些发展得好，也有些处在比较低的水平。国际区域经济的发展受到如地理区位、政治治理、人文等多种因素的影响，良好的区位、政治、人文环境对于国际区域经济发展产生有利的影响，反之亦然。

第二节 国际区域经济治理

一、国际区域经济治理的基本概念

根据全球治理委员会(The Commission on Global Governance)在其报告《我们的全球伙伴关系》(Our Global Neighbourhood)中给出的界定，治理是指各种公共和私人机构管理其共同事务的诸多方式的总和，它是使相互冲突或不同的利益得以调和，并且采取联合行动使之得以持续的过程，既包括有权强迫人们服从的正式制度和规则，也包括各种符合人们共同利益的非正式的制度安排。[①]由此可见，治理是对主体行为的动态协调过程；治理中存在由一个或多个目标组成的价值导向；治理既涉及公共部门，也包括私人部门；治理是在正式或非正式制度安排下的持续行为。从内容来看，治理呈现出纵向与横向多维度的特征。纵向方面，根据所应用层面的不同，治理可以分为区域治理、国家治理、全球治理等；横向方面，根据涉及领域的不同，治理可以分为经济治理、环境治理、安全治理、社会治理等。

在众多治理内容中，经济治理一直是各国重点关注的领域之一。在国际区域层面上，主要是指针对区域存在的问题，由各国政府通过合作的方式进行治理，以及非政府行为体与政府合作或者单独进行的治理活动。由于国际区域涉及各个国家，有些是属于国内但对区域有影响的事务，有些是涉及多个国家或者整个区域的事务。原则上，对于国内事务问题的治理主要由所属国家主导，以合作的方式邀请其他各方参与；对于区域性的共同问题，则通过各方的参与和合作进行，有些通过区域合作组织、国际机构牵头，有些则通过各方合作的方式进行。

国际经济的区域性问题不是孤立的，国际区域治理、国家治理和全球治理有着有机联系，既相互关联，又相互补充。全球经济治理是多边机构和多边进程在影响国际经济政策、法令、规则、章程等方面发挥的作用，其内核是对于国际经济秩序的规范，涉及国家经济往来以及国际经济组织运转等方面。全球经济治理本质上是通过构建一个由治理主体、治理领域、治理机制构成的综合体系，来解决全球经济“由谁治理”“治理什么”“如何治理”的问题，即形成一套使世界经济作为相互联系的有机整体进行规律性发展的运行机制和制度安排，以经济体为基础的较为稳定的经济行为准则。[②] 国际区域经济治理主要是在一定的国际区域内通过各国共同参与和合作，为国家

---

① The Commission on Global Governance, *Our Global Neighbourhood*, Oxford: Oxford University Press, 1995, p.2.

② 参见徐秀军：《金融危机后的世界经济秩序：实力结构、规则体系与治理理念》，《国际政治研究》2015 年第 5 期；S. Horst, “The Concept of a World Economic Order”, *Kiel Institute for the World Economy*, *Kiel Working Paper*, No.1392, 2008, p.3。

之间创建经济交往的良好环境，解决单个或几个国家，以及全球治理不能解决的经济问题。

虽然基于不同需求和领域，国际区域经济治理所涉及的内容、开展的方式有所不同，但总体上都表现出围绕公共经济领域内的共同利益和目标，协调各经济主体行为活动的核心内涵。国际区域经济治理具有共属性、合作性与共享性的基本特征。总的来说，国际区域经济治理的内涵可以界定为，在多个国家共处的地区内，基于区域内经济与权力结构以及区域发展特征，通过构建相应机制和制度安排，构建区域开放市场，协调各方经济政策与行为，应对和解决共同面临的问题，形成稳定的国际区域经济关系与秩序，为区域内经济领域内的活动提供基本行为准则，从而实现各方的共同利益。

二、国际区域经济治理范畴

国际区域经济治理是通过在区域内开展合作，构建区域合作机制以及制定相关规则，从而改善国际区域经济发展的环境，实现国际区域经济的共同发展和利益共享。

创建区域市场是国际区域经济治理的最重要范畴。参与各方支持合作治理的驱动力在于一个重要的共识，即促进区域经贸关系发展，加强区域合作，发挥规模经济效应，从而实现大于单一国家市场的经济效益。在这一过程中，国际贸易和国际投资是连接国际区域内各个国家和经济体的最基本渠道，由此产生的利益链条是不断深化国际区域经济合作的基础动力，政府间的合作与政策相互协调是促进国际区域经济合作长久可持续发展的重要保障。推动国际区域经济治理，首先需要构建适合国际区域的经济治理机制。国际区域经济治理机制构建有多种方式，可以在区域合作综合组织中专门设立经济治理机制，也可以建立专门的功能性治理机制，如签订自贸区协议等。

除构建区域市场外，国际区域经济治理还包含很多会涉及区域公共利益的领域，比如通过规划和推动区域基础设施建设网络实现区域的互联互通；再比如对区域共同问题的合作治理，包括资源保护与开发的合作及规则制定，对环境问题的合作治理与规则制定，推动构建区域发展的能力建设，等等。

国际区域经济治理以区域国家政府和非政府行为主体为核心，在属于区域公共利益的领域中，需要各主体进行区域合作，即合作共治。国际区域经济越发展，所需要的合作治理领域越多，政府为此投入的也越多，公共参与性也越高。事实上，国际区域经济治理并没有限定的范畴，是根据需要和共同参与的意愿与合作来确定与推进的，是在进程中不断得到深化和发展的。

第三节　国际区域经济治理的目标

治理是由包括政府部门、各种非政府组织、各种社会团体甚至私人部门在内的多元主体组成的公共行动体系。随着全球化、区域化程度的不断加深，全球治理和国际区域治理成为治理中越来越重要的组成部分。国际区域治理是一个在公共领域内各行为体共同参与的网络，并且在不同的国际区域、不同的领域有着相互联系与交叉。治理的方式既包括官方主导的正式机制，也包括多种多样的非正式机制。

一、国际区域市场的治理

国际区域经济市场是国际区域经济构成的基础，通过制定规则使区域经济市场有序运行，是国际区域经济治理的重要内容，主要涉及区域贸易、区域投资、区域金融和区域发展。

国际区域市场的构建可提供多种形式推进，比如建立关税同盟，降低或者取消区域内的关税，对外执行统一关税；建立共同市场，成员之间取消关税壁垒，对外实行统一关税，成员国之间资本、劳动力自由流动；经济共同体成员之间取消关税与非关税壁垒，实现要素资源的自由流动，并且在经济政策和规则上进行协调与合作；建立区域共同体或者联盟，具有区域综合机制构建，其中包括经济共同体或者联盟，实现区域内的高度开放与发展合作的统一大市场。自 20 世纪 80 年代以来，构建自贸区成为发展最快的选择。[①]

---

① 自贸区是一个简单的统称，在实际发展中，有着不同的形式，而且其内容不断增多，功能不断深化。比如，日本着力推荐的是紧密经济伙伴关系(CEP)，美国、日本推动构建跨太平洋伙伴关系或者全面与进步跨太平洋伙伴关系协定，东亚签署的是区域全面经济伙伴关系协定等。

自贸区属于功能性区域市场构建，相对而言，比较容易达成协议，能较快地见成效。

第一，区域贸易治理。无论是对于国别、国际区域还是全球的经济发展来说，贸易都是最为核心的部分。在国际区域中，贸易是域内各国间最基本的经济连接形式。二战后，GATT 成为国际贸易治理体系的核心，同时也为国际区域贸易治理奠定了基础。自 20 世纪 80 年代以来，贸易的区域化特征日益明显，且逐渐成为经济区域化的主要表现形式，因此对于区域贸易的治理也成为国际区域经济治理中的关键环节。从治理目标来看，有别于国际贸易治理，区域贸易治理的目标一方面在于通过协商合作方式，消除区域内贸易壁垒以及促进区域贸易自由化，并达到更高水平的区域内外开放标准，以实现对国际贸易治理机制的补充；另一方面，在遵循开放的地区主义的基础上，维护区域“多主体”治理体系，兼顾各方利益诉求，形成高效率的区域贸易规则，促进区域贸易便利化。

从治理内容来看，区域贸易治理的重点在于：(1)制定比国际贸易治理机制更加开放的标准，从而促进区域内要素和商品的自由流动以及区域各国互利共赢；(2)推动更高水平的一体化进程，协调各国贸易政策并促进形成区域大市场，为区域贸易的长久有效治理提供基础；(3)结合区域内产业结构和各国经济发展特征，制定适用于区域且更加灵活的结构性行业合作规则，为区域内各国提供多样化的合作渠道；(4)注重区域内管理模式的多元化以及治理的多主体性，遵循多边合作原则，强调区域内多方平等协商合作，而非单一主体垄断领导；(5)促进区域内各国政府职能的改革与转变，减少市场干预，注重为区域贸易合作提供高质量制度框架，从而增进区域内贸易便利化水平。

从治理方式来看，区域贸易治理主要依托的是在制度构建基础上所形成的合作组织和区域贸易协定(RTA)，其中，自由贸易区构建成为主要的治理方式。各成员经济体之间通过签订区域贸易协定，从制度上确立了区域性经济联合组织，这种合作既存在于发达国家之间和发展中国家之间，也存在于发达国家和发展中国家之间。此外，合作既包括制度性合作，也包括经济性合作，相比于后者，前者成员之间的连接更加紧密。进入 21 世纪，区域自贸协定数量快速增加，目前在全球范围内已有超过 300 个区域自贸协定，呈现出网络化的发展趋势。区域自贸协定因此也成为区域贸易治理的主要方式，且随着各类自贸协定的开放性和包容性不断提升，覆盖面不断扩大，标准不断升级，其对区域贸易的治理能力和治理效果也在不断改善。

第二，区域投资治理。除了贸易外，投资也是连接国际区域内各经济主体的主要方式之一。根据国际投资相关理论，对外直接投资是进行产业转移，形成产业链和价值链的主要形式。在国际区域内，产业转移和垂直一体化分工使得域内各国经济关系更加紧密。因此，区域投资治理对于区域经济合作与发展来说相当重要。从治理目标来看，在国际投资治理“碎片化”的环境下，区域投资治理是要在平等互利的基础上，构建多国家、多部门同时参与，以互惠互利为基本导向，以友好协商为主要方式，以制度开放为重要标准，适用于区域的投资安排，从而协调投资政策，优化投资环境，促进区域内各国之间的相互投资。

从治理内容来看，区域投资治理的重点在于：(1)坚持非歧视原则，加大投资开放并放宽准入条件，同时保障国民待遇，推动正面清单制逐渐转向负面清单制，从而促进区域内投资自由化；(2)坚持投资主体多样性原则，兼顾区域内发展中国家的发展需求，约束投资者保护，强调东道国的监管权和投资争端中国内规制的适用性；(3)坚持科学合理原则，考虑南北国家发展差异和制度差异，协调区域内各国投资政策，制定科学的区域内投资竞争机制；(4)坚持公平有效原则，设置投资争端解决机制以及区域性投资争端仲裁机构，增强协调的透明度。从治理方式来看，投资的背后是资本的流动，因此区域投资治理本质上是对域内资本跨国流动的治理。在国际区域内，除了区域贸易协定中所规定的投资相关规则外，各类双边投资协定成为实现区域投资治理的主要方式。此外，在国际区域内，各参与国也可通过多边立法的方式参与到区域投资治理中。

第三，区域金融治理。其更多体现的是金融地区主义，是位于统一区域内地缘相近的国家之间共同构建的区域性金融合作机制，主要用于防范国际和区域金融风险，以及促进区域内国家间的货币金融合作。可见，在国际区域经济发展过程中，金融治理成为保障国际区域经济合作高效稳定的重要基石。从治理目标来看，作为全球金融治理的一部分，区域金融治理是联合区域内国家、区域性金融组织或机构，通过协商构建相应制度形成区域性金融合作规则，对区域内所存在的各类货币金融问题进行预防、分析以及综合治理，从而推进国际区域经济的发展，促进国际区域经济福利增长。

从治理内容来看，区域金融治理的重点在于：(1)设置区域性金融合作制度和区域金融合作组织，借助区域金融监管提高区域性风险预警能力，弥补国际金融治理有效性不足的问题；(2)调动区域内各类金融资源，建立区域货币储备库，并制定区域融资和贷款安排，从而借助区域内的货币金融合作来配合国际金融机构，增强域内各国在面对金融危机时的协调能力和应急处置能力；(3)拓展区域金融组织和机构的非核心职能，增强金融在环境、气候、卫生等领域内的应用，推进区域经济的协同治理。

从治理方式来看，在区域金融治理过程中，除了区域贸易协定中关于金融合作的条款外，区域金融体系发挥了重要的作用，区域性金融组织、地区发展银行等机构不仅为国际区域金融发展提供了个性化平台，也成为域内各国参与区域金融治理的主要方式。此外，二战后，IMF 和世界银行成为国际金融治理体系的核心，但不同国际区域经济发展水平和特征各不相同，这也使得各个国际区域需要探索不同的金融发展路径。[①]

第四，区域发展治理。对区域贸易、区域金融和区域投资的探讨更多地是围绕传统经济合作领域内的话题所展开的研究，而对区域发展的研究一般都是围绕区域经济发展而衍生出来的相关问题。区域发展治理以域内问题为导向，其所涉及的领域主要包括国际区域经济发展不平衡问题、缩小区域内南北差距、区域公共物品供给与分配、区域气候环境与能源合作、区域互联互通等方面。目前这些问题影响着国际区域内的经济合作效率，使国际区域经济无法真正实现稳定持续的增长以及区域的协调发展。若这些问题无法妥善解决，甚至有可能引发大范围的危机，并进一步造成更多政治、经济和社会问题。

---

① 不同区域的金融机构也具有了不同职能，例如欧洲投资银行是随着欧盟国家政治和经济实力的崛起而产生的，且已在世界上占有一席之地；美洲开发银行、亚洲开发银行和非洲开发银行则是在自己所属的区域内，通过联合自己发展梯队中的成员，分别建立相应的发展团队，从而在国际新秩序下提升所属区域的政治经济实力；亚洲投资发展银行的建立突出了发展中国家在世界权力格局中的作用，扭转了超级大国在世界拥有绝对话语权的局面；金砖国家新开发银行的建立则是由于在 2008 年金融危机爆发之后，国际经济格局又出现了新的变化，金砖国家希望在全球化的背景下体现自己新兴市场的实力。参见任再萍、张欢：《国际组织运行规则比较分析及对金砖银行运作的启示》，《上海金融》2015 年第 12 期。

从治理目标来看，区域发展治理所要达到的并非单一目标，而是通过区域内国家间的合作与政策协调，构建相应制度安排，促进区域环境、发展不平衡、互联互通、能力建设等方面的协同治理，从而达到提高区域经济综合发展水平的目的。

从治理内容来看，不同领域内的治理内容各不相同。具体来说，在区域环境治理方面包括：(1)明确治理主体，区域环境治理主体较为广泛，不仅包括国家政府、各类区域性环境保护组织、企业，还包括涉及贸易、金融等领域的其他区域性经济组织和社会公众；(2)建立正式或非正式制度框架，以条约、协定、行政组织为基本载体，形成科学有效的区域环境治理公共产品管理体系，从而在区域合作的基础上构建一套机制化程序；(3)兼顾域内各方治理能力差异，并根据该差异制定区域环境治理效果评判标准以及结构性环境治理目标。在区域发展不平衡治理方面包括：(1)形成各国认同的区域协同可持续发展观，以及公平、开放、全面、创新的发展理念，制定区域协同可持续发展目标和协调机制；(2)通过协商合作制定区域发展议程，明确发达国家和发展中国家在减贫、教育普及、性别平等、劳工权利保障、医疗等方面的治理地位、权力、责任和义务；(3)不断提高发展中国家在区域发展不平衡治理中的制度性话语权，促进目标的落实。在区域互联互通治理方面包括：(1)在技术、标准、设备等方面促进区域“硬联通”，同时在制度、规则、文化、历史等方面促进区域“软联通”，从而形成包括铁路、航运、航空、数字、文化、通信网络等在内的互联互通网络；(2)通过区域内各国间的协商合作，构建区域内互联互通政策措施的有效扩散机制。在区域能力建设治理方面包括：(1)区域科研创新能力建设，借助合作协定等方式，在数字、技术、生产、服务等各领域内形成传导对接机制，配合政府间政策协调，提高区域整体竞争能力；(2)区域风险预警能力建设，设置金融、投资贸易、产业链/供应链、域外国家政治冲击等领域内的事前风险预警体系，增强区域安全把控能力；(3)区域危机应对能力建设，在区域经济组织和机构内设置危机应对协调机制，在危机来临时，可以有效协调域内各国政策和资本等要素进行积极应对，提升区域风险处置能力；(4)区域内发展中国家的综合能力建设。

从治理方式来看，要实现区域发展治理，一方面，除了在经济领域内建立相应的合作机制外，还需要在环境、气候、合作等领域建立相应的制度框架，如在二十国集团(G20)、上海合作组织框架下探索相应合作机制；另一方面，区域发展治理应当更加关注协调发展治理，例如欧盟在区域组织、区域协定的基础上，推进跨境合作治理、流域治理、区域间竞争政策以及欧盟与其他国家和区域间的合作治理，这些也都是欧盟区域协调发展治理的重要范畴，同时以公平、凝聚和趋同为价值诉求，逐渐由政府管理为主转向合作治理为主。[①]

二、国际区域经济治理的理论

理论既是对实践的总结，也是对实践的指导。与国际经济区域治理有关的理论主要是对国际区域经济构建、国际经济区域治理的动因以及国际区域经济治理的作用等进行分析、阐释与总结，有些是与其有关的一般性理论，有些则是专门的理论。

第一，功能主义理论。欧洲的一体化进程带动了世界对于“如何整合区域”这一关键问题的探讨，从而为构建稳定的国际区域提供理论基础。在这一背景下，戴维·米特兰尼(David Mitrany)于1943年在其著作《有效的和平体制》(*A Working Peace System*)中提出了适用于欧洲的整合方案，并提出进行功能性合作可以有效避免国家间出现摩擦和战争这一观点[②]，这也成为功能主义理论的开创性研究。根据功能主义理论，经济领域是构建国际区域过程中应当首先进行功能性合作的领域，因为其主要涉及的是技术性问题而非政治性问题，这大大降低了合作的难度。同时，单一部门内开展功能性合作会形成“扩展”的作用，不断影响其他部门，从而促进其他部门之间也进行功能性合作，并逐渐为政治领域内的合作奠定基础。在功能主义理论的基础上，以厄恩斯特·哈斯(Ernst B. Haas)、菲利浦·施密特(Philippe Schmitter)、约瑟夫·奈(Joseph Nye)为代表的一众学者进行了更加深入且实际的研究，并提出了新功能主义理论(亦可称为“超国家主义”)，可以说新功能主义理论是对功能主义理论的进一步延伸。该理论的核心观点在于国际区域在整合过程中需要按照由低政治领域逐渐向高政治领域这一路径演

① 参见喻锋：《欧盟区域协调发展的治理转型及其结构特征》，《国家行政学院学报》2008年第4期。

② D. Mitrany, *The Functional Theory of Politics*, London: Martin Robertson, 1975, pp.124-127.

进，且由于各领域之间的潜在关联性，演进过程中在经济、技术等非政治领域内的功能性合作会通过这种关联性外溢或扩溢到政治领域，即实现政治领域内的功能性合作，并建立超国家权威机构，从而形成真正的国际区域共同体。①

第二，地区主义理论 。20 世纪 30 年代“美元区”“英镑区”“法郎区”的建立为地区主义理论奠定了早期研究基础。到了二战后，尤其是 20 世纪 50 年代至 60 年代，合作成为各国实现快速恢复和发展的重要途径，而由地缘关系、历史关系、经济关系等因素组成的国际区域成为各国关注的重点，地区主义也逐渐兴起。地区主义理论的主要观点在于地缘相近的国家为了实现共同的经济或政治目标而进行相应的交流与合作。合作的主要方式是区域的制度化建设，合作的目的是将单个独立的国家借助制度构建形成经济集团或区域性经济组织，并赋予其管理职能等。然而，地区主义理论在实际应用中却存在影响力不足，容易在区域内形成“中心—外围”格局等弊端，因此在地区主义理论的基础上，20 世纪 80 年代诺曼·帕尔玛（Norman D. Palmer）提出了新地区主义理论。该理论与当时经济全球化浪潮相结合，为世界经济发展提供了新范式。根据新地区主义理论，区域合作不能仅限于贸易领域，而应当包含经济、文化、政治、安全、环境等各个领域，促进区域内各国在各领域内的“趋同”，从而在多个角度同时推进国际经济秩序的建立。②

第三，开放的地区主义理论。以“是否开放”为标准，地区主义可以被分为封闭的地区主义和开放的地区主义，前者由于在区域合作中具有排他性，因此其思想与传统的地区主义更加贴合；后者则强调在对区域内开放的同时也要实现对区域外的开放，因此也被认为是新地区主义理论中的重要组成部分。弗雷德·博格斯滕（Fred C. Bergstern）是开放的地区主义理论的代表性学者，他认为开放的地区主义理论包含五个维度，即成员国身份的开

---

① 参见舒建中：《国际经济新秩序的理论争鸣：结构主义、功能主义和新功能主义》，《世界经济与政治论坛》2009 年第 2 期；谭吉华、黄丽萍：《新功能主义理论评述》，《湖南人文科技学院学报》2009 年第 12 期。

② Hettne Bjorn, Inotai Andras, Sunkel Osvaldo, *Globalism and the New Regionalism*, New York: Pslgrave McMillan Press, 1999, pp.122-124.

放性、无条件的最惠国待遇、有条件的最惠国待遇、全球自由化、贸易便利化。[①] 可见，自由贸易区仍然是区域内各国合作的重要抓手，但需要在具有相同区域认知的国家之间进行多边友好协商，以降低壁垒，促进互利共赢，并且区域内各国不可对区域外国家和地区采取歧视性政策。开放的地区主义也为当下的国际区域合作提供了有力的理论指导。

国际区域经济治理有别于经济治理的一般概念，其强调的是对国别层面之上、全球层面之下的国际区域层面的经济交流与合作进行治理，从而在区域内形成有效的沟通合作渠道，令区域内各成员经济体获得平等的发展机会，促进国际区域经济的共同发展。因此，立足于经济治理的基本概念，可以发现与经济全球化不同，经济区域化过程其实是相邻国家之间经济逐渐融合并走向一体化的过程。

国际区域经济治理之所以能够发展并且可持续，必须体现出治理的效能，治理能够为参与各方带来共享的利益，特别是能够为区域的发展提供更好的环境。从经济发展的角度来看，国际区域经济治理要能促进区域内要素自由流动。在国际区域内，虽然各国彼此相邻或距离相近，但由于地理、人文、自然资源、气候、技术等原因，使得各国在要素结构和资源禀赋方面存在差异。而相比于要素在全球范围内的流动，由于地缘关系，区域内各国间的要素流动成本更低，流动渠道更加畅通，因此更易实现区域内要素自由流动。除了地缘关系外，相邻国家在语言和文化认知等方面往往具有一定的相似性，这进一步提高了国际区域内的要素和资源配置效率。根据比较优势理论、要素禀赋理论等经典理论的观点，在要素可以自由流动的情况下，分工可以使各国经济实现快速发展。因此，要素的自由流动成为国际区域经济发展的基础。

区域经济治理要能促进国际区域内的生产分工。随着全球技术水平的不断提升以及产业不断转移，分工由产业间逐渐向产业内再向产品内逐渐细化，在垂直一体化和水平一体化分工下，产业链、供应链网络也逐渐形成。在此过程中，空间地理位置越相近的国家，越容易形成分工网络，如东亚、北美和欧洲。可见，世界经济的区域化进程中，地理距离仍然是决定国际分工

① F. C. Bergstern, "Open Regionalism", *World Economy*, Vol.20, No.4, 1997, pp.545-565.

的一个重要因素。在产业分工下，区域内各成员经济体逐渐相互开放市场，并实现大于单一国别的规模经济，从而促进区域内各参与方实现共同发展。但这其中也存在一个关键问题，即利益分配问题，因为建立在要素禀赋差异基础上的国际区域分工实际上是一种竞争与合作共存的模式，一旦利益无法在各参与方之间实现公平合理的分配，国际区域经济发展也将面临巨大的阻碍。

国际区域经济治理要能兼顾区域内成员的需求共性与差异。国际区域内各国及参与治理的各行为体的利益诉求、能力和面对的问题不同，作为创建区域公共产品的国际区域经济治理，要能够很好地兼顾各方的差别，在参与能力和投入上对于弱势方给予更多的照顾，使它们能够真正获益，能力较强方应该在让渡、投入上做得更多，只有这样才可以实现治理的互利共赢。有关国际区域经济治理的理论应该在这方面提供更多、更好的阐释，并且能够对治理行动产生积极的影响。

第八章　国际区域经济治理的发展

国际区域经济治理是在不断发展中逐步得到扩展和深化的。一方面，国际区域治理有着普遍性原则和方式，如合作治理、共同受益等；另一方面，不同的区域在治理方面有着不同的方式，如欧盟的超国家治理、东盟的协作性治理等。同时，随着世界经济发展的变化，以及国际区域经济发展自身的需要，国际区域经济治理也不断得到发展。

第一节　国际区域经济治理的演变

一、国际区域经济治理的必要性

第二次世界大战后，世界发展呈现两个突出的特征，一是由多边机制（主要是关税贸易总协定和世界贸易组织）推动的世界市场开放，使得全球化快速发展；二是由区域机制推动的区域市场开放，使区域经济得到更快的发展。区域经济构建开始于西欧国家成立的欧洲共同市场、共同体构建，此后，更多的区域成立区域合作组织，或者构建功能性区域市场，使得区域经济合作发展成为重要的潮流。

尽管经济全球化推动了世界经济的发展，提供了各国参与和实现快速发展的机会，但也存在诸多结构性问题，主要表现在不平衡方面，包括国家和经济体之间的收益不平衡、不同类型国家间发展机遇的不平衡、不同群体间收入的不平衡等。因此，经济全球化是一把“双刃剑”，全球经济治理体系仍存在较大且短期内难以解决的深层次矛盾和问题，这大大降低了全球经济治理体系在具体实践中的效率，而低效率的治理体系则会使各成员经济体逐渐对其失去充足的信心，并转向其他治理方式以弥补全球经济治理体系的效率缺失。区域经济合作以及相应的国际区域经济治理成为各国所关注的重点领域之一。通过加强国际区域经济连接，推进区域化进程来形成合力以抵抗和消减全球化对经济与社会的负面冲击，成为许多国家的重要选择。[①]

国际区域经济合作之所以受到各国与地区政府的垂青和重视，其中一个主要原因是它拥有促进经贸利益实现的独特优势，如天时（资源禀赋、市场自然联合）、地利（地缘政治、周边关系）与人和（政治制度、文化习俗相近）而形成独特的区域优势，创建共同获益的区域平台。从功能上看，区域化可以创建全球化无法实现的功能。不过，区域经济构建以区域成员的参与和共享为原则，因而具有一定的排他性，形成对非成员的歧视和排斥。鉴于此，区域经济构建必须遵循与多边安排（WTO）一致的原则，不能搞不符合多边安排的保护主义，如对外提高关税、制定保护主义规定等，也就是说，国际区域经济安排必须实施更高程度的开放和行为规则。为此，需要对区域集团的贸易保护主义倾向加以约束和规范，并附之相应的规则与纪律以及审查报告程序以对区域集团的形成产生预先和事后的监督作用。[②]

从治理的角度看，区域经济治理不是全球经济治理的补充，而是具有独立的功能。区域治理能够解决那些全球治理不能完成或者难以涉及的领域；同时，许多区域治理的经验（特别是规则）还可以对全球治理发挥借鉴和促进的作用。参与性上，区域治理作为区域合作的议程，为各方提供平等参与的平台；收益性上，在共同参与下，可以更好地实现共同受益目标；从治理方式上，可以更好地体现共商共治，易得到各方各界的支持。

区域经济治理的根本目的是创建更好的共同发展环境，其所包括的内容非常广泛，比如推动构建开放的区域市场，促进区内要素资源的流动，推动区内交换和经济的发展；合作应对经济危机、金融危机和其他对经济发展造成有害影响的事件；开展发展合作，推动区内互联互通，对欠发达国家提供发展援助和提升能力建设；等等。如今，越来越多的经济发展问题仅靠单

① 参见张蕴岭：《国际区域学概论》，山东大学出版社2022年版，第127页。

② 参见刘光溪：《互补性竞争力：多边贸易体制与区域集团》（第三版），经济日报出版社2016年版，第2页。

个国家是难以解决的，需要通过区域合作以及全球合作来解决。

二、国际区域经济治理的发展

随着经济区域化的发展，国际区域经济治理方式也在不断改变。现代意义上的国际区域经济区和国际区域经济治理主要是在第二次世界大战后发展起来的。20 世纪 50 年代到 70 年代，各国除了在 GATT 的基础上进行经贸合作外，也积极探索相邻区域内的合作机遇，开拓更大的利益空间。在此过程中，发达国家和发展中国家均作出了各自的努力。其中，以西欧为代表的发达国家之间的合作取得了良好的效果。1951 年签订的《欧洲煤钢共同体条约》、1957 年签订的《罗马条约》、1960 年签订的《建立欧洲自由贸易联盟公约》(《斯德哥尔摩公约》)让西欧正式走上国际区域经济一体化的道路。[①]在世界其他地区，1965 年澳大利亚和新西兰之间签订自由贸易协定，创建了新西兰和澳大利亚自由贸易区，大大促进了澳洲国际区域经济发展；1960 年成立了中美洲共同市场；1967 年成立了东盟；1969 年成立了安第斯共同体等。

欧洲区域经济治理在逐步提升的区域合作机制支持下，取得的成效比较显著。其中一个突出的成效是区域内市场构建不断深化，使得区域内贸易得到更快的发展。欧洲经济区通过扩大和深化得到进一步的发展。1991 年，第 46 届欧共体首脑会议签订了《马斯特里赫特条约》，即《欧洲联盟条约》，1993 年该条约正式生效，欧盟内部市场边界真正打开，形成商品、资本、技术和人员自由流动的统一大市场。1999 年，欧盟发行统一货币——欧元，建成单一货币的欧盟货币区。欧洲经济区构建在逐步实现深化的同时，也逐步实现了规模的扩大，由最初的 6 个创始国扩展到 27 个国家，进一步扩大的进程还在继续。[②]欧洲区域经济治理是建立在区域合作组织基础之上的，区域组织被赋予超国家的治理职能，在规则制定、政策协调和管理等方面得到超国家的法律(欧盟法)、社会(欧洲议会)和管理(欧盟执委会)的支持。

---

① 与欧洲经济共同体共同建立的还有欧洲原子能共同体(European Atomic Energy Community Euratom)。

② 英国于 1973 年加入欧洲共同体，于 2020 年 1 月 31 日正式退出欧盟。

美洲区域的经济区域化发展建立在北美和拉美次区域合作的基础上。二战后，美国在大力推动全球化发展的同时，也对区域经济构建给予高度重视。1988年，美国和加拿大签订了《美加自由贸易协定》(United State-Canada Free Trade Agreement)。1992年，美加墨三国签订了《北美自由贸易协定》(1994年正式生效)，建成了当时全球最大的自由贸易区。北美区域经济构建和治理与欧洲不同，不形成综合性区域组织，只是聚焦区域市场的构建，通过制定高水平的经贸和投资规则，实现区域经济的紧密连接。

在南美洲，早在1969年就成立了由秘鲁等5个国家参加的安第斯共同体，不过后来成员几经变动，目前有4个正式成员国、5个联系国，其目标是实现地区经济一体化。1991年，南方共同市场成立，有阿根廷等4个正式成员国、5个联系国，这些国家对内取消关税，对外则实行统一关税。南方共同市场与欧盟、安第斯共同体签署了合作协议，目标是推动相互间经济关系。除了次区域经济合作组织外，拉美地区还成立了大区域合作与协调机制，1975年拉美23个国家的代表签署《巴拿马协议》，宣布成立拉丁美洲经济体系(Latin America Economic System，LAES)，旨在促进地区经济合作，推动制定经济社会发展规划与合作项目，协调拉美各国有关经济和社会问题的政策与立场，推动公正合理的国际经济秩序等，目前有26个成员，设立理事会、行动委员会和常设秘书处，每年召开的理事会都在推动拉美区域经济合作和区域经济治理方面做出诸多努力，包括制定区域发展规划，解决拉美国家发展中的问题，推进与国际组织和其他区域组织的联系与合作等。

亚太地区本是一个由太平洋连接的广大区域，地缘性连接相对松散。但是，随着北美和东亚地区经济关系的发展，作为经济区域的特征越来越凸显。在现代，随着交通方式不断便利化，海洋已经不再是地缘阻隔的障碍，因此，推动经济区域机制构建和区域经济治理的驱动力不断增强。1980年，由工商界、学界和政府参与成立了协商性的非政府间区域机制“太平洋经济合作会议”(PECC)，1989年由政府直接参与成立了政府间合作机制APEC，1993年首届APEC非正式经济领导人会议在美国举行，使亚太区域合作机制的构建进入一个新阶段。[①] APEC以推动构建开放与合作的区域市场为主要目标，通过议程推动，成员自主行动，逐步减少区域内的关税和非关税壁垒，规划和推动区域内的经济合作与政策协调。APEC制定了构建亚太大市场的目标，为此提出“茂物计划”，计划分两步走：第一步是发达经济体在2010年之前实现贸易和投资自由化；第二步是发展中经济体在2020年之前实现贸易和投资自由化。[②] 在“茂物计划”设定的时间过后，APEC又提出《2040年亚太经合组织布特拉加亚愿景》，把建设亚太共同体作为宏伟目标。尽管亚太地区出现了多重自贸区构建，如由北美自贸协定演化而成的“美墨加协定”，由TPP演化而成的CPTPP、RCEP以及印太经济框架(IPEF)，但推动亚太地区统合治理的努力一直没有放弃，APEC作为亚太地区经济主要的合作机制仍在运行。

东亚作为一个地缘区域，逐步发展起紧密的经济联系，成为一个具有活力的经济区。不过，受到政治因素和区域认同差异的制约，区域经济治理机制构建主要是建立在多层机制的基础上。

以东盟为中心的东南亚区域治理制度建设成效最为显著。1967年，东盟成立，此后，东盟成员逐步扩大到10个国家，成为覆盖整个东南亚地区的组织。1992年，东盟成立自由贸易区；2015年，东盟成立共同体(经济共同体、安全共同体、社会文化共同体)。东盟的区域经济治理与欧盟不同，“东盟方式”主要是靠议程推动，构建开放的区域市场，改善区域经济发展环境，开展与域外国家和国际组织、区域组织的合作。东盟经济共同体的建设目标不是搞超国家区域治理，而是构建高度开放、基于统一规则的“单一生产基地”(Single Production Base)。

东盟作为成功的次区域组织，在推动构建东亚经济区域合作与经济治理方面发挥了关键的作用。一是以东盟为中心构建对外合作机制(即“东盟＋”模式)。先后构建了“东盟＋中日韩”“东盟＋澳新”“东盟＋中国”“东盟＋印度”“东盟＋日本”“东盟＋韩国”自贸区。2013年东盟领衔构建区域全

① 1992年“太平洋经济合作会议”改为“太平洋经济合作理事会”(Pacific Economic Cooperation Council)，APEC创始成员分别是美国、澳大利亚、加拿大、日本、韩国、新西兰和东盟。中国于1991年以主权国的身份正式加入APEC，同时，中国台湾和中国香港以地区经济体的身份加入其中。

② 参见张蕴岭：《新形势下的亚太区域经济合作》，《世界知识》2020年第11期。

面经济伙伴关系，经过多年谈判，由15个国家组成的东亚自贸区于2021年建成，从而使东亚有了以统一规则为基础的区域经济框架和治理平台。

非洲区域经济合作起步较早，早期的成果主要体现为次区域合作，所涉及的治理范围较广泛，在区域贸易、政治、文化、科技、货币金融等领域都构建了相应的合作机制。例如，成立于1967年的东非共同体（East African Community，EAC）；成立于1969年的南部非洲关税同盟（Southern African Customs Union，SACU），其也是非洲经济一体化程度最高的区域组织之一①；成立于1983年的中部非洲国家经济共同体（Communauté Economique des Etats d'Afrique Centrale，CEEAC）；成立于1994年的西非经济货币联盟（Union Economique et Monétaire Ouest-Africaine，UEMOA）；等等。这些合作机制都不同程度地促进了各自区域的经济开放、政策协调、能力建设以及域内国家的经济发展。除了推进次区域合作外，非洲也于2002年建立非盟，并在此基础上，成员国于2015年开始建立非洲大陆自由贸易区（AfCFTA）的谈判，最终在2018年非洲联盟首脑特别会议上宣布正式建立非洲大陆自贸区。

目前，国际区域经济治理呈现出多点并发的态势。总的趋势是，国际区域经济一体化水平不断提升，国际区域经济中的贸易壁垒不断降低，合作机制逐渐加强，使国际区域经济得到更好的发展。

国际区域经济治理的方式呈现出多样化的特征，治理内容和重点也不尽相同，体现出较强的灵活性。从国际区域经济治理合作的国家看，既包括发达国家之间的合作，也包括发达国家与发展中国家之间的合作，以及发展中国家之间的合作；从国际区域经济治理的性质看，既包括同类型国家间相对紧密的制度性合作，也包括不同类型国家间相对松散的经济性合作；从国际区域经济治理合作的地理范围来看，既包括以单一国际区域为核心的总体合作，也包括国际区域内部的次区域合作，以及不同国际区域之间的跨区域合作。

---

① 南部非洲关税同盟的前身为1910年的南非联邦与南部非洲英属殖民地的关税同盟协定，因此南部非洲关税同盟也是目前世界上最古老的关税同盟。参见中华人民共和国外交部：《南部非洲关税同盟》，2021年8月，https://www.mfa.gov.cn/web/gjhdq_676201/gjhdqzz_681964/nbfzgstm_689332/jbqk_689334/。

开展国际经济区域治理具有普遍性，参与国际区域经济合作和治理对于域内国家及其所在国际区域经济发展来说，其重要性不言而喻。国际区域经济治理机制的建立将区域内各国的市场进行对接，从而形成一个开放性的大市场，这一方面有利于区域内跨国公司扩大经营规模，达到规模经济；另一方面也有利于满足区域内民众日益丰富的需求，促进商品在区域内的自由流动。

国际区域经济治理机制的建立有利于区域资源配置和使用效率的提升。在区域合作协调机制的作用下，区域内资源可以实现有效调配，通过治理可以有效集中或开发区域内的资源，并在此基础上促进国际区域发展环境的改善。同时，通过合作规则的制定有利于发挥“虹吸效应”，吸引外部资源（尤其是优质外部资源）进入区域。因此，国际区域经济治理机制的建立将为区域发展提供新动力，随着区域大市场的形成以及区域内资源的有效配置，不仅各经济主体可以获得更多的合作机会，以国际区域为整体的全要素生产率也会不断提升，从而促进社会生产力进步。

国际区域经济治理是一个参与各方不断协商、增进共识的过程，也是一个不断探索和深化的过程。国际区域经济治理需要域内各国具有较强的合作意愿，也需要不断提升参与的能力。由于域内国家间发展水平、利益诉求的差别大，因此治理本质上就是一个协调和增进共识的过程。在很多情况下，分歧会使合作进程陷于停滞，由于有些成员落实治理不力，而使得治理效果大打折扣。国际区域经济治理不仅需要各国平等参与，也需要鼓励有能力的国家扮演重要角色。其中，较发达的国家或大国能否提供更多、更好的公共产品，在资源投入、能力建设、规则制定等方面发挥引领作用至关重要。

第二节 国际区域经济治理的方式

现代国际区域经济治理的基本原则是各方平等参与，合作共利，治理的重点是构建区域市场，改善发展环境，实现区域的可持续发展，不同的区域有着不同的治理方式。

一、国际区域市场构建

在国际区域经济治理中，最直接的方式就是基于区域市场的治理。市场是国际区域经济合作的基础，不仅为各参与合作的国家和经济体提供直接利益，也为国际区域经济一体化提供依托。

第一，优惠贸易安排(Preferential Trade Arrangement，PTA)。从组织形式来看，这是国际区域经济合作与治理最为初级和松散的方式，其通过协定或采取其他形式，在成员经济体之间对全部贸易商品或一部分规定商品规定特别的关税优惠。[①] 在早期各国对国际区域经济合作的探索过程中，多采取这一合作形式，较为典型的例子是英国曾经实行的“帝国特惠制”。此外，早期的东盟、欧洲煤钢共同体、非洲木材组织(African Timber Organisation，ATO)、美加汽车贸易协定(Auto-Pact)等也属于这一组织形式。在这一治理方式中，各成员只是给伙伴国一定的关税优惠，但各成员仍然保持自己原有的关税制度和结构，并未在区域内形成有效的协调机制，因此这一治理方式在国际区域经济治理方面的效率也最低。

第二，自由贸易区(Free Trade Area，FTA)。这一组织形式比优惠贸易安排相对高级，其是将各成员经济体之间全部或大部分产品的关税和数量限制逐步取消，从而令要素和商品在国际区域内可以实现自由流动，但各成员经济体对非成员仍然保持自己的贸易壁垒。自由贸易区不仅是各国或经济体之间最常用的合作模式，也是最常见的国际区域经济治理方式。RCEP、美加墨自贸区、中国—东盟自由贸易区(China-ASEAN Free Trade Area，CAFTA)都属于这一类型，其中RCEP是目前世界上最大的自由贸易区，不仅包含的市场最大，也是世界上最有实力的贸易集团之一。

第三，关税同盟(Customs Union，CU)。相对于自由贸易区，这一组织形式进一步放开了国际区域市场。如果说自由贸易区是区域内各成员经济体市场的对接，那么关税同盟则对区域市场进行了实际的“整合”。具体来看，关税同盟的建立不仅完全取消了成员经济体之间在商品贸易中的关税

---

① 参见李欣红：《国际区域经济一体化的产业区位效应研究》，中国经济出版社2015年版，第34页。

和数量限制，使得商品可以实现完全自由流动，更使区域成员作为一个整体，对外设立了统一的关税壁垒，即建立统一的关税制度，实行统一的对外贸易政策。可以说，相比于优惠贸易安排和自由贸易区，关税同盟在国际区域经济治理方面有了实质性的突破，开始带有超国家的性质，这主要体现其不像自由贸易区那样，只是相互之间取消关税，而是各成员国将关税的制定权让渡给国际区域经济组织，因此关税同盟对成员经济体的约束力比自由贸易区更大。[①] 加勒比共同体（Caribbean Community，CARICOM）是典型的关税同盟。

第四，共同市场（Common Market，CM）。关税同盟主要是使商品在国际区域中自由流动，而共同市场则是在关税同盟的基础上，进一步放开了资本、劳动力等生产要素的流动。同时，共同市场的治理范围和区域协调能力都有所提升。例如，在商品自由流动方面，共同市场进一步具有了协调财政政策和各国生产标准的功能；在资本自由流动方面，共同市场进一步具有了干预资本流动的功能；在劳动力自由流动方面，共同市场进一步具有了劳动力学历、技术等标准互认的功能。这些治理机制的建立使共同市场的超国家性质更加明显，各成员国将更多权力让渡给国际区域经济组织。中美洲共同市场、安第斯共同体、东南非洲共同市场都属于这一形式。

第五，经济同盟（Economic Union）。经济同盟的建立标志着国际区域经济合作与治理取得了进一步重大突破。具体来说，上述四种组织形式的治理与协调过程主要在于贸易、关税和市场对接与整合方面，而经济同盟则在此基础上将治理范围进一步扩大，即在市场一体化的同时，协调成员国间的经济、政治和社会政策，并且要求成员国共同制定和执行一些共同的经济政策和社会政策（包括建立统一的货币制度），逐步弥合各成员国之间的政策差异，使一体化的程度从商品交换扩大到生产、分配乃至整个国民经济，形成一个庞大的经济实体。在这一过程中，各成员国要进一步让渡自身干预经济内外部平衡的权力，如制定货币政策和汇率政策的权力等。欧盟是典型的经济同盟，也是目前全球范围内经济一体化水平最高的区域。

国际区域市场治理的重要作用是推动区域的经济一体化（economic

① 参见范爱军：《国际贸易学》（第三版），科学出版社 2009 年版，第 213 页。

integration)。国际区域经济一体化是由区内贸易、投资、服务和人员流动便利化来支撑的。不断增加的区域内要素流动,推动区域生产、服务分工和供应链网络发展,从而推动区域经济的发展。区域经济一体化的深化是以不同的形式进行的。关税同盟、共同市场、自贸区所推动的经济一体化更多地体现在市场开放基础上的经济紧密连接;共同体、同盟所推动的经济一体化由于涉及经济政策、能力建设、综合平衡与环境治理,不仅具有更深度的市场连接,也有高度的综合平衡发展。

二、制定区域经济规则

规则是维持国际区域经济治理体系正常运转的重要保障。除了基于市场的治理外,制定合理的治理规则对于国际区域经济发展来说也至关重要,因为治理需要在规则的基础上进行,"符合区域特征的制度建设和规则制定"是保证国际区域经济治理有效性的先决条件,且"规则的作用不仅要解决现存的问题,而且要防止出现新的问题","规则既具有现实性,也具有前瞻性"[①]。可见,若要形成高标准的国际经济治理体系,需要建立科学合理的规则。无论是在国际区域还是在全球经济交往中,贸易和金融都是最主要的两大模块,因此对于规则的探讨可以进一步分为贸易和金融两大方面。

(一)贸易规则方面

从全球角度来看,在第二次世界大战之后,贸易规则经历了四个发展阶段:第一阶段是从二战后到20世纪80年代之前,该阶段以削减货物贸易关税以及非关税壁垒为目标,如《关税和贸易总协定》以及东京回合谈判(Tokyo Round);第二阶段是20世纪80年代,在该阶段逐渐将服务贸易、与贸易有关的投资措施、知识产权等因素纳入贸易规则中,如在乌拉圭回合谈判(Uruguay Round)中达成了《服务贸易总协定》(General Agreement on Trade in Service,GATS)和《与贸易有关的知识产权协定》(Agreement on Trade-Related Aspects of Intellectual Property Rights,TRIPs);第三阶段是20世纪90年代,该阶段是以区域贸易规则为重点的深度一体化规则,尤其是从北美自由贸易区建立开始,涉及投资政策、竞争政策、政府采购透明度

① 详见本书第一章。

等国内政策的相关议题逐渐被纳入区域一体化谈判中；第四阶段是进入21世纪至今，该阶段是以制定21世纪的高标准国际贸易规则为核心，且主要表现为多边贸易谈判仍以传统的削减货物贸易壁垒为主，而国际区域贸易谈判则更多关注高标准贸易规则的制定。

从国际区域角度来看，在多边贸易规则基础上的高标准国际区域贸易规则制定成为自20世纪90年代以来全球贸易规则演化的新趋势，且进入21世纪，世界在区域贸易规则制定方面取得了诸多成果。2008年以来，超大型区域自由贸易协定成为国际区域经济合作的重要发展方向，如《美墨加协定》《区域全面经济伙伴关系协定》《美韩自由贸易协定》《全面与进步跨太平洋伙伴关系协定》、加拿大与欧盟之间的《全面经济贸易协定》(CETA)、日本与欧盟之间的EPA等。

各国之所以在建立多边贸易规则之外还积极寻求在所处区域内与其他国家合作建立区域贸易规则，原因主要在于：利益分配不均衡、效率缺失及其反映出的不平等问题使得传统多边贸易规则以及相应公共产品的治理功效受到质疑，而区域贸易规则的制定为各国提供了新的思路；区域贸易规则的制定是在地区经济发展特征和域内国家共同需求的基础上进行的，这使得所制定的规则更加符合区域实际情况，实用性更高，治理效率也会大幅提升；相比于多边贸易规则，在区域贸易规则的制定过程中可以更加兼顾域内发展中国家的条件和诉求，也可以说发展中国家和新兴经济体可以在区域内发挥其话语权，从而促进国际区域经济治理的公平性；由于在技术水平、发展水平和保护水平差异较大的国家之间推行贸易自由化的难度较大，因此多边贸易规则在关税减让方面的效果相较于区域贸易规则来说并不理想，加之各成员经济体之间所处需求阶段各不相同，使得在多边贸易规则下全面推行数字贸易等领域内的高标准规则的难度也较大，而区域贸易规则不仅可以使区域内自由化水平更高，也可以通过适应性规则的设置，在域内推动高标准合作。总体来说，国际区域贸易合作规则不仅可以补充现有多边贸易规则，在某些领域内还能发挥更有效的作用。

当前，区域贸易规则的构建展现出了诸多新特点。[①] 首先，以深度一体

① 参见张蕴岭、张丽娟：《国际贸易治理与变革》，世界知识出版社2020年版，第80～85页。

化与结构性改革议题为重点。除了多边贸易规则下与关税减免、贸易自由化相关的传统议题外，当今的区域贸易规则还涉及对于国内政策的调整，这无疑可以促进国际区域经济的深度一体化，从而实现较高程度的市场化水平。[①] 在区域贸易规则中，这些调整主要涉及政府采购、竞争政策、知识产权、环境条款、国有企业、出口补贴等内容。其次，以制定面向未来的数字全球化的新规则为重点。随着参与全球分工和产业链的程度不断加深，发展中国家和新兴经济体在生产制造等传统经济领域中的竞争力不断增强，并不断挑战发达国家在全球产业链中的地位。发达国家除了通过更严格的规则来维护自身的优势地位外，还要加强为未来竞争模式确立新规则。当前，数字化是全球经济发展中最热门的话题，也是各国未来重点发展的领域，因此在数字经济方面占得先机，制定数字新规则成为国际区域经济治理的重点议题。最后，以制定高水平的监管一致性规则为重点。近年来，自由贸易协定的形态发生了较为明显的改变，其性质更加接近于监管一体化协定。在此背景下，贸易协定更加强调各国监管的一致性，推动缔约方建立有效的跨部门磋商和协作机制，以促进监管一致性，从而确保成员方市场上的商业主体享有开放、公平、可预期的监管环境，这体现了由各成员国内监管一致性向成员国的区域监管一致性扩展的趋势，同时透明度、反腐败、汇率等规则也体现了协调国内规则的特点。

（二）金融规则方面

从全球角度来看，自第一次工业革命以来，金融规则制定主要经历了三个阶段：第一阶段是从18世纪到二战结束，该阶段主要由单边主义界定国际金融规则[②]，且在此背景下，世界形成了一种以宗主国为“中心”、以殖民地国家为“外围”的“中心—外围”的国际经济分工格局，加重了国际经济的不

① 深度一体化（Deeper Integration）和潜在一体化（Shallow Integration）是一对概念，潜在一体化旨在消除关税与配额等边境壁垒，促进跨边境贸易；而深度一体化除了包含潜在一体化所涉及的内容外，还包括消除专属于国家管辖的、制约跨境贸易和服务转移的法律及管制政策的行动。参见 R. Z. Lawrence，“Regionalism，Multilateralism and Deeper Integration”，Washington，D. C.，Brookings Institution，1996。

② 单边主义主要表现在三个方面，即帝国主义国家将本国的货币制度推向殖民地国家（如英属殖民地推行英镑，法属殖民地推行法郎）；直接投资和国际信用的资金主要由宗主国流向殖民地国家，与借贷资本和生产资本等相关的国际规则基本由宗主国制定；国际金融规则与国际贸易规则连为一体，成为宗主国控制殖民地国家经济命脉、资源配置、产业发展和市场结构的主要机制。

平等和非对称程度；第二阶段是从二战结束到20世纪末，在该阶段中，金融全球化发展迅速，由美国(美元)单边主义操控下的多边主义由盛转衰，布雷顿森林体系和牙买加体系虽然都是多边主义下的国际货币金融治理体系，但其背后是美国凭借美元霸权主导治理进程，而随着欧元的出现以及发展中国家和新兴经济体的金融业快速发展，国际金融规则中的单边主义也逐渐减弱；第三阶段是从进入21世纪以来至今，该阶段主要是在经济多极化背景下的多边机制界定国际金融规则，美国、欧盟和中国成为多极化格局中的主角，而全球经济多极化客观上要求国际金融规则与其相适应，这也为建立国际金融多边规则提供了基础性条件。

从国际区域角度来看，对于区域金融规则的探索和建立主要围绕区域金融服务规则和区域金融体系建设两个方面展开。

第一，在区域金融服务规则方面，其主要表现在金融服务贸易方面，制定相应的规则主要在于金融服务贸易领域对自由化和金融安全规则的需求。在20世纪80年代末，各国就纷纷开始展开对区域金融服务贸易规则的探索，如《美加自由贸易协定》中关于金融服务的章节。但在多边框架下，由于各国金融业发展水平不同，多边金融服务贸易规则发展缓慢，且由于各国金融监管模式并不相同，使得多边框架下的金融服务贸易规则容易出现“碎片化”问题，从而导致全球金融治理效率缺失。因此，在区域框架下构建金融服务规则成为促进各国间实现高效金融合作的重点途径。目前全球对于区域金融服务规则的探讨主要分为两种类型：一种是“北美自由贸易协定”型，另一种是“欧盟金融服务指令”型。前者是在《美加自由贸易协定》的基础上形成的，并且在模式和规则等方面所作出的尝试为之后美国主导下的区域贸易协定和双边投资协定提供指导；后者是在《罗马条约》、欧盟银行服务指令以及欧盟保险服务指令的基础上形成。[①]

第二，在区域金融体系建设方面，其主要反映的是区域金融监管制度的

① 欧盟银行服务指令主要包括《关于取消对银行和其他金融机构设立和提供服务自由之限制的指令》《关于协调有关信用机构设立和经营的法律、规则和行政规章的理事会指令》《自有资金指令》《并表监管指令》《存款保证计划》等；欧盟保险服务指令主要包括《关于协调有关从事直接人寿保险业务的法律、条例和行政规章的理事会指令》《关于协调有关从事非人寿保险的直接保险业务的法律、条例和行政规章的理事会指令》等。

建立，而这一行为的背后是金融地区主义。所谓金融地区主义，主要指地缘相邻的国家之间通过协商合作共同构建起来的一套区域性金融合作机制与规则，其目的一方面是促进域内各国在货币金融领域内的合作，促进区域金融发展；另一方面是补充国际货币金融治理机制，防范和应对全球或区域金融危机。

早在20世纪50年代，区域金融主义就已开始发展，如成立于1950年的欧洲支付同盟(The European Payments Union)。并且从20世纪90年代之后，以欧元区建立为代表的区域金融安排不仅在规模上不断扩大，还发生了本质性的变化，这也使得金融区域化和金融地区主义逐渐成为全球金融治理过程中的一个重要发展趋势。具体来说，目前全球对于区域金融体系建设方面的探索方式主要有两种：一种是建立区域金融机构，另一种是制定各类区域金融安排。其中，区域金融体系建设目前已取得了较为显著的成果，例如在欧洲，由于其经济一体化水平较高，因此已经形成了较为成熟的区域金融体系，主要由欧洲复兴开发银行(European Bank for Reconstruction and Development，EBRD)、欧洲投资银行(European Investment Bank，EIB)和欧洲中央银行(European Central Bank，ECB)构成。各个国际区域不仅结合自身发展情况，在域内建立起有规模的区域金融机构，这些机构更是在全球和区域金融危机等全球重大突发事件中发挥了重要作用，提升了国际区域应对危机的效率。相比之下，区域金融安排更多地倾向于一种制度性建设。近年来，各国积极探索区域金融制度建设的主要原因在于以IMF为核心的全球金融治理体系在治理金融危机时的表现不尽如人意(一方面在于IMF的贷款资源不够充足，另一方面在于使用IMF贷款的条件较为苛刻)，且各类经济体在IMF中的份额权重结构失衡，发达经济体所占权重相对较高，而新兴经济体所占权重与其在全球经济中的占比并不相称。因此，为了建立更安全可靠的国际收支保险机制，各国在国际区域内寻求区域性的金融安排，如《清迈倡议》(Chiang Mai Initiative)、拉丁美洲储备基金(Latin American Reserve Fund，LARF)、安第斯储备基金(Andean Reserve Fund，ARF)、欧洲稳定机制(European Stability Mechanism，ESM)等。通过区域金融安排，域内国家间形成金融合作机制，各国部分储备被汇集在一起，形成“区域性储备池”，提高了区域储备的充足性，从而在共担金融风险的同时促进互惠性金融合作。此外，相对于多边金融安排，区域金融安排所涵盖的成员数量相对较少，域内各国常具有相似的利益追求，这可以使区域金融安排在实际运转中所面临的阻碍因素相对较少，有利于提升国际区域金融治理效率。

三、推动区域发展合作

无论是对于全球经济发展还是国际区域经济发展来说，发展都是各国最为关心的核心问题之一。解决贫困问题是发展治理最为重要的议题，但随着全球经济的发展以及各国市场的对接，发展治理的范围不再仅仅局限于此，还拓展到环境、基础设施网络构建等方面。从全球层面来看，虽然经济全球化有利于全球资源配置效率的提升，但市场机制很难解决全球分配和发展不平衡的问题，因此发展治理就显得尤为重要。

以联合国为核心的全球发展治理体系在消除贫困、促进可持续发展等方面已作出了许多努力，也取得了诸多成果。[①] 然而，长期以来，关于发展问题的话语权和国际制度的制定权都牢牢掌控在发达国家手中，虽然在2008年金融危机之后，发达国家的影响力有所减弱，但广大发展中国家仍处于被动跟随状态，这也导致了全球发展治理体系效率的降低。因此，在国际区域中建立基于发展合作的规则制度、促进区域成员的发展已成为新的热点话题。

（一）贫困与援助

自二战后国际经济体系建立以来，在全球范围内实现减贫并提升民众经济福利水平一直是世界面临的重大难题，对于国际区域来说亦是如此。在这方面，基于发展合作的规则探讨往往是在区域性多边开发银行的基础上进行的。除了上文所说的欧洲复兴开发银行外，目前在亚洲已建立亚洲开发银行（Asian Development Bank，ADB）、金砖国家新开发银行（New

---

① 从1961年到2000年，联合国实施了四个发展十年战略（第一个发展十年：促进发展中国家国民经济总量的增长；第二个发展十年：争取建立国际经济新秩序；第三个发展十年：确认发展权为不可剥夺的人权；第四个发展十年：实施可持续发展战略）；2000年，联合国制定了“千年发展目标”（Millennium Development Goals，MDGs）；2015年，为接替“千年发展目标”，联合国进一步通过了《2030年可持续发展议程》（Transforming our World：The 2030 Agenda for Sustainable Development）。参见王明国：《全球治理引论》，世界知识出版社2019年版，第288～292页。

Development Bank,NDB);目前在非洲已建立非洲开发银行集团(African Development Bank,AfDB),其涵盖非洲开发银行、非洲开发基金(African Development Fund,ADF)、尼日利亚信托基金(Nigeria Trust Fund,NTF);在美洲,目前已形成由美洲开发银行(Inter-American Development Bank,IADB)为主导,并由中美洲经济一体化银行(Banco Centroamericano de Integración Económica,BCIE)、拉丁美洲开发银行(Banco de Desarrollo de América Latina-CAF)、加勒比开发银行(Caribbean Development Bank,CBD)共同构成的区域金融体系。这些区域性多边开发银行扮演了"中间人"的角色,一方面,区域性多边开发银行通过在国际资本市场上进行借款以及援助国的捐助,扩大区域资金规模;另一方面,区域性多边开发银行将资金转贷给域内的发展中借款国政府,同时也进行优惠贷款、赠款以及技术援助。此外,随着近年来中国、印度等发展中国家实力的不断提升,其逐渐成为区域发展援助的主要提供国,这不仅为国际区域发展治理提供了更多力量,也提升了发展中国家在发展治理中的国际话语权。

(二)环境与可持续发展

从地理角度来看,国际区域之间的资源具有相通性和共有性,科学合理地使用资源不仅可以使国际区域的资源配置效率最大化,也可以在很大程度上保护环境,但如果出现资源过度开发或域内国家由于资源开发而导致摩擦和争端等问题,不仅资源和环境会受到破坏,国际区域乃至世界秩序也会受到一定冲击。因此,为了促进国际区域的可持续发展,需要制定相应规则机制,对资源、环境和可持续发展项目进行综合治理。目前各区域主要建立委员会,采取制定公约和协定等实践方式,并通过设置一系列相关政策、行动方针和行动目标,对域内各国的行为形成约束。例如,在环境治理方面处于全球领先地位的欧洲,布伦特兰委员会(Brundtland Commission)发布的《我们共同的未来》(Our Common Future)报告成为欧洲促进可持续和公平的环境发展的基础,并相继推出一些泛区域规划目标,同时出台了如《欧盟水资源框架指令》(Water Framework Directive)等措施,改善欧盟成员国和候选国的环境政策。即便在经济发展较为落后的非洲,也制定了相应的机制以促进区域环境治理,如《阿比让公约》(Abidjan Convention)(亦称《合作保护和开发西非和中非区域海洋和沿海环境公约》)、非洲部长级环境会议(African Ministerial Conference on the Environment,AMECN)、《非洲自然与自然资源保护公约》(African Convention on the Conservation of Nature and Natural Resources)等。

(三)基础设施网络建设

基础设施的建设与完善是促进一国、区域乃至世界分工体系高效运转的重要保障,供应链的维护和升级离不开对基础设施网络建设的投入,因此进入21世纪以来,促进基础设施网络建设不仅成为国际区域发展的重要内容之一,也成为国际区域内国家间进行发展合作的新型模式。但由于域内各国之间基础设施条件各不相同,建设标准也有所差异,这导致在进行区域内基础设施建设投资过程中存在风险和不确定性,因此需要在国际区域内设置基于基础设施网络建设的规则并进行治理。

对于基础设施网络建设的治理可以从融资机制和风险防范机制两个角度展开。以中国提出的"一带一路"倡议为例,该倡议目前在基础设施网络建设方面一直走在世界前列。在"一带一路"框架下,形成了以亚洲基础设施投资银行(Asian Infrastructure Investment Bank,AIIB)、丝路基金(Silk Road Fund)、中国—东盟投资合作基金(China-ASEAN Investment Corporation Fund,CAF)、商业银行间的区域化合作所形成的融资机制。在该机制下,大量中长期投资项目纷纷落地,不断完善区域内的基础设施网络。此外,为了控制和防范国际区域内可能产生的政治安全、投资者保护机制缺位、监管等风险,在设立融资机制的同时也需要构建风险防范机制。一般来说,可以在上述区域性金融机构和投资基金内部,通过设置风险防范目标要求、协同各国投资立法、完善投资基金内部管理法律机制、构建投资者保护法律机制、创新法律监管模式等方面形成相应的基础设施投资风险防范机制。

第三节　中国参与国际区域经济治理

中国对于国际区域经济给予高度的重视,中国既是区域经济发展的受益者,也是国际区域经济治理的参与者。

一、参与和推动国际区域经济构建

自改革开放以来，中国一直积极参与国际分工，经过不断努力，在世界经济中的地位得到大幅度提升。在中国加入 WTO 以后，把参与和推动区域经济合作与治理作为重点。

中国是一个地缘区域大国，亚太、东亚和周边地区是对外经济联系的重点，通过参与和推动区域合作，加深与这些地区的经贸关系，并以此为基础，打造中国直接参与的区域经济圈。同时，通过参与国际区域合作与治理，可以为中国扩大对外开放提供机会，通过参与区域合作议程和规则制定，可以推动国内经济体制改革，使中国经济体制和法规与国际区域经济实现深度对接。中国实施改革开放政策，旨在推动构建新的经济体制，加强与世界和区域经济的联系，使中国经济获得新的发展动力。事实上，中国参与国际区域经济合作与治理，不仅限于直接的地缘国际区域，也体现在积极参与和推动其他国际区域的合作与治理。比如，对非洲、拉美地区的参与，就构建了多层次的合作关系，这不仅对于中国扩大对外经济关系起到重要作用，而且也为推动当地经济发展作出积极贡献。

当然，中国积极参与和推动区域经济合作与治理，也有综合的战略与利益考虑。比如，东亚和周边地区是中国的地缘连接区域，有着政治、安全、经济、社会文化综合利益，既是地缘区域利益重点，也是综合战略重点。中国参与和推动区域合作机制，对于构建稳定、开放、安全与合作的地缘综合环境具有重要的意义。除此之外，该地区关系复杂，存在不少与中国直接关联的矛盾和争端。面对这种情况，除了通过双边关系进行处理外，推动区域合作，加强国际区域治理，缓和矛盾，改善关系，创建良好的区域综合环境无疑是重要的选择。

具体来说，中国所在的经济区域可以分为三大类：一是由周边直接接壤的国家和地区形成的经济区域，如东北亚地区、东亚地区、中国—东盟连接等；二是在“泛周边地区”内形成的经济区域，如亚洲、亚太地区等；三是在距离较远的跨地区国家之间形成的经济区域，如金砖国家、“一带一路”沿线国家等。中国目前参与和推动的诸多国际区域经济治理也主要围绕这些地区展开。

在近邻周边地区，中国参与和推进的区域经济合作治理的组织、机制主要包括图们江地区次区域合作组织（Subregional Cooperation Organization For Tumen River Area）、"10+3"机制（即东盟10国加中国、日本、韩国）、上海合作组织（Shanghai Cooperation Organization，SCO）、澜沧江—湄公河次国际区域经济合作等。

图们江地区次区域合作是中国积极推动构建的国际区域经济合作机制。1995年，中国与俄罗斯、朝鲜签订了《关于建立图们江地区开发协调委员会的协定》；同年，中国、俄罗斯、朝鲜、韩国、蒙古签署了《图们江经济开发区及东北亚地区环境准则谅解备忘录》；2009年，中国政府出台了《中国图们江区域合作开发规划纲要——以长吉图为开发开放先导区》，推进了中蒙大通道建设。在此基础上，东北亚地区先后形成了中俄朝珲春—哈桑—罗先边境经济合作区，中、俄、朝、蒙图们江次国际区域经济技术贸易合作区等。

中国—东盟自贸区是中国积极推动建立的首个具有次区域性特征的自贸区。中国与东盟国家地缘连接，并且与双方的广泛经济合作结合起来，特别是互联互通项目，构建了次区域经济治理的稳定框架与合作项目。在东亚，中国利用1997年亚洲金融危机后建立起来的东盟与中日韩（"10+3"）对话合作机制，率先提议在该框架下建立央行、财长对话机制。2004年，中国领导人提议牵头对东亚自贸区进行研究，并组成由13个国家专家参加的"东亚自贸区可行性研究"小组，提出研究报告。2007年，中国提出建立东亚外汇储备库的建议等，积极参与基于区域货币合作的"清迈倡议"。与此同时，中国还积极参与和推动东亚共同体的建设，由中国专家参加的东亚展望小组提出了关于构建东亚共同体的报告，中国政府给予了大力支持。建立东亚共同体的构想旨在打造东亚区域以经济治理为重点的综合治理，维护东亚地区的长久和平发展。尽管该构想的落实遇到障碍，但是，推动构建东亚共同体的努力一直没有放弃，后来提出关于东亚经济共同体、命运共同体的倡议。2012年，东盟决定牵头谈判RCEP，中国给予积极的支持，并且在谈判中发挥了重要作用。RCEP的建立统合了东亚地区分散的自贸区，构建了基于规则的区域市场，协议中制定了较高水平的规则，涉及诸多新领域，为东亚区域经济创建了发展的新动能。中、日、韩作为东北亚次区域经济的支柱，经济关系密切，中国一直积极推动三国的合作对话机制建设，推动三国自贸区的谈判。尽管在推动中遇到不少困难，但是中国一直与日本、韩国保持合作，推动自贸区谈判和三国领导人对话合作机制及在此机制下的多层对话与合作机制，以推动东北亚次区域经济治理的进程。

上合组织是中国直接推动建立的次区域组织，尽管其合作与治理的重点领域是安全，但是经济合作与治理议程也越来越多地被纳入该组织的合作议程，特别是区域互联互通网络构建，已经成为合作的重点。中国与中亚地区有着地缘连接优势，经济互补性强，通过合作治理，改善区域经济发展的环境，对于推动中国—中亚经济区域的发展具有重要的意义。同时，中亚地区还是中国通往欧洲的通道，对于中欧班列畅通和安全运行至关重要，构建可持续的大通道网络，是各方加强经济治理的重要内容。

亚太地区是中国对外经济关系的重点，中国作为 APEC 的成员，在推动亚太区域经济治理中发挥着重要的作用。中国是“茂物目标”规划的积极参与者，支持 APEC 开放的地区主义治理方式，大力推动 APEC 框架下的贸易自由化和便利化以及推动经济技术合作。中国积极倡导和推动 APEC 框架下的 FTAAP 建设，2014 年在北京召开的 APEC 领导人会议上，中国领衔制定了构建 FTAAP 的《北京路线图》，并承诺牵头对落实路线图进行联合研究。在 APEC 的发展受到美国政策影响的情况下，中国一直坚持 APEC 作为亚太地区经济治理主渠道的原则，支持制定“2040 建设亚太共同体”的规划。

此外，中国还积极参加“亚太贸易协定”①，参与和推动构建具有区域性经济治理功能的论坛，如亚欧会议、中国—非洲论坛、中国—拉美论坛、中国—太平洋岛国论坛等，就相关经济合作与治理问题开展对话，推动合作项目。

总的来看，尽管中国参与的国际区域经济治理合作主要是在构建开放的和基于规则的区域经济市场方面，但中国也积极参与其他方面的经济治理合作，特别是在推动区域经济综合发展、构建互联互通网络等方面，发挥

① 其前身为“曼谷协定”(First Agreement on Trade Negotiations among Developing Member Countries of the Economic and Social Commission for Asia and the Pacific)，是在联合国亚太经社理事会支持下于 1975 年在曼谷签署的，参加的国家有孟加拉国、印度、韩国、斯里兰卡、老挝、菲律宾和泰国，2005 年进行修订，改为“亚太贸易协定”，中国于 2000 年加入，是中国加入的第一个区域性贸易协定。

着重要的作用。

二、参与国际区域经济治理的主要方式

中国参与国际区域经济治理的方式主要分为两大类：一是制度构建，即签署具有法律效力的协议，主要是自贸区协议，通过制度构建，推动区域市场开放，制定共守规则，促进区域经济的良性发展；二是非制度性合作议程、项目、论坛等，主要是通过协商达成合作治理的共识，设定合作治理的议程，解决区域经济发展中的问题，改善区域经济发展的环境。

中国作为一个发展中国家，在参与国际区域经济的治理中通过参与谈判和制度构建，不断提升自身的经济水平和能力，特别是在自贸区构建中，由于和发达经济体一起参与，无论是在开放水平还是在规则制定方面，都是一个学习和提升的过程，这为本身经济的发展进步提供新的动力，也使本国企业在高标准和规则下进行竞争。开放和基于规则的区域市场为中国企业扩大经营，参与和推动构建供应链网络提供更大的机会。事实上，国际区域经济治理是一个互动进程，这既体现在政府在规划议程、制定规则的互动上，也体现在企业、社会的参与互动上。正是这种互动，才为区域经济的发展提供了不断创新的发展动力。

中国作为世界第二大经济体，在参与和推动区域经济治理中也积极主动提供理念、资金和技术投入，并且在一些方面发挥着重要的引领作用。在理念上，中国倡导包容与合作，合作共赢；在投入上，中国推动签署共建“一带一路”合作协议，推动建立亚洲基础设施投资银行，设立合作基金等。特别是在推动构建互联互通交通设施网络、通信网络方面，中国不仅是倡导者，而且是最为重要的实践者。

国际区域经济治理是一个合作共治的进程。对中国来说，既是受益者，也是贡献者，一方面在参与中改变、提升自己，拓展利益空间；另一方面在进程中提供更多的公共产品，在一些方面发挥引领作用。但是，国际区域经济治理的共治存在诸多困难，需要不断克服，以保持治理的连续性。由于国际区域各国在政治、经济、社会文化上的差异，在共治上达成共识和采取有效合作行动的难度很大。同时，对于中国这样一个大国的参与和行动，其他国家也存在不少疑虑、怀疑，且由于国际区域经济区的构建和治理存在政治、

战略、利益上的博弈(这些博弈既有来自区域内部的,也有来自区域外部的),因此使得其他国家的疑虑和怀疑既有认识上的、利益上的,也有战略上的。像美国在对华战略竞争战略下推出的印太战略,就具有很强的战略博弈设计。以战略博弈推动构建的区域框架和以地缘连接构建的区域框架是不同的,前者具有排斥性,而后者具有包容性,二者的交叉矛盾必然产生复杂的影响。

第九章　国际区域经济治理的实践

经济区域化有其自身发展的内在逻辑，但是，其发展离不开政府的推动以及企业和社会的参与。国际区域经济治理是区域经济发展制度构建、规则制定和参与各方以合作的方式进行应对和解决的进程，治理推动国际区域经济发展的障碍减少，发展的环境改善，使各方从参与中受益。但是，基于复杂的原因，世界不同国际区域的经济治理存在很大的差别，有的发展得好，有的进展缓慢，有的甚至没有发展起来。

第一节　欧洲的实践

以欧盟为核心的欧洲区域合作取得的成效最为显著，经济治理的实践为国际区域经济治理提供了宝贵的经验。如今，欧盟已经把欧洲大部分国家吸纳为成员，成为欧洲经济的核心。

一、欧洲经济治理合作的发展

欧洲区域治理经历了一个由分散逐步走向统一，由单向逐步扩展的历程。1944 年，比利时、卢森堡、荷兰三国建立了关税同盟，1958 年提升为经济联盟，扩大了经济合作治理的范围和深度，实现了三国间的商品、资本、服务、人员的自由流动。1951 年，比利时、卢森堡、荷兰和法国、德国、意大利成立欧洲煤钢共同体，对成员国的煤炭和钢铁生产实行统筹管理。1957 年，上述国家依据《罗马条约》建立了“欧洲原子能共同体”和“欧洲经济共同体”。1967 年，依据《布鲁塞尔条约》(Brussels Treaty Organization)，这三个组织合并，形成统一的“欧洲共同体”。

构建经济共同体是欧洲共同体的基础，其主要目标是建立一个货物、人员、资本可以自由流动的统一市场。经过多年的发展和数次扩张，欧共体于1985年正式确立了建立欧洲统一大市场计划，1987年开始依据《单一欧洲法案》(Single European Act)，通过采取近300项改革措施，消除欧洲共同体内的贸易、技术和财政壁垒，促进地区内商品和要素的自由流动，最终于1992年基本建立了欧洲统一大市场。

1992年，对于欧洲具有深远意义的《马斯特里赫特条约》签订，相比于《罗马条约》，《马斯特里赫特条约》将欧洲联合的目标从经济贸易共同体拓展到建立一个包含贸易、货币、对外经济政策、司法与社会性事务等领域并且深度合作的联盟。尤其是条约关于货币方面的规定，更是为把欧洲国际区域经济发展和治理提升到一个新高度而奠定了坚实的基础。随着1993年《马斯特里赫特条约》的正式生效，"欧洲共同体"正式被"欧洲联盟"所取代。1994年，欧盟与欧洲自由贸易联盟(European Free Trade Association，EFTA)共同成立了欧洲经济区(European Economic Area，EEA)。欧洲两大区域性组织的合并，实现了地区内商品、劳务、资本、人员的自由流动，这也标志着欧洲经济联合迈出了实质性的一步。1999年，在欧盟再次扩大之后，欧元开始正式启动，并于2003年正式确立为欧元区国家唯一的法定货币。

进入21世纪，欧盟又经历了多次扩张，吸纳了包括保加利亚、斯洛伐克、斯洛文尼亚、拉脱维亚、爱沙尼亚、匈牙利在内的诸多中欧和东欧国家。虽然2017年英国脱离欧盟，但欧盟的发展没有受到根本性的影响。

欧洲区域经济合作治理的发展有着强烈的政治动机，即通过合作实现区域的和平与发展。欧洲历史上战争不断，以构建区域合作机制来制止战争，以合作来推动经济发展有着强烈的政治和社会支持基础。两次世界大战成为催生区域合作机制构建的加速器，冷战的结束为欧盟扩大打开了大门，使其成为容纳欧洲大多数国家的区域组织。尽管超国家的区域经济治理会遇到民族国家为主体的红线，在发展进程中会产生矛盾，但区域合作治理的基本理念与行动不会发生逆转，欧盟在应对各种挑战，为成员国提供更好发展环境的作用只会加强。

二、欧盟的区域经济治理机制

欧盟作为区域合作组织，具有合法的存在和发展基础，同时，也具有在区域组织内建立职能机构，制定区域治理规则和实施区域治理行动的权力。随着欧洲区域合作组织的深化与扩大，特别是欧盟的建立，区域治理的机构、治理的领域和相关规则的制定等都得到很大的发展。

欧盟是有多层机构组成的区域治理体系，各机构行使相应的职能。从上层结构看，主要包括欧洲理事会、欧盟理事会、欧盟委员会、欧洲议会、欧洲法院、欧洲审计院、欧洲中央银行、欧洲投资银行。其中，欧洲理事会是欧盟最高决策机构；欧盟理事会既是欧盟最重要的决策和立法机构，又是具有政府间性质，代表成员国利益的机构；欧盟委员会代表了欧盟整体的利益；欧洲议会不仅拥有共同立法权，也是参与欧洲政策制定的重要机构；欧洲法院是欧盟最高仲裁机构，并负责维护欧盟所有决议的执行；欧洲审计院负责审查欧盟收支情况，确保欧盟财政的正常管理；欧洲中央银行是欧元体系的核心，主要负责欧元区的金融及货币政策；欧洲投资银行负责利用国际资本市场和欧洲经济共同体的内部资金，维护共同体的平稳发展。

欧盟运行的基础是共同的法规政策。在经济治理方面，其共同法规政策包括共同农业政策、竞争与工业政策、运输政策、共同货币和财政政策等。按照这些规则和政策，各成员禁止使用关税、数额限制以及具有类似作用的各类措施，设置壁垒，以保证商品、劳务、要素可以在各成员之间自由流动；各成员要建立与欧洲市场相关的相近法律法规条款，不给商品流动过程限制边界，从而在制度层面促进商品、劳务、要素在欧盟内部自由流动；各成员不得采取有限制区域内开放竞争作用的商业活动、垄断行为和政府补贴等措施，以维护欧洲统一大市场的良好营商环境；各成员采取共同的对外关税政策，不能实行独有的价格优势进行对外贸易，以保证欧盟市场营商环境的公平性。[①]

欧盟之所以可以在经济一体化以及区域经济治理的道路上取得较为显著的成就，离不开欧盟成员基于共识的合力推进。尽管欧洲合作的进程有

① 参见全丽阳：《国际区域经济合作研究》，中国纺织出版社2020年版，第121～123页。

着诸多障碍,成员之间在许多问题上存在分歧,但是经过协商,最后总能达成共识,使进程能够前行。欧洲合作进程受到多种力量的驱动。区域认同是一个重要的基础,这包括文化认同的基础和对区域联合的认同。走区域联合的道路既是理念的认同,也是历史经验积累的认同。这是在不同国家有着不同利益和战略考虑的情况下能够达成妥协与共识的重要原因。此外,外部压力(其中主要是冷战导致的欧洲分裂和发生新的战争的威胁)促使西欧国家“报团取暖”,通过联合加强竞争力和对抗力。

欧洲共同体转变为欧盟是欧洲区域治理的一个重要进展,最为重要的是提升了欧洲的整体性,使区域组织具备了“法人地位”,使超国家区域治理具有合法权力的效能,使欧盟国际区域经济体现出整体性的特征。然而,欧盟的超国家治理体系构建与运行存在诸多矛盾,主要集中在以下几个方面:其一,国家本位与超国家区域制度构建的矛盾,这是最基本的。各成员参与欧盟超国家治理的底线是不从根本上动摇国家为治理的基础,而欧盟区域治理则要求最大限度的治理权。同时,国家是具有法人地位的本体,而欧盟也是具有法人地位的区域组织,二者之间需要维护各自法人地位的平衡。欧盟的决策是代表欧盟整体,而各成员国是代表不同利益的个体,整体与个体之间需要维护代表性的平衡。因此,国际区域内超国家的治理是一种国家职能的超越,但实质上是一种国家职能的延伸。从这个意义上说,国际区域治理是具有新性质与新职能特征的治理构建。但是,由于担心超国家的权力缺乏监督和制约,关于欧盟执委会权力运用的非民主性问题一直成为讨论的话题。其二,国家利益与区域利益之间存在差别与矛盾,任何国家都力图使本国利益最大化,在参与上以少的妥协获取多的受益,因此国际区域的治理存在利益的博弈,如果不能实现博弈中的相对均衡,则会发生治理的危机。比如共同农业政策,因为各国农业发展的不平衡,一直存在付出和收益不均衡的矛盾。其三,公民在身份与利益上存在双重性,即欧盟身份提供公民分享统一大市场提供的超国家身份和利益(就业、创业等),但国家身份是公民权利和基本利益的保障,在民族、文化、历史等方面,国家利益认同超越区域认同,民族主义势力都具有很强的反对欧盟超国家权力的取向。

欧盟的快速扩大增加了欧盟区域治理的成本,特别是面对变化的内外经济环境,使得欧盟的区域经济治理出现诸多问题,并面临严峻的挑战。

2008年全球金融危机以及随后的欧洲债务危机，导致欧洲区域经济治理机制中的一些问题和缺陷逐渐凸显。比如，货币政策与财政政策分离，即欧元区只是一个货币联盟，而没有财政与转移支付联盟，也没有一个能作为最后贷款人的中央银行；危机预防与管理机制缺失，主要监管权力和责任归于成员国监管机构，呈现离散特征，未能形成统一的监管规则；欧元区在危机前并没有区域层面的危机应急机制和应对工具，因此成员国在没有外部支持的条件下需要独立应对危机的冲击；还有资本市场发展滞后，危机将欧洲由银行间接融资主导、资本市场发育不良的金融体系的弊病暴露无遗。这些问题使得欧盟经济陷入长期缓慢增长的局面，而日益加剧的经济社会问题为右翼民族主义势力上升提供环境，加上英国脱欧等造成的综合影响，使得欧盟的区域经济治理面临前所未有的挑战。

第二节 北美的实践

美国是世界第一大经济体，其一直积极推动构建以自身为中心的北美经济区，并对区域经济进行治理。北美区域经济治理的主要方向是构建高度开放的区域市场，构建区域内的生产分工供应链。

一、北美国际区域经济发展

早期，主要是美国和加拿大开展双边的经济合作，先后签署《加美互惠条约》《美加汽车贸易协定》和《美加自由贸易协定》。1992年，美国、加拿大和墨西哥签署三国自贸协定（1994年生效），成为当时全球最大的自由贸易区。自贸协定的签订也标志着北美在国际区域经济建设和发展过程中迈出了重要一步。北美区域经济治理的主要方式是推动区内高标准的开放，通过制定严格的区内原产地规定，促进区内要素资源的流动和供应链网络发展。三国不实行统一的对外关税，各自进行单独的管理。由于三国农业差别大，不具备统筹开放的条件，因此需要在双边基础上进行单独安排。

尽管《北美自由贸易协定》大大促进了相互间的贸易和投资，构建了基于优势分工的产业供应链，但由于美国和墨西哥存在很大的比较优势竞争环境，这使得美国的大量生产向具有低成本优势的墨西哥转移。理论上来说，美国应当会在利用墨西哥低成本市场的过程中得到好处，但产业转移所导致的就业减少，还有农业补贴导致的问题等，一直成为美国国内的政治和社会问题。因此，美国国内对于重新谈判《北美自由贸易协定》的呼声一直不减。2018 年，在美国推动下，三国重新签订了基于双边的新协定。新协定的特点是美国分别与加拿大和墨西哥谈判达成共识，大幅度修改了与墨西哥的协定内容，签署了《美墨加协定》，取代了原有的《北美自由贸易协定》，改变了三国统一规则的基本原则。

北美区域经济区的构建有其天然的基础，即地缘基础和美国巨大的经济连接力，但也有区域间竞争的政治考量。其中，欧洲统一大市场的建立，促使美国加快构建以己为中心的区域经济治理框架。以此为战略考虑，美国还推动了亚太和美洲区域经济构建。1993 年。美国推动的 APEC 非正式领导人会议在美国召开，会议就推动建立开放的亚太经济区达成共识，此后由美国专家领衔的 APEC 名人小组提出关于构建亚太区域经济区的报告，为此制定了实现开放与合作的亚太经济区的“茂物目标”。不过，原定 2020 年实现的“茂物目标”没有落实。[①] 1994 年，美国推动构建以美洲国家组织为基础的美洲自贸区，34 个成员先后进行了多轮谈判，由于分歧太大，最终被搁置。

二、北美国际区域经济治理机制

北美区域经济治理的方式与欧盟不同，其所依托的是自由贸易协定中的各项条款，区域经济治理较少涉及政治方面的议题。北美自由贸易区的目标主要在于通过取消美加墨三国间的关税与非关税壁垒，改善区域经济发展环境，为商品自由流动创造有利条件，有效发挥各国间的互补优势，促进各国之间的贸易和投资往来，从而深化区域内的生产分工，加强对相关产业链、供应链的构建。

北美国际区域经济治理机制主要从以下几个方面发挥作用。第一，通

---

① 按照原定共识，到 2020 年应建成开放的亚太大市场，但该目标并没有实现。APEC 领导人会议在 2010 年提出构建 FTAAP，该自贸区构建是通过谈判完成进程。但是，该提议有应对美国推动的 TPP 的意图，因此，美国对构建 FTAAP 不感兴趣，而是着力推动 TPP 构建，TPP 于 2015 年达成协议，但 2017 年特朗普执政后宣布退出。

过不断降低美加墨三国间的数量限制以及各类关税和非关税壁垒，提升北美区域的市场开放水平，通过不断降低市场准入条件、提供准国民待遇等方式，放宽投资的限制，包括直接投资和间接投资领域；第二，设立争端处理机制，涉及反倾销、反补贴、劳工争议、环境保护等领域[①]，当出现问题或争端时，三国可以通过协定中的争端解决机制进行调解和仲裁；第三，通过设立行政和监督机构，加强对自贸区构建的监管，如设立北美自由贸易区委员会、秘书处、各类专家组和工作组（环境委员会、边境合作委员会等），这些机构不仅可以监督区域内的贸易情况，也可以研究和解决一些专业领域内的问题，从而提高区域经济治理的效果；第四，从多维度协同治理，除了贸易和投资外，区域经济治理也涉及其他更大范围的合作领域，包括服务贸易、知识产权保护、政府采购、数字贸易、中小企业、自由竞争、反腐败、宏观经济政策与汇率事项等。

北美国际区域经济治理方式与欧盟有较大的不同，域内国家之间巨大的发展鸿沟使得在国际区域经济合作过程中，发展程度不同的国家的需求也相差较大，因此北美国际区域经济治理过程也会呈现出不同的特征。

北美国际区域经济治理具有"南北型"共参、共治的特征，但美国起着主导作用。在区域经济关系上，具有显著的非对称相互依赖关系，这使得美国拥有引领、主导与垄断议程的地位，美国不仅是建立北美自由贸易区的倡导者，也是自贸区在运行过程中的领导者和规则制定的把控者。[②] 当然，加拿大和墨西哥借助美国的区域市场平台获得了利用美国市场和参与供应链的机会，在规则制定谈判中也并非完全屈从，会基于自身的利益讨价还价。

北美国际区域经济治理并不涉及成员国家主权的让渡，仅是依据相关协定履行相应的义务，并享受应得到的利益。这一特征使得治理过程并不会干涉各国的政策制定，治理目标也更加单纯。虽然不存在主权让渡，但《北美自由贸易协定》和《美墨加协定》的约束力规范着区域内的经贸关系，

---

① 其中，《北美环境合作协定》（North American Agreement on Environmental Cooperation，NAAEC）确立了环境争议解决机制，《北美劳工合作协定》（North American Agreement on Labor Cooperation，NAALC）确立了劳工争议解决机制。

② 例如，在2003年，墨西哥曾要求修改涉及农业条款中对玉米和豆类作物的规定以及有关赋予投资者特殊权利的条款，但遭到了美政府的拒绝。参见杨志敏：《北美自由贸易协定重新谈判的政治经济学分析》，《西南科技大学学报》（哲学社会科学版）2017年第6期。

此外也建立了不少协商机制，包括贸易委员会、秘书处、咨询机构、仲裁法庭、保护仲裁法庭的程序特别委员会等，这使得当美加墨之间出现摩擦和冲突时，可以进行有效的协调。

北美国际区域经济治理主要集中在区域市场的开拓与整合上，通过基于规则的市场构建，充分发挥美国、加拿大和墨西哥三国经济结构、发展水平和资源要素不同提供的市场机会，三国间的产业链既有水平分工，也有垂直分工。美国与加拿大更多地体现为水平分工，与墨西哥更多地体现为垂直分工，因此，区域经济治理的目标是如何通过高规则制定，畅通要素资源流动，提升经济运营效率，降低流动成本。不过，由于美国处于科技、制造的绝对优势地位，美国公司从区域经济治理中获得的利益最大。

北美区域经济治理的优势是美国一家独大的经济和很强的治理能力，包括规则制定，起主导作用的产业和技术，以及强有力的监管能力。但是，在开放的市场空间内，有些优势也可以变为劣势。比如，由于墨西哥劳动成本低，大量劳动密集型生产环节从美国转移到墨西哥，尽管转移有利于产业获得更大的发展空间，但也会导致美国产生“产业空心化”，导致一些地区成为破落的“铁锈地带”，从而导致就业减少、经济发展水平下降。这正是美国政府要重新谈判北美贸易协定，对墨西哥在生产、劳动力等方面设置“护栏”的原因。同时，美国对农业的补贴也伤及其他国家的农业生产。因此，区域经济治理与发展的可持续需要加强各方的合作，寻求利益平衡点。

第三节　亚太的实践

亚太作为一个特殊的跨地缘经济区，其发展主要依靠东亚与北美经济区的连接。基于加强和便利经济联系的共同认知，各方积极参与和推进区域经济的治理。区域经济治理依托 APEC 合作机制，以目标和议程推动，采取成员自主实施与集体行动相结合的方式，创建了独具特点的“APEC 方式”。

一、亚太国际区域经济发展

亚太国际区域经济最初的成长和发展离不开美国和日本以及整个东亚

地区的经济连接。第二次世界大战结束后，由于美国的东亚战略以及东亚和北美在要素结构与产业结构上的互补，二者借助产业链和价值链布局形成紧密联系，合作规模不断扩大，亚太国际区域经济体系也逐渐开始形成。通过与美国合作，日本国内的通货膨胀得到遏制，宏观经济环境逐渐趋于稳定，且国内政策逐渐转变为出口导向型。20 世纪 60 年代开始，由于日本所处的东亚地区各经济体之间存在发展上的差距，因此在区域内存在不同的产业梯队。日本通过国际投资、中间品贸易、对外援助等方式，将部分产业向地区内其他经济体进行转移，从而在东亚地区逐渐形成以日本为“领头雁”，亚洲四小龙（中国香港、中国台湾、韩国、新加坡）等发展中经济体为跟飞雁的“雁型”梯队分工结构。东亚地区的生产与北美有着不断增强的连接，由此形成了“亚洲—太平洋”经济区域，北美向东亚地区转移产业，东亚地区向北美输送商品，区域经济由此运行循环。20 世纪 70 年代到 80 年代，日本与美国之间的竞争带来了经济摩擦，但同时，推动构建亚太区域经济治理机制的呼声也不断升高。

20 世纪 90 年代，东亚地区的经济结构发生重要转变，日本经济的引领作用下降，中国经济快速发展，东南亚国家的经济也出现快速的增长，区域内经济规模大幅度增大，各经济体间的联系进一步增强，形成以中国为中心的制造业分工与供应链网络。而这种发展进一步加强了东亚和北美之间的联系，形成具有“东亚生产、北美消费”特征的亚太区域经济连接。亚太区域获得了新的经济增长动力，贸易规模快速扩张，并且吸引着国际资本向这一区域转移。尽管 1997 年的经济危机对东亚地区的经济发展，特别是东盟国家的经济产生严重的影响，但是，亚太地区提供的巨大市场空间，尤其是中国经济发展的活力，使得区域经济在较短的时间内实现恢复。进入 21 世纪后，亚太地区的经济进入一个新的发展期。

随着亚太区域经济联系的不断加强，有关加强区域经济合作和经济治理的呼声不断增大。1966 年，日本经济学家小岛清发表了一篇名为《肯尼迪回合与太平洋自由贸易区设想》的文章，提出应当建立一个由美国、加拿大、日本、澳大利亚、新西兰组成的“太平洋自由贸易区”（PAFTA），并在区域内实现贸易自由化，这标志着环太平洋经济区的设想首次被确立。此后，一批非官方民间论坛成立，其中最具代表性的是“太平洋盆地经济理事会”

(Pacific Basin Economic Council，PBEC)和“太平洋自由贸易与发展会议”(Pacific Asia Free Trade and Development，PAFTAD)，前者成立于1967年，由域内各国企业组成，主要关注亚太区域经济合作中的各类贸易投资问题以及区域经济发展问题；后者成立于1968年，是一个学术性组织，主要关注如何在亚太区域内(主要是在美国、加拿大、日本、澳大利亚、新西兰五国)构建一个官方机制，以促进区域经济合作和发展。

20世纪80年代，由官方参加的亚太区域经济合作机制开始建立。1980年，“太平洋经济合作会议”(Pacific Economic Cooperation Conference，PECC)成立，由企业界、学界和政府代表参与组成，其宗旨是推动环太平洋地区的经济联系，加强合作，推动区域经济的发展。1992年，会议(Conference)改为委员会(Council)，成为太平洋经济合作委员会(仍简称PECC)，成立成员经济体委员会，加强其在推动区域经济合作与治理上的协商、咨询与支持的职能。1989年，由政府部长参加的亚太经济合作会议召开，成立了APEC，APEC的成立是亚太区域经济合作迈出的一大步，标志着官方正式参与和推动亚太地区的经济区构建及经济治理进程。

由于亚太地区复杂的政治经济格局和关系结构，形成一个统一的区域经济治理组织难度很大，因此，地区内存在多层合作机制，有次区域的自贸区构建，有次区域的合作组织构建，也有多种形式的经济论坛。从国际区域经济治理的角度，这无疑会造成多样性的驱动矛盾，使得统合的区域经济治理进程变得困难；但从经济发展的角度，这也可以为不同次区域的发展提供灵活的空间。

二、亚太国际区域经济治理机制

APEC是由官方推动建立的区域经济治理机制，旨在通过成员经济体间的合作构建开放的区域市场。由于APEC不是一个具有实际治理职能的区域组织，因此，所采取的是具有亚太区域特征的“APEC方式”。“APEC方式”遵从自主、自愿与协商一致的原则，落实共识合作议程靠成员单边行动和集体协调行动相结合，强调议程落实的灵活性、渐进性和开放性，奉行开放的地区主义。

推动区域贸易投资自由化、便利化和经济技术合作是APEC议程的主要内容。1993 年,APEC 首届非正式经济领导人会议签署了《亚太经济合作组织贸易和投资框架宣言》。1994 年,APEC 领导人非正式会议发表《亚太经济合作组织经济领导人共同决心宣言》,制定了以推进亚太区域开放市场为宗旨的"茂物目标"。按照该目标的设定,亚太开放市场的构建分为两步走,即发达经济体成员到 2010 年,发展中经济体成员到 2020 年实现市场开放。此后,APEC 为落实"茂物目标"先后制定了多个行动议程,包括 1995 年的《大阪行动议程》(Osaka Action Agenda)和 1996 年的《马尼拉行动计划》(Manila Action Plan)及《马尼拉行动框架》(Manila Framework)。

1997 年亚洲金融危机爆发,APEC 成员的主要努力放在应对危机上,但之后随着危机的消退,APEC 围绕"如何落实茂物目标"这一问题继续展开了诸多努力,如 2001 年在上海召开的 APEC 领导人非正式会议通过了《上海共识》(Shanghai Accord),把推进亚太市场开放,按时实现茂物目标作为共识行动。2005 年通过了《釜山宣言》(Busan Declaration),2006 年通过了《河内行动计划》(Hanoi Plan of Action)等。然而,这些实施行动并未见大的成效,特别是发达经济体成员,并没有准备按照"茂物目标"的要求在 2010 年率先实现市场开放。

亚太区域经济治理主要靠"两轮驱动",一个是推动市场开放的轮子,降低关税和非关税壁垒;另一个是经济技术合作的轮子,提升发展中经济体参与的能力。通过两轮驱动,实现区域市场开放和共同发展的目标。从贸易投资自由化和便利化的成效看,关税壁垒、对投资的限制大幅度减少。①为了推动亚太区域的互联互通,促进基于分工的价值链、供应链发展,APEC 先后制定了《APEC 贸易便利化行动计划》《APEC 营商便利化行动计划》以及《APEC 互联互通蓝图 2015～2025》《APEC 促进全球价值链发展合作战略蓝图》等文件,在推动基础设施建设、海关和边境管理、产业链与供应链、成员经济结构改革、规制合作等方面采取了诸多合作行动措施,取得了不同程度的进展,进一步促进了亚太区域的经济发展。在推动经济技术合作方面,1996 年发布《APEC 加强经济合作与发展的框架宣言》,2000 年建立了经济

---

① 如何衡量 APEC 推动区域开放的成效一直是一个有争议的问题,由于 APEC 并不制定强制性实施进程,而是议程目标引领,因此,成员经济体在市场开放上所取得的所有成效,都可以看作是参与 APEC 的成效,在指标衡量上,以总体关税、非关税降低,对投资的障碍减少来评价。

技术合作信息交流中心（APEC ECOTECH Clearing House）。2001 年 APEC 提出了《经济技术合作行动计划》，2005 年提出了经济技术合作评估体系（Assessment, Monitoring and Evaluation Framework, AME），等等。APEC 推动经济技术合作的方式主要是设立经济技术合作项目，通过多种方式进行能力建设培训，提升欠发达经济体的经济治理能力。2020 年"茂物目标"到期后，根据新的形势，APEC 一方面继续推动以构建亚太区域市场为目标的进程，如制定 2040 年建设亚太共同体的目标；另一方面，把推动科技创新、数字经济发展作为重点。

亚太地区经济治理合作基于成员经济体对利益的认同。然而，随着区域经济结构，特别是力量对比发生变化，一些成员对于合作治理的利益认同发生转变，特别是美国，对于以自愿、自主和非约束的方式并不认同，并对与中国的合作发生战略性转变，为此，美国政府推出了基于谈判和排斥中国的 TPP。尽管特朗普政府放弃了 TPP，但排斥中国、以中国为对手的战略不仅没有放弃，反而更为加强。美国在科技、先进制造业等各方面力图与中国"脱钩"，以"印太战略"替代 APEC 战略，以"印太经济框架"（IPEF）替代 APEC 下的规则。尽管美国政府没有宣布放弃 APEC，但是已经不把推动以 APEC 为框架的国际区域经济合作机制构建作为重要选项，这对以 APEC 为主轴的亚太经济合作治理进程[①]造成严重影响。

亚太区域经济的形成与发展，是二战后世界经济最为重要的发展。北美与东亚地区经济的连接，以及以此为基础的亚太区域经济治理进程，推动了世界经济区域化与区域经济治理的发展。与欧洲的区域化和区域治理不同，亚太区域提供了不同方式，为在多样性地区经济如何连接，如何推动以市场开放为目标的区域经济治理提供了宝贵的经验。但是，亚太区域在大国战略竞争背景下，基于共利的共识减少，分歧增大，推动区域合作治理的动能减弱。面对这种形势，原来设定的构建开放的亚太大市场和亚太共同

① 这些措施主要围绕构建 FTAAP 展开，包括 2010 年在东京召开的 APEC 领导人会议提出了推动构建亚太自贸区的倡议；2014 年在北京召开的 APEC 领导人会议推出了构建 FTAAP 的《北京路线图》（The Beijing Roadmap），并且决定由中国和美国牵头就落实路线图开展联合研究，提出可行性报告；2016 年 APEC 领导人会议发表了《利马宣言》（Lima Declaration）。然而，FTAAP 被认为具有反击 TPP 的意图，美国政府对其并不感兴趣，因此在 TPP 协议签署后，关于 FTAAP 的谈判进程就被搁置起来。

体的目标难以继续推进。在新的形势下，亚太区域成员需要重构共识，以使亚太区域经济治理和区域经济得到继续发展。同时，在东亚地区建成RCEP的情况下，东亚是否会在区域发展和区域治理上更具有独立性？在东亚区域经济内动力增强的情况下，是否会改变亚太区域经济结构和区域经济治理架构？这些无疑是需要进一步观察和进行认真分析的。

事实上，就区域经济治理而言，亚太作为一个区域具有其特殊性。太平洋两岸的地缘连接基础弱于经济连接的基础。地缘连接为相关国家提供了无可替代的共处意识和环境条件。在正常情况下，相互间的联系越紧密，开展合作的驱动力就越强，从而开展合作治理的需求也就越大，认同性也就越高。亚太区域经济的连接是得到特殊因素驱动的，比如二战后特殊的美日、美韩之间军事同盟关系，美国对中国的战略定位，美国的区域战略设计等。这些起着特殊作用的因素发生变化，必然影响经济关系与开展合作的意愿。从这个角度来说，亚太区域经济构建具有战略区域的含义。对于这样的国际区域经济治理如何进行定位和分析，也为国际区域经济治理研究提出了新的课题。[①]

第四节　南部非洲的实践

非洲区域经济治理有两层架构：一是整体非洲，以非盟为代表；二是多个次区域合作组织，是非洲区域经济治理的主体。南部非洲经济合作发展较早，在推动区域经济治理，实现区域经济合作发展方面取得了比较显著的成绩。

一、南部非洲区域经济合作与发展

在非洲经济发展中，南部非洲一直走在前列，该区域不仅具有丰富的资源、较为发达的农业，也已经形成了一定的工业化规模。相比于非洲其他区域，南部非洲具有良好的经济合作基础，区域内各国的合作意愿也更强。随

① 这也会涉及对其他带有战略驱动的区域经济构建(如“印太战略”下的区域经济构建)和跨区域经济连接(如北美—欧盟自贸区、东盟—欧盟自贸区构建)等的定位与分析。

着20世纪中后期安哥拉、莫桑比克等国家相继独立，众多南部非洲国家发现，通过发展经济，构建适合自身的经济秩序才能逐步实现政治和经济的真正独立。可以说，南部非洲的区域经济合作，其源头是对于反对殖民主义和政治独立的追求。1974年，"前线国家组织"(Front States Organization)成立，坦桑尼亚、赞比亚等几个南部非洲国家是该组织的核心成员，成立该组织的主要目的是推动津巴布韦反对殖民主义统治运动以及取消南非的"种族隔离制度"运动。[①] 随着组织成员数量的增加以及政治运动目的的实现，前线国家组织成员开始将关注的焦点转移至如何拯救和恢复经济以及如何摆脱南非在财政和金融方面的控制，而合作发展成为南部非洲各国的重要选项。在这一背景下，1980年4月，安哥拉、博茨瓦纳、坦桑尼亚、赞比亚等9个南部非洲国家宣布成立"南部非洲发展协调会议"(Southern African Development Coordination Conference，SADCC)，并发布《南部非洲：走向经济解放》宣言。建立该组织的目的是减少在经济上对南非的依赖，建立有效与公正的区域性整体，动员本国和本地区的资源，争取国际社会的支持。以建立南部非洲发展协调会议为契机，南部非洲国家在20世纪80年代处于相对和平的发展时期，不仅政治上走向稳定，经济上也逐渐走向合作。然而，相比于其他国际区域经济组织，南部非洲发展协调会议的组织结构相对松散，其本质上是对前线国家组织的延续，是一种国家间的自由结合，并没有坚实的法律基础。同时，由于南部非洲各国自身发展能力的不足，该区域发展很快就遇到了瓶颈。

1992年是南部非洲区域经济发展的重要转折点，这一年8月，南部非洲发展协调会议正式改名为"南部非洲发展共同体"(Southern African Development Community，SADC)，区域经济制度体系、促进区域经济一体化成为之后发展的重心，这不仅进一步深化了南部非洲国家间的经济合作，也为南部非洲区域发展提供了法律依托。之后随着南非、毛里求斯、刚果(金)等国家的加入，南部非洲发展共同体在非洲大陆的影响力越来越大，并且在国际区域经济一体化推进方面也取得巨大成果。1996年，南部非洲发

① 参见赵长峰、赵积旭：《南部非洲发展共同体经济一体化的成就与问题》，《非洲研究》2013年第0期。

展共同体成员签署了《南共体自由贸易协定书》，并于2000年开始实施，这标志着南部非洲区域经济合作开始进入一体化进程。2003年，南部非洲发展共同体提出《区域发展战略指导规划》（Regional Indicative Strategic Development Plan，RISDP），为南部非洲区域经济合作提出了未来发展的阶段性目标，这不仅体现出南部非洲发展共同体成员之间强烈的合作意愿，也是这些国家第一次对所在区域的未来经济发展提出详细规划。之后，在该计划框架下，南部非洲在国际区域经济合作方面作出了诸多努力。[①]

二、南部非洲区域经济治理的机制与成效

在《区域发展战略指导规划》的框架下，南部非洲发展共同体对于区域经济治理机制的构建主要集中在促进区域内商品和要素的自由流动；逐渐由自由贸易区向关税同盟，再向统一大市场演进；在区域内构建经济发展走廊，形成区域经济发展网络和在区域建立金融和投资规则，促进南部非洲各国金融制度的对接。

2008年，在第28届南部非洲发展共同体首脑会议上，南部非洲自由贸易区正式建立并运行，自由贸易区的启动不仅促进了南部非洲国家间的贸易，还促进了区域内农业与制造业合作，扩大了经济规模，增强了域内各国的经济福利。2015年，南部非洲发展共同体特别首脑会议通过了《南共体工业化战略和路线图》，并进一步修订了《区域发展战略指导规划》，这不仅进一步明确了南部非洲国家未来的合作路线，也为区域经济治理提供了更加系统的指导。然而，南部非洲发展共同体在推进关税同盟建设上却进展缓慢，其主要的原因是，早在1969年就已成立了“南部非洲关税同盟”，而南部非洲发展共同体内部关税同盟的建立势必会引起区域内经济治理机制的交叉和重叠，从而导致南部非洲区域经济治理效率的降低。

在构建经济发展走廊方面，除了在区域层面提出相应的合作框架和规划路线之外，南部非洲区域经济治理机制中的另一重要内容是经济发展走廊的建设。经济发展走廊的建立具有重要意义，因为在南部非洲，采矿业、

---

① 南部非洲发展共同体现有16个成员：南非、安哥拉、博茨瓦纳、津巴布韦、莱索托、马拉维、莫桑比克、纳米比亚、斯威士兰、坦桑尼亚、赞比亚、毛里求斯、刚果（金）、塞舌尔、马达加斯加、科摩罗，约占非洲面积的33%，人口的27%。

农业和商业是区域内的支柱产业，这些经济发展走廊借助港口、公路、输油管道等基础设施，将位于南部非洲的沿海国家与内陆国家间的经济连接起来，既发挥了沿海国家的优势，也刺激了内陆国家合作的积极性。从地缘分布特征来看，南部非洲经济发展走廊可以分为三大类：一是与印度洋沿岸港口对接的经济发展走廊，如姆特瓦拉发展走廊、达累斯萨拉姆（坦赞铁路）发展走廊、马普托发展走廊等，这类经济发展走廊主要连接的是坦桑尼亚和莫桑比克的国际港口；二是与大西洋沿岸港口对接的经济发展走廊，如马兰热发展走廊、纳米贝发展走廊、洛比托（本格拉铁路）发展走廊等，这类经济发展走廊主要连接的是安哥拉和纳米比亚的国际港口；三是港口与港口之间对接的经济发展走廊，如南北发展走廊、洛比托—达累斯萨拉姆（坦赞—本格拉铁路）发展走廊等，这类经济发展走廊主要连接的是印度洋和大西洋沿岸港口。[①]这些经济发展走廊形成了南部非洲区域经济治理网络，从而激发区域经济活力。

在建立金融和投资规则方面，早期南部非洲发展共同体主要重视各成员在金融领域内的合作，并构建一个科学合理的金融治理框架，以提高风险防范能力，稳定区域宏观经济，促进地区储蓄和投资的有效转化，刺激区域内资本流动和技术转让，从而助力南部非洲区域经济发展。基于此，南部非洲发展共同体一方面加强了各类区域性金融机构的建立，如 1983 年成立了区域性开发银行，即南部非洲开发银行（Development Bank of Southern Africa，DBSA），2003 年建立了发展金融资源中心等；另一方面促进了各国间金融制度的对接，如积极促进成员间签署金融和投资协议，促进域内各国金融的市场化改革，成立由域内各国中央银行行长组成的中央银行行长委员会，等等。近年来，南部非洲发展共同体将金融与投资合作的视角进一步深化，意图在前期成果的基础上不断促进形成区域中央银行和货币联盟。例如，在 2021 年举办的南部非洲发展共同体第 41 届首脑会议上，就提出了要把加强成员国财政、货币政策及银行系统对接作为建立南共体中央银行和货币联盟的前提条件。

---

① 参见武涛：《南部非洲次区域发展走廊的缘起、表现与特点——兼论“一带一路”与其战略对接的前景》，《国际关系研究》2021 年第 3 期。

南部非洲发展共同体还在妇女权利、减贫等方面作出了诸多努力。例如，南部非洲发展共同体鼓励妇女参与中小企业的生产和发展，鼓励妇女参与小规模采矿业；2010年南部非洲发展共同体举办了区域第一届"第一夫人峰会"(2010 SADC First Spouses Summit of the SADC Region)，并发表了《温得和克宣言》，强调了将赋予妇女经济权利作为减贫战略的重要性等。①

南部非洲发展共同体在进行内部整合的同时也在积极寻求与外部市场的对接，以扩大市场规模，增强非洲和世界其他区域的经济交流。比如，2015年南部非洲发展共同体、东部非洲发展共同体、东部和南部非洲共同市场三个区域组织宣布正式启动三方自贸区。2016年6月，南部非洲发展共同体成员与欧盟签署EPA，欧盟给予除南非外的各国对欧出口商品零关税待遇。

总的来看，非洲在国际区域经济合作与治理机制构建方面起步较早，且在次区域经济合作中早已取得了众多进展。南部非洲作为非洲重要的经济区域之一，其经济发展得益于成员间较强的相互需求和依赖关系，在区域经济治理方面探索和形成了独特的次区域经济治理方式。

南非不仅是南部非洲经济实力最强的国家，也是整个非洲大陆的经济强国，是南部非洲发展共同体经济实力增长的重要动力。然而，由于历史和经济的双重原因，南部非洲发展共同体的其他成员国对南非心存芥蒂，甚至曾有国家担忧南共体自由贸易区的成立只会使南非一国获益，而其他国家则会逐渐成为其附属国。②在此情况下，如何在发挥大国作用与增强区域合作共识之间实现平衡，实现普遍受益，是推动南部非洲区域经济治理机制深化与可持续发展的关键。

基础设施建设是南部非洲区域经济发展的关键所在。除了通过各类贸易协定在南部非洲发展共同体成员间建立制度层面的"软连接"以外，区域内的经济连接也离不开道路、管道、港口等基础设施的建设，即"硬连接"，因为区域经济合作、治理与发展有赖于基础设施网络的构建。基础设施网络

---

① 参见张瑾：《非洲区域经济一体化探索：南部非洲发展共同体30年》，浙江人民出版社2014年版，第121～129页。

② 参见张瑾：《非洲区域经济一体化探索：南部非洲发展共同体30年》，浙江人民出版社2014年版，第208页。

将南部非洲区域各小区域连接起来，更好地发挥各区域的产业结构、要素禀赋、运输能力等方面的优势，形成点面结合的发展布局，促进整个南部非洲区域经济实现更好的发展。

南部非洲区域经济治理机制存在多重交叉的特征。比如，虽然南部非洲建立了自由贸易区，但同时在该区域内也存在关税联盟，这使得南部非洲发展共同体在进一步推进经济一体化的过程中存在相当大的阻碍。此外，一些南部非洲发展共同体成员还同时加入了东部和南部非洲共同市场或东部非洲共同体，由于不同的区域组织所依托的区域经济发展水平和经济特征各不相同，这使得不同区域组织在经济治理机制和治理进程方面各有侧重。对于这部分南部非洲发展共同体成员来说，要同时兼顾多个进程和目标，这势必会使南部非洲经济治理效率受到一定影响。

南部非洲经济面临着发展上的诸多困难，一些国家陷入发展停滞，国内政治不稳定的困境，这使得区域经济合作与区域经济治理对于改善区域经济发展环境的作用受到很大制约。实践证明，成员国本身的良治是国际区域经济治理发展的前提和基础，在区域合作组织对成员国内部政治经济发展缺乏干预的情况下，成员国内部政局动荡，经济发展治理失能，使得区域合作与区域经济治理陷入困难，区域合作与区域治理在应对外部冲击上也往往缺乏合力。鉴于此，自 2016 年后，南部非洲发展共同体开始加强政治与安全领域的合作。2020 年第 40 届首脑会议以“南共体 40 年：建设和平安全、促进复苏发展、应对全球挑战”为主题，聚焦地区和平稳定、推动区域经济复苏两大议题。显然，南部非洲国家力图通过加强区域的综合治理合作，来进一步加强区域经济治理的有效性。

第四篇　国际区域安全治理

第十章　国际区域安全与治理

安全问题向来是国际区域的主要议题。安全是一个综合概念，就性质而论，可以分为传统安全和非传统安全；就对象而论，包括国家、社会、企业、个人的安全；就参与者而言，既包括政府部门，也包括非政府行为体。因此，国际区域安全治理需要容纳多方合作以及多角色参与。

第一节　国际区域安全问题

目前，世界安全威胁日趋复杂，传统安全与非传统安全相互交织，国家行为体和非国家行为体活动彼此交互，而危及国家安全的问题又大多集中在国际区域的范围。因此，区域安全治理的重要性进一步凸显。

一、国际区域安全的构成

安全是指事物的主体在客观上不存在威胁，在主观上不存在恐惧的一种生存状态。[①] 从国家角度来看，对安全的威胁、损害既涉及国家整体的生存，也涉及国内的个人、企业等。对安全的威胁和伤害既可以是直接的，也可以是间接的；既可以来自内部，也可以来自外部。同时，一国内部的安全问题还会产生外溢，从而对他方造成安全威胁和伤害。

基于多种因素，国际区域安全具有特殊性和重要性。其特殊性在于，各国比邻而居、关系紧密，安全问题相互连接、相互影响；其重要性在于，由于

① Christina Stolte, *Brazil's Africa Strategy: Role Conception and the Drive for International Status*, Palgrave Macmillan, 2015, pp.24-26.

地缘关系的原因，安全问题的影响往往直接、快速。从全球来看，国家仍是最主要的安全行为体，但非国家行为体的作用也变得越来越重要。譬如，在非传统安全领域，区域组织、非政府机构、跨国企业、社会团体甚至个体等，均在不同层次上发挥着重要作用。[①]

国际区域安全的构成主要包括三部分：一是国家安全问题的外溢所造成的区域安全问题；二是国家间发生冲突、战争等所造成的区域安全问题；三是共域性、区域性安全问题。这三者共同构成国际区域的安全问题。比如，一国安全问题的外溢会逐步扩大，甚至引发区域范围的严重安全问题；两国发生冲突或战争，也会对区域内其他国家产生影响，甚至可能会使其被迫卷入。特别是属于区域共域性的安全问题，涉及各方共同的安全利益，因此，需要从国际区域层面来加以应对和解决。

国际区域安全治理覆盖的范围广泛，涉及政治、经济、军事、社会、文化、环境等多个领域，而且参与方不仅有政府，也有非政府组织、团体、企业和个人等。因此，无论是在安全问题构成上还是在治理应对方式上，均呈现出一种多样性、多层次、多主体的特征。

安全认知与治理能力是区域安全治理的关键因素。安全认知使区域各方对区域安全问题与合作治理开展达成共识，而治理能力高低则主要取决于区域治理制度构建、治理投入和治理实施的韧性与有效性等。具体来看，区域治理制度构建是区域安全治理的重要保障。区域组织或者机制负责对安全治理进行统筹规划，按照共识原则，在共同合作的基础上，采取基于规则的集体行动。[②] 另外，区域大国在区域安全机制构建、区域经济建设、区域公共产品提供以及区域冲突解决等方面发挥着引领作用。

二、国际区域安全问题的基本特征

国际区域安全首先是区域内部各国的相互安全，其受到多种因素的影响，呈现出共同安全的特征。从全球来看，任何区域都与外部有着多样性的

---

① 参见张蕴岭：《国际区域学概论》，山东大学出版社 2022 年版，第 96～97 页。

② Amitav Acharya, "Regionalism and the Emerging World Order: Sovereignty, Autonomy, Identity", in Shaun Breslin, Christopher W. Hughes, Nicola Phillips, and Ben Rosamond, eds., *New Regionalisms in the Global Political Economy*, London and New York: Routledge, 2002.

联系。区域之间,特别是相邻区域之间存在着安全的互联互动,有些是在某几个国家之间发生的,有些则涉及整个区域。同时,国际区域安全与全球安全密切相关,特别是像气候变化、传染病扩散、大规模杀伤性武器扩散等问题。因此,国际区域安全机制的构建与全球安全体系的构建也有着不可分割的联系。

国际区域安全离不开国内、区域、区域间、全球四个层次的有效互动。国内层次主要指区域内国家自身安全的构建,其构建的外溢性会对他方的安全构成利好或者损害。区域层次主要是国家间安全的联系,共同安全的构建会产生安全的正效应,而利己性或排他性的安全构建则会产生安全的负效应。区域间层次主要指不同区域的安全互动,这主要来自区域安全的外溢与相互安全构建。全球层次主要是指全球性安全与国别及区域间的联系,要么是全球性安全问题在国际区域的体现,要么是区域性安全问题上升为全球性安全问题。这种互动性也表明,安全问题具有开放性,特别是在全球化、区域化深度发展的情况下,国家、国际区域的安全问题是相互联系和相互影响的。因此,安全治理需要建立在开放与合作的基础之上。

国际区域安全治理是一个不断拓展与深化的过程。随着安全范畴的拓展,国际区域安全治理的领域也在不断扩大。安全治理的议题从传统的军事安全、政治安全逐渐扩大到广泛的非传统安全领域,如经济安全、环境安全、社会安全、网络安全等。由于治理的领域发生变化,安全治理的方式也在不断发生改变。比如,在国家安全作为主题的情况下,安全治理的主要方式是签署国家间的安全条约;在军事安全作为主题的情况下,安全治理的主要方式是防止和制止发生军事对抗、冲突,特别是战争。而非传统安全治理的形式更趋多样化,通常根据不同的领域实施不同的治理方式,比如网络安全,主要是通过网络安全标准制定、防侵入的网络机制构建以及技术共享等方式来加以应对。

国际区域安全治理的有效性在于构建可持续的安全关系、安全秩序和安全制度,这就要求区域各国共同承担责任,遵守共同制定的规则。现实中,各国内部的安全问题、各方利益的冲突以及来自外部的安全冲击与威胁等,往往使得国际区域的安全关系、安全秩序,甚至是已经构建的安全机制遭到冲击及破坏。即便区域内的安全关系、安全机制不出现问题,来自外部的重大安全冲击也会使区域内安全治理受到严重的挑战。另外,许多安全问题还具有全球性的特点。因此,国际区域安全治理必须置于一种开放与合作的框架下进行,并且应承担全球安全治理的责任。

第二节　国际区域安全治理

国际区域安全治理是多元行为主体共同参与的过程,其治理领域包括政治安全、军事安全等传统安全领域,也包括经济安全、文化安全、网络安全、环境安全等非传统安全领域。区域安全治理的方式包括制度建设、行动倡导、互信机制构建、安全话语建设等。在世界格局加速调整的时期,安全问题日益凸显,安全治理的难度也在不断增大。

一、国际区域安全治理定位

国际区域安全治理的必要性来自现实的需要,即应对和解决国际区域所出现的危及区域共同安全的问题。一国的安全问题主要靠本国来治理,但并不能完全依靠本国的力量,因为在许多领域,安全问题都超出了本国治理的能力和范畴,需要上升到区域范围,甚至全球范围来加以解决。

国际区域安全治理应建立在区域各国共同参与和合作的基础之上,以共同安全和合作安全为宗旨。具体来看,共同安全的基本含义是有利于各国实现自身的安全,合作安全的基本含义是区域各方针对安全问题应共同参与和共同建设。基于共同安全与合作安全理念的区域安全治理不是靠强权的强制推进,也不是靠牺牲少数利益,而是靠基于规则的合作行动议程,并着眼于创建可持续的区域安全环境和秩序。

同时,国际区域安全治理还是一个不断发展的进程,可以由几方发起和启动,通过实践进程,逐步增进区域认同和利益共识,并把所有区域国家纳入区域合作框架之中。国际区域安全治理所提供的是能使各方受益的公共产品,因此,在参与上会由少到多,在治理上会由浅入深,而且在治理实践中会逐渐得到各方的认同和支持。

基于共同参与和共同实施的国际区域安全治理,可以通过共守规则来制约个别行为体实施损害他国安全利益的行为,也可以形成区域合力来制约、抵御来自外部的安全威胁,还可以与外部构建对话、协商或合作机制,以应对突发性事件。与基于价值观、政治、宗教、权势所构建的安全同盟或者集团不同,现代国际区域安全治理具有包容性和共享性,可以同时容纳不同文明、不同类型国家、不同社会制度以及不同发展阶段的国家参与其中。

基于共同安全与合作安全的国际区域安全治理,最终可能会发展成为安全共同体。区域安全共同体既是一种理念,也是一种实践,其可以通过多种路径实现,而其中最为有效的路径是建立区域组织,然后在区域组织下进行区域安全的综合治理。同时,也可以通过制定共同安全协议或者条约来推进安全共同体的建设,即通过签署共守的原则和规则来实现共同安全环境、结构与秩序的构建。当然,这些协议或条约必须是由各签署国通过有效的法律程序来加以确认。安全共同体构建作为一个不断发展的进程,其不仅有助于构建实现共同安全的区域环境,也有助于培育各方的责任意识与合作思想,从而使共同安全成为一种共有的价值观和身份认同。[①]

另外,在那些不具备建立区域组织或者签署条约的条件的地区,区域安全治理主要是依靠“软性方式”(Soft Approach)来进行,即通过政治协商、凝聚共识或发表共同声明等方式。当然,在可行的情况下,针对具体的安全问题,各方也可以通过协商谈判,共同制定有针对性的共守规则,然后在达成共识的情况下,对严重影响区域安全的事件,特别是局部冲突、重大事故等进行必要的干预。还有一些安全事件则可以通过联合国的直接干预来解决,其干预手段包括实施制裁、派遣维和部队等。

总之,基于共同安全与合作安全的国际区域安全治理,以保障区域各方的安全为前提,并通过区域合作的方式,创建区域共同安全的环境。区域安全治理也是国家安全治理和全球安全治理的有机组成部分。在许多方面,区域安全治理具有相对独立的存在性和功能性,而这构成了国际区域安全治理制度构建和职能行使的基础。事实上,一国通常难以单独应对各种复杂的传统安全及非传统安全挑战,因而需要开展合作。正因如此,国际区域

① Emanuel Adler, “Europe's New Security Order: A Pluralistic Security Community”, in Beverly Crawford, ed., *The Future of European Security*, Berkeley, CA: Centre for German and European Studies, University of California, 1992, pp.287-326.

安全治理必须有利于国别安全治理，要有助于解决国别不能单独解决和应对的安全问题。

二、区域安全治理的领域

国际区域安全治理建立在国家治理和区域治理统筹的基础之上。国家行为体是自身安全和区域安全的责任及职能的主要承担者。同时，区域安全并不是孤立的，许多安全问题既受到外部因素的影响，也受到外部因素的直接介入。

（一）面临的问题

第一，区域安全威胁问题。当前，传统安全和非传统安全问题复杂交织，安全问题的内涵和外延都在进一步拓展，造成区域安全问题凸显，特别是在全球化、区域化高度发展的时期，各种安全问题有很强的交互性和扩散性。传统安全方面，包括领土争端、冲突战争、大国战略竞争、军备竞赛、大规模杀伤性武器扩散、太空竞赛、极地争夺等；非传统安全方面，包括气候变化、疫情扩散、环境安全、能源安全、粮食安全，以及极端势力、恐怖主义、跨国犯罪等；而在新领域，网络攻击、数字安全等安全问题凸显。这些问题大都具有很强的区域性特征，有些是因为国别安全或者局部安全问题的扩散而引发，如重大突发事件、冲突或战争；有些则属于区域共同的安全问题，其中既有共同发生的安全问题（如疫情扩散、环境污染等），也有本来属于共同安全的问题（如气候变化、资源短缺等）。这些问题是单个国家或几个国家难以依靠自身力量来解决的，需要区域成员共同参与治理。

第二，安全观共识问题。安全观代表了各国对于安全的认知，以及对于通过何种方式来实现安全的理念。作为本位的国家，总是会从自身的角度来定位安全问题，通常在处理安全问题上推崇本国优先，有时甚至不惜牺牲他国的安全。事实上，在国际区域内，安全既相互联系，也相互影响，许多安全问题都具有公共安全的性质。这就需要各国拥有共同安全的意识、认知和定位。如果公共安全观缺失，就会产生以忽视或者牺牲他者安全来实现自身安全的趋势，从而在区域范围内导致“安全困境”[①]，使区域安全秩序遭到破坏，并产生各种安全问题。

第三，安全治理机制问题。国际区域安全的治理需要合作，而合作不是随机的行为，也不是临时的行为，需要依靠规划、议程和进程的可持续性。为此，各行为体需要建立共同参与的合作机制。但是，在国家是本位的情况下，如何构建区域安全治理机制，建立什么样的治理机制，如何使治理产生效果，对于大多数国际区域来说，都是巨大的挑战。由于机制本身就是一种权力的聚集、一种共同利益和集体认同的载体，所以其紧密程度决定着区域安全治理是处于低制度化的区域治理方式，还是高制度化的区域治理方式。另外，制度化程度也决定着区域安全治理有效性的程度。

（二）治理的领域

区域安全治理的领域主要包括传统安全领域和非传统安全领域。其中，传统安全领域主要包括政治安全、军事安全等；非传统安全领域主要包括经济安全、文化安全、网络安全、环境安全等。

（1）政治安全。国际区域政治安全的威胁主要来自干涉与强制改变。从国家角度来看，政治安全涉及国家主权、政权、制度和意识形态的稳固，是一个国家最根本的需求。保障各方政治安全的前提是各国政治制度和国家治理不受外部干涉与改变。在现实中，强权对他国的干预，甚至进行强制改变的案例屡见不鲜。把维护政治安全纳入国际区域治理内容，通过制定共守规则、签署公约，来维护各方的政治安全是一个重要举措。从国际区域角度来看，应通过合作治理，创建包容性政治秩序与环境，使具有不同政治制度、治理方式、意识形态、宗教信仰的国家、社会、个人能够和平相处、平等相待，从而实现国际区域的共同政治安全的认知、政策和行为。

（2）军事安全。国际区域安全的最大威胁来自军备竞赛、武力干涉、军事冲突与战争。发生武力干涉、军事冲突与战争的原因很多，譬如争端纠纷、利益争夺、军事争霸等。有的是单方挑起，有的则是相互行为，还有的是多方参与的团体行为。全球大多数军事冲突、战争都发生在国际区域范围

---

① 安全困境是指一国为提高自身安全而采取的行动引起其他国家的反应，进而导致原国家安全水平下降而不是上升的情况。参见 John H. Herz, “Idealist Internationalism and the Security Dilemma”, *World Politics*, Vol.2, No.2, 1950, pp.157-180。

内。传统安全观认为，维持国家安全的最终机制就是诉诸武力，因此，在国际区域范围，容易导致为获取军事优势和以武力取胜的军事竞赛与武装冲突。通常来看，追求军事安全有三种方式：依赖本国自身力量的单边手段，通过结盟的多边手段，以及推行中立政策的单边手段。从军事安全角度来看，区域安全治理就是以共同安全为基本共识，改变传统的单边安全思维，减缓军备竞赛，防止军事干预，进而维护国际区域的和平与安全。

非传统安全涵盖领域多、扩散性强、影响大，需要有效的国际区域合作治理。比如，经济安全涉及区域各国经济正常运行与发展，特别是在经济全球化、区域化深度发展的情况下，一个国家的问题、一个领域的问题都可能会引起扩散效应、连带效应，进而发展成区域或全球问题。传统上，国际区域经济的安全问题主要指经济危机扩散、经济资源供给和开发利用等出现的问题，以及经济争端引发的冲突等。新的经济安全问题主要是指信息安全、网络安全、数字安全等，其扩散性及影响力更强。再如，跨国犯罪（如走私、贩毒、非法移民等）、分离主义、恐怖主义等，都会对国际区域各方带来严重的安全威胁。另外，还有环境安全、公共卫生安全等问题，其综合影响力也较大。譬如，新冠疫情的扩散，就对社会、经济，特别是人身安全造成了严重损害。另外，值得注意的是，非传统安全治理还具有很强的跨区域特征，因此，也需要依靠跨区域性的合作治理来加以应对。

三、区域安全治理的方式

区域安全治理的方式包括制度建设、功能性机制构建、非制度性活动、安全认知塑造、信任机制建设等。在治理过程中，各国通过构建区域组织、签署协议、设立项目等方式，来开展区域安全治理合作。总体来看，现代国际区域治理的方式重在共同参与，以实现责、权、利的统合。而在国际区域安全治理中，只有形成区域安全的认同，各国才可以构建安全治理机制，签署协议，并开展相向而行的合作。

制度建设为开展国际安全区域治理提供了稳定的基础。具体来看，区域安全制度建设可大致分为综合性制度建设和功能性制度建设。同时，区域治理的制度构建以建立国际区域组织为主要形式，通常安全治理被纳入国际区域组织综合治理的框架之中。区域组织在区域安全治理上的主要职能是制定共同遵守的法律、规则，组织共同安全治理项目，或者对威胁区域安全的国家、地区冲突等进行积极干预。

功能性机制构建主要是指针对某个领域的问题共同制定规则，开展合作，或者签署合作协议。这种方式着眼于解决问题，其针对性较强，可执行度较高。功能性机制构建既涉及传统安全领域，比如订立防止边境地区、海上冲突的规则、协议；也涉及非传统安全领域，比如防止走私、贩毒、贩卖人口等的跨境安全合作协议，以及共同应对恐怖主义的协议，共同治理环境、应对网络安全的协议等。

非制度性活动主要是通过提升对安全治理的认知，培育公共安全、合作安全的理念，开展预防性外交（包括官方外交、公共外交），并就相关问题进行沟通协商，如创建论坛、举办会议等，以此来增进共识，推进合作议程，再以多种方式就所涉及的安全问题进行非正式接触或开展对话。同时，提高公众对安全治理的认知，鼓励公众对治理过程进行监督，动员各界积极参与治理议程的实施，而域内各国则需要承担起维护公共安全的社会责任。

安全认知塑造方面，主要是大国的安全认知塑造至关重要。大国基于其自身的力量优势和行动能力，在区域安全治理相关的各类多边机制中常常是倡导者和执行者，由此成为推动区域安全治理的关键行动力量。全球发生对抗与冲突的原因很多，其中影响较大的行径包括大国扩张、大国间对抗、大国争夺战略优势以及霸权利益等。很多情况下，这些行为都会把区域各国拉入对抗或者战争的旋涡之中。由此，区域大国的共同安全观塑造显得非常重要。在特定的区域安全治理进程中，在遵循共同治理、合作治理的前提条件下，区域大国在组织领导、资源投入及能力建设上均可以发挥领导作用。

信任机制建设方面，相互信任是安全合作治理的前提。从现实情况看，互信机制缺失是导致国家间敌视、对抗，甚至爆发战争的重要因素。基于复杂的原因，区域成员之间无论在政府层面，还是在社会层面，都存在许多安全认知分歧以及对对方的不信任感。在发生矛盾时，成员之间的不信任度还会迅速攀升。在此情况下，区域安全治理需要通过多种方式，来增进成员相互间的信任，然后在相互信任的基础上，凝聚合作治理的共识。

显然，国际区域安全治理合作具有多种方式，可根据不同区域的情况和治理的需要与可行性，来开展多样性的治理合作。值得注意的是，国际区域安全治理成功的前提是保障各成员国的安全，并使相关各方能够从区域安全的合作治理中受益。

四、有关安全治理的理论性分析

对于如何认识区域安全治理，如何推动区域安全治理机制的构建等问题，在理论上有着不同的解释和论证。譬如，地区安全复合体理论、现实主义理论、自由主义理论、建构主义理论、批判安全理论等，都有涉及关于国际区域安全治理的相关理论分析。

地区安全复合体理论认为，由于大多数安全威胁在近距离传播比在远距离传播更容易，因此，各国家行为体会组成以地区为基础的安全合作群体，即安全复合体。安全复合体既是竞争的相互依存，也是共同利益的相互依存。将一个安全复合体绑在一起的联系纽带有地理、政治、战略、经济和文化等诸多因素，而且该复合体之外，那些安全事务与之密切相关的国家也可以在其中扮演重要角色。正是“无政府状态＋距离效应＋地理多样性”支配着安全相互依存的区域聚集，而一个区域安全复合体的标准形式就是该区域内部主要大国和具有渗透效应的外部大国之间的均势和联盟模式。①

现实主义理论强调权力政治、冲突与竞争，突出全球与地区大国在区域安全治理中的作用，并认为一国为实现安全可选择竞争性战略方式或合作性战略方式。具体来看，实现安全的竞争性方式包括增加军备、寻找盟国以及使用军事力量，实现安全的合作性方式则包括通过谈判达成协议，并在获取及使用武力方面作出单方面的约束。现实主义理论还认为，“安全困境”往往成为国家间安全关系的常态。这是因为一个国家用来增加自己安全的行动常常会减少他国的安全。不过，国家间也可以通过合作性政策而不是竞争性政策来实现它们的安全目标，尽管合作程度非常有限，但至少也能降低“安全困境”。②

---

① 参见[英]巴里·布赞、[丹]奥利·维夫：《地区安全复合体与国际安全结构》，潘忠岐等译，上海人民出版社2009年版，第37～44页。

② [英]巴瑞·布赞、[丹]奥利·维夫、[丹]迪·怀尔德：《新安全论》，朱宁译，浙江人民出版社2003年版，“序言”第3页。

自由主义理论认为，区域安全制度建构水平影响着区域安全治理效果的强弱。[①] 因此，建章立制是区域安全治理的必然选择。国际制度可以提高国际体系成员行为的可预测性，有利于促成国际安全合作。在一个充满不确定性的国际体系中，发展国家间的制度合作，可以为实现更大范围的国际安全提供机遇。区域安全治理可形成一种固有的机制，通过这种机制，域内各国可以更好地合作以满足各种功能上的需要。而且当国家继续遵循由国际制度所确立的规则、规范时，它们即向外表明其愿意继续这些合作模式，因此也就塑造了各行为体之间稳定的预期。

建构主义理论将互动视为体系进程的核心部分，认为国际社会中的国家通过互动产生共有观念或者国家共同具有的理解和期望。构建安全共同体是区域安全治理的主要目标，而观念与认同在区域安全治理进程中具有重要作用。从建构主义视角来看，区域化是一种集体认同(Collective Identity)的文化认识过程以及社会化过程，一种共同的或集体的认同、文化产生或促进了合作性制度的形成。规则、社会化和认同是安全共同体建构的核心解释工具。[②] 同时，区域合作与区域一体化进程也是通过利益和认同的互动，将自我利益和自我认同建构为共同体利益和集体认同，最终导致行为体在安全问题上采取合作。

批判安全理论将安全视作一种社会建构的安全政治化的进程，突破了国家中心主义安全视域，改变了思考安全的方法，重视各角色在体系中的作用及对体系构成的影响。[③] 该理论重视对主体间互动的分析，将个人安全置于国家安全之上，并将人的解放作为安全理论与实践的核心。同时，批评安全理论明确批判传统安全研究中的国家主义、认识论上的客观主义、方法论上的实证主义，并重视安全问题中的环境、贫困、失业等问题。[④]

---

① Haroldo Ramanzini Júnior and Bruno Theodoro Luciano, "A Comparative Analysis of Regionalism in the Global South. The Security and Defense Dimension of Unasur and the African Union", *South African Journal of International Affairs*, Vol.25, No 2, 2018, pp.239-261.

② 参见[加]阿米塔·阿查亚:《建构安全共同体:东盟与地区秩序》,王正毅、冯怀信译,上海人民出版社 2004 年版,第 3～6 页。

③ 参见[英]阿兰·柯林斯:《当代安全研究》(第三版),高望来、王荣译,世界知识出版社 2016 年版,第7 页。

④ 参见肖欢容、张沙沙:《全球安全治理的缘起及挑战》,《江西社会科学》2018 年第 11 期。

总体来看,上述各理论并非是专门针对国际区域安全治理的分析,而更多是针对一般性安全问题的分析。因此,对国际区域安全治理的内在逻辑,特别是对国际区域安全治理的方式缺乏深度分析。

第十一章 国际区域安全治理的发展

区域安全治理从理念、思想到实际的治理安排呈现逐步发展演进的特点。从国际区域安全治理的方式到国际区域安全治理的范围，新的认识和实践均不断呈现。治理认知与治理方式方面，则表现出由针对传统安全的制度构建到面向总体安全的综合体系构建，由欧洲模式到多样性方式发展的特点。

第一节 国际区域安全治理的认知与发展

自 1815 年维也纳体系形成“欧洲协调”机制始，区域安全治理先是经历了大国治理，后来又发展到合作治理。伴随安全治理理念的不断发展，合作安全、共同安全的概念得以相继提出，各国家行为体对区域安全治理在维护国家安全上的重要性给予更多的重视，并积极参与到区域合作及国际区域安全治理进程之中。

一、国际区域安全治理的认知与实践探索

欧洲历史上战乱不止，有关通过合作实现欧洲和平的思想和行动一直不断发展。比如，1795 年康德发表了《永久和平论》，对如何创建永久和平进行了深刻探讨。他认为，永久和平不是一种人类自然走进的状态，必须通过计划和步骤逐渐达成。第一次世界大战以后，有关通过合作实现欧洲和平的思想进一步发展，并且有了实际行动。比如，1928 年，欧洲相关国家经过磋商在巴黎签订了《非战公约》，也称《白里安—凯洛格公约》。公约规定，缔约各国反对用战争解决国际争端，缔约各方可能发生的一切争端和冲突，不

论其性质或起因如何，只能用和平方法加以处理或解决。

二战后，关于通过构建区域制度实现欧洲安全的动机变得更为强烈。1950 年，法国外长舒曼提出，为了避免再次发生战争，应把法德的煤钢生产置于一个高级联营机构的区域管制之下，并以此推动建立了欧洲煤钢共同体。1951 年，法国、联邦德国、意大利、荷兰、比利时、卢森堡六国签署了《欧洲煤钢共同体条约》，1952 年，六国又签署了《欧洲防务集团条约》。1958 年，欧洲经济共同体和欧洲原子能共同体也相继正式成立。欧洲成立这些机构的初衷是防止战争再起，以及阻止原子能向军事方向发展，其主要目的则是以制度构建实现欧洲成员国间的长久和平与发展。①

欧洲的区域安全制度构建并非一帆风顺。冷战期间，由于欧洲分裂及东西两大阵营对抗的原因，西欧国家的安全主要是由北大西洋公约组织（北约）来承担，这也是美国与西欧国家组成的集体安全集团。当然，西欧国家为建立欧洲自主的防务制度也作出了许多努力。1952 年，法国、联邦德国、意大利、比利时、荷兰和卢森堡六国外长签署了《欧洲防务集团条约》。条约规定，六国共同组成一支有统一领导的指挥机构、有共同预算的超国家的"欧洲军"。但是，该条约因没有得到所有成员的批准而未能生效。此后，西欧国家推动安全治理的努力并没有中断。比如，当欧洲经济共同体成立时，成员国也希望推动政治共同体构建，并提出了"富歇计划"(Fouchel Plan)，但没有成功；而当欧洲共同体成立时，各成员国又再次希望组建政治共同体，但最后也没有成功。直到冷战结束，有关政治与安全合作的进程才迈出新的步伐。在 1991 年 12 月召开的欧洲共同体首脑会议上，与会国通过了《欧洲经济与货币联盟条约》和《政治联盟条约》，统称《欧洲联盟条约》，亦称《马斯特里赫特条约》。条约的签署意味着欧洲共同体正式升级为欧洲联盟（欧盟）。根据该条约，欧盟建立起共同的外交与安全政策，而西欧联盟将执行欧洲联盟在防务方面作出的决议。同时，在欧盟决策机制内还建立了多个与安全有关的机构，譬如，欧盟理事会下的政治与安全委员会、政策规划

① 参见方连庆、王炳元、刘金质：《国际关系史（战后卷）》上册，北京大学出版社 2001 年版，第 167～168、191～202 页。

与早期预警小组等。[①]

在军事力量构建方面,1992 年正式成立由法、德、比、西、卢五国组成的“欧洲军团”,其由各国分别派出的部队组成,总兵力约 5 万人。“欧洲军团”作为欧盟的军事力量接受欧盟的指挥,主要执行保卫欧盟各成员国任务,并参加联合国维和行动以及人道主义援助行动等。此后,欧盟以不同方式介入许多外部安全问题。

事实上,欧洲安全合作治理基本是沿着两条线进行:一是以欧盟为载体,二是以泛欧洲为框架。1957 年,由 33 个成员国(包括美国)参加的欧安会正式成立,其主要职能是建立起东西方的安全对话与协商机制,以避免战争再次发生。冷战结束后,欧安会进一步扩员,目前共有 57 个成员。欧安会在常规军事力量管理、裁军、应对突发事件等诸多领域建立起对话协商机制,并签署了相关条约及协定,在区域安全治理方面取得了重要进展。不过,由于欧洲安全形势复杂,特别是苏联解体后出现的许多新型安全问题,欧安会对于新形势下构建可持续的区域安全关系与秩序的作用受到一些根本性因素的制约。

欧洲安全治理的思想基于欧洲安全的历史教训,其重点在于解决传统安全威胁,即限制单个国家,特别是大国军事力量的发展,并将大国力量置于区域合作的框架之中。同时,从体系变革的角度来看,国家间相互战略保证和信任加强了欧洲安全合作的内在机制。

东南亚地区由于各种复杂的原因,区域安全问题非常突出,国家间政治对立明显,意识形态对抗、冲突等相互交错,区域内和区域外形势相互影响。总的来看,东南亚走向区域安全治理的道路并不平坦。其最开始推动区域安全治理是基于冷战对抗的认知进行的。在美国的主导下,东南亚相关各国在 1954 年签署《东南亚集体防务条约》(又称《马尼拉条约》)。1955 年成立东南亚条约组织,但参加该组织的国家并非都是东南亚国家,参加的目的

---

① 西欧联盟成立于 1955 年 5 月 6 日,前身为布鲁塞尔条约组织。1948 年 3 月 17 日,法国、英国、荷兰、比利时和卢森堡五国签署《布鲁塞尔条约》,宣布成立布鲁塞尔条约组织。1954 年,布鲁塞尔条约组织五国联同联邦德国和意大利在巴黎签署《巴黎协定》,决定将布鲁塞尔条约组织改为西欧联盟。1955 年 5 月 6 日《巴黎协定》生效,西欧联盟正式成立。西欧联盟强调欧洲安全和防务,1991 年 12 月欧共体首脑会议同意把西欧联盟作为欧共体和北约组织之间的联络机构,西欧联盟将作为欧洲联盟防务的组成部分和加强北约欧洲支柱的手段来进一步发展。2010 年 3 月 31 日,西欧联盟宣布解散。

也各有不同，因此，该组织最终不得不解散。

1967 年 8 月 8 日，由东南亚五国（印度尼西亚、泰国、马来西亚、新加坡、菲律宾）发起成立了东盟，并发表了《曼谷宣言》，目的是加强东南亚国家间的合作，实现地区的和平与繁荣。这是东南亚走向区域安全治理的新开端，即构建区域各国平等参与和合作治理的区域机制。东盟的区域安全治理机制具有包容性，吸纳了具有不同政治制度的所有东南亚国家参与其中。然后，通过签署《东南亚友好合作条约》为国家间关系和区域合作制定了法律原则，并在逐步发展的基础上建设区域安全共同体。东盟区域安全合作的另一个重要成果是 1971 年 11 月颁布的《东南亚和平、自由和中立区宣言》，即《吉隆坡宣言》。该宣言坚持《联合国宪章》的基本原则，为促进东南亚和平与稳定，宣称将“放弃使用武力或以武力相威胁”及“和平解决争端”等。

同时，东南亚的区域安全治理致力于探索符合本区特点的“东盟方式”。东盟宪章的签署是一个重要的发展，其将东盟安全共同体与经济共同体、社会文化共同体一起作为东盟共同体的三大支柱进行建设。其中，东盟安全共同体是核心部分，其坚持的基本原则包括：其一，成员国同意限制使用武力来解决国家间的争端；其二，不干预主义，确保域内国家的稳定和安全不受任何形式的外部干预；其三，区域自主以及“区域问题区域解决”原则；其四，规定区域关系、行为的程序规范，即“协商”和“共识”的决策程序及方式。

长期以来，非洲国家一直期望通过集体方式来解决非洲的防御和安全问题。非洲统一思想的倡导者——加纳总统恩克鲁玛早在 20 世纪 60 年代就呼吁在非洲建立拥有单独高级军事指挥部的共同防御体系。非洲最大的政治组织“非统组织”的建立和发展亦证明，非洲国家一直试图在政治和安全领域建立一个非洲大陆性质的集体防御和安全体制。为了解决非洲的冲突和危机，非统组织还建立了“调停、协调和仲裁委员会”。1993 年，非统组织在开罗举行第 29 届峰会，会议通过了关于建立冲突的预防、管理和解决机制的宣言。而该机制建立的直接目的就是通过对冲突进行预测、预防，给非洲大陆的冲突解决进程创造一个新机制。

在推动非洲安全治理方面还有其他一些进展。譬如，成立了旨在推动非洲安全与合作发展的“非洲安全稳定发展与合作会议”；通过了关于禁止向非洲输入危险废弃物以及控制和管理危险废弃物在非洲内部跨界流动的

《巴马科协定》;关于消除非洲雇佣军的协定;关于非洲无核区的《佩林达巴条约》等。2002 年 7 月,非洲联盟大会呼吁实施《非盟宪章》中关于非盟共同防御和安全政策的规定。[①]

苏联解体后,中亚国家获得了独立,而为了解决新形势下的此区域安全问题,中国、俄罗斯与中亚国家就合作解决相互安全问题达成共识,积极推动区域合作组织的成立。1996 年 4 月 26 日,中、俄、哈、吉、塔五国元首齐聚上海,正式建立五国会晤机制,并签署《关于在边境地区加强军事领域信任的协定》。1997 年 4 月,五国又在莫斯科签署《在边境地区相互裁减军事力量的协定》。2001 年 6 月 15 日,中、俄、哈、吉、塔和新加入的乌兹别克斯坦在上海签署了《上海合作组织成立宣言》,宣告了上海合作组织的诞生。

上海合作组织旨在通过合作实现区域安全治理,成员国在共同安全、合作安全的新安全观指导下,携手应对各种传统与非传统安全威胁,维护中亚及周边区域稳定与发展。互信、互利、平等、协商,尊重多样文明,谋求共同发展的理念与行为准则被称为"上海精神"。"上海精神"也得到越来越多国家的认同,目前有 8 个成员国、4 个观察员国和 14 个对话伙伴国。[②] 上海合作组织从安全合作开始,逐步扩大合作范围,向综合区域合作组织的方向发展。

二、国际区域安全治理方式的多样性

世界传统安全问题和非传统安全问题交织在一起,形成了复杂的安全局势;又由于世界各国联系日益增强,安全的相互关联与影响特征日益突出,由此也造成国际区域安全治理方式的综合性、开放性与多样性的特征。国家间存在紧密的互动和相互依赖关系,使得各国的安全在诸多方面与其他国家的行为紧密相关,合作成为必选项。同时,安全利益在多种层次上体现,安全治理则需要由各个行为主体共同参与和协同。在区域安全的治理实践中,不同地区力图探索符合本地区特点的治理方式。譬如,欧盟、东盟、

① 参见莫翔:《当代非洲安全机制》,浙江人民出版社 2013 年版,第 12～14 页。

② 2022 年 9 月,上海合作组织会议签署了关于伊朗加入上海合作组织义务的备忘录,并启动接收白俄罗斯为成员国的程序。新批准的对话伙伴国为埃及、沙特、卡塔尔、巴林、马尔代夫、阿联酋、科威特和缅甸。

非盟以及上海合作组织的安全治理均呈现出不同特点。

欧盟的区域安全治理建立在高度的政治意愿和认同共识基础上，依靠逐步完善的区域组织构建，逐步提升区域安全治理的能力。欧盟作为区域组织，一是积极构建以欧盟为主体的安全治理体系，实现欧盟自身的安全保障；二是与北约、欧安会等建立密切的关系。值得注意的是，由于成员国利益高度交叉，欧洲安全治理还需要依赖有效的协调机制以及统合管理机制。总之，作为综合性区域组织，欧盟重视区域安全治理的多行为体参与，同时积极发挥欧洲议会的作用，并为非政府行为体参与提供了环境和条件。

面对新安全问题的挑战，欧盟十分重视推进这些领域的安全治理。比如，对于个人信息安全的保护。2016 年欧盟制定了《欧盟通用数据保护条例》(GDPR)，旨在统一欧盟各成员国有关个人信息保护的相关立法，明确规定数据控制者和分包商都有义务确保个人信息的安全。另外，在应对恐怖主义、网络安全、难民危机、跨国犯罪、健康风险、环境安全等问题上，欧盟也相应地制定了一系列规则和实施措施。①

"东盟模式"在帮助解决柬越战争、东帝汶危机、柬缅边界争端等传统安全问题，以及大湄公河次区域公共卫生协作治理、澜沧江—湄公河合作等非传统安全问题上均发挥了建设性的作用。东盟的区域安全治理政策的重点在于稳定内部安全关系和秩序，以东盟为中心，推动构建多层次外部合作机制，包括伙伴国关系机制、"东盟＋领导人"对话机制、地区安全论坛机制等，让外部伙伴国签署由东盟制定的东南亚友好合作条约等。同时，东盟主要是靠基于共识的"软性方式"来建构区域安全治理模式，而且十分重视成员国在参与治理进程中的"舒适度"，即自愿、自主遵守共识和规约等。另外，由于东盟处在大国博弈和参与的复杂战略环境中，始终坚持维护"以东盟为中心"的原则，以便在复杂关系和形势下争取主动性，维护一种动态的平衡，以防止被边缘化或者分解。

非洲的安全关系和形势错综复杂，国家内部安全、次区域安全、大陆整体安全、区域内部与外部安全关系等问题相互影响、相互交织。非洲安全的

---

① 参见陈翔：《"回归区域"？——理解全球安全治理区域化的演进》，《世界经济与政治》2021 年第 8 期。

主要威胁来自一些国家内部的部族、宗教冲突所造成的战乱、屠杀，也有来自国家间争端而引发的战争，以及外部干涉导致的乱局等。非盟作为泛非洲区域组织，其宗旨是促进区域的和平、安全和稳定。其安全治理的主要方式是：依照非盟宪章，维护成员国主权，推动多层次的区域安全合作；积极推进和平解决争端，制止恐怖主义行为和颠覆活动，阻止非宪法方式更迭政权；在成员国发生战争罪、种族屠杀或大规模人道主义危机时，依照大会决定来进行干预。同时，非洲还有诸多次区域组织，也在安全治理中发挥着积极作用，比如，南部非洲共同体就曾多次派军队对成员国进行直接干预，同时也帮助成员国打击国家内部的恐怖主义势力等。

另外，联合国组织直接介入非洲安全治理的案例也很多，且实施方式多样，包括制裁、直接介入、派遣维和部队、提供经济援助等。非洲地区疫情多发，对人的安全造成严重威胁。因此，公共卫生安全治理也同样是重要的治理领域。在此方面，联合国、世界卫生组织、非政府组织等都直接参与其中。

基于多种原因，一些域外大国对于非洲的安全有着很深的介入。像美国的介入很深，有时是出于打击恐怖主义势力，有时则是出于政治目标而直接介入，有时则为改变国家政权。同时，欧洲大国也介入很多。比如法国，就多次利用原殖民地宗主国的联系，对不少国家的安全进行直接干预，甚至在有的国家驻有军队。总之，域外大国的干预对非盟在非洲安全治理上的中心地位造成了一定程度的损害。

上海合作组织是由中国与俄罗斯及独立中亚国家发起成立的，旨在以合作的方式解决相互间的安全问题而创建的以合作安全、共同安全为理念的区域组织。经过20多年的发展，上海合作组织始终坚持深化区域安全合作，积极构建区域安全机制，并最终形成了新兴安全合作范式。其具体表现为，构建了较为完备的安全合作治理法规，相继出台安全合作法律规范文件，建立安全信息交流机制，建立反恐中心，成立地区情报联动机制以及反恐机构，联合进行反恐军事演习等。随着上海合作组织的扩大，其合作治理的范围和方式也不断进行调整。值得注意的是，由于扩容后的上海合作组织成员国更为多样化，其面临的一个严峻挑战是如何化解有冲突的成员国之间的安全关系，以及如何应对恐怖主义、极端势力在区域内的活动，并实施有效的防控措施。

安全保障是国家、社会、企业、个人生存的基本需求。安全治理作为提供安全保障的制度构建和议程行动,必须在实践中探求有效的、可持续的方式,以满足相关各方对安全的诉求。国家安全、区域安全和国际安全相互联系、相互制约,共同构成了人类和全球安全的整体。尽管不同的国际区域在安全治理方面有着不同的特点,但其宗旨和目标是一致的,即任何安全都是建立在共同安全与合作安全的基础上的,是建立在国家、社会与个人安全统筹的基础上的。

第二节　国际区域安全治理的成效

国际区域安全治理在认知与实践方面都取得了显著的成效,与国家安全治理、全球安全治理一起成为安全治理的有机组成部分。事实证明,凡是国际区域安全治理发展得好的区域,无论是国家,还是企业、社会和个人,都能得到很好的安全保障。

一、安全认知与治理的进步

综观全球,对于安全的认知有三个显著的进步:一是共同安全观得到普遍认同。共同安全观突破传统的排他性单边安全观,强调相互安全,认为各国间的安全是相互联系、相互影响的。二是综合安全观(总体安全观)得到普遍认同。综合安全观突破传统的军事安全,强调传统安全和非传统安全的综合性和相互联系性。三是合作安全观得到普遍认同。合作安全观不同于对抗性的集体安全观,强调通过共同的努力,创建安全的机制与环境。共同安全、综合安全与合作安全构成新型安全观的基础,而新型安全观又是构建国家安全、区域安全和全球安全的主流认知。具体来看,新型安全观突破了传统安全观对安全的狭隘理解,对安全主体、安全内涵、安全手段都有了新的认识,这对于推进安全治理具有重要意义。同时,新型安全观作为理念和行为指导是一个重大的转变,其不仅强调传统安全和非传统安全的统筹,国内安全和国外安全的统筹,还强调国家安全治理、区域安全治理与全球安全治理的统筹。

共同安全的基本认知是,安全具有相互依存性,在大规模杀伤性武器高度发展，特别是核武器、智能武器高度发展的情况下，只有通过各方全力合作，才可以避免发生战争。同时，为防止发生冲突或战争，还需要消除发生危机的根源，而发生危机的根源不仅来自军备竞赛，也来自经济与生态环境的失衡等。[①] 在全球化、区域化高度发展的情况下，安全的共同性变得越来越凸显。共同安全观认为，世界各国的安全乃至生存是相互依赖的，维护安全是一种共同的责任。国际安全必须建立在对共同生存的责任而不是相互毁灭的威胁之上。[②] 共同安全认知突出了安全的非零和博弈特点，拓宽了安全的定义，承认国际体系中所有国家在安全上的相互依存性。

综合安全观把传统安全与非传统安全统筹考虑，其不仅是对安全含义的扩展，也是对安全含义的深化。与传统安全不同，非传统安全不仅涉及的范围广，而且影响的方式也不同。从安全治理的认知看，从能源供给安全、环境生态安全、可持续发展安全等进一步拓展到人的安全、社会安全、网络安全、科技安全、政治安全等，从强调安全的自主性到重视国家、区域与全球安全治理的统筹等。譬如，在恐怖主义势力威胁上升的情况下，反恐合作成为安全治理的重点；在经济社会网络化、数据化的情况下，保障网络数据安全成为安全治理的重点；在气候变化对地球生态产生严重威胁的情况下，人类第一次共同签署合作应对气候变化的《巴黎公约》等。

合作安全是通过对话与合作促进各国相互间的安全。合作安全主要是针对军事安全议题所提出的，它是指"通过相互承认彼此的利益，对控制所有军事力量的规模、技术构成、投资形式、实际操作等负起实质性责任"。最初，合作安全的目标主要是避免战争，主要凭借安全合作机制的构建来获取安全。合作安全的核心目标是，通过阻断侵略来预防战争，并以此消除受到威胁的国家作出对应准备的需要。合作安全的基本认知是，国家之间可以通过合作的方式解决安全困境，国家的利益也可以通过合作来共同实现。在总体安全认知的情况下，合作安全所涵盖的范围更为广泛，譬如，像应对

---

① 20 世纪 80 年代初，由瑞典前首相帕尔梅领导的一个非政府委员会（帕尔梅委员会）提交了一份研究报告《共同安全：生存的监图》，报告中提出了关于共同安全与共同安全责任的概念。此后，共同安全观被官方、联合国所接受。参见 Independent Commission on Disarmament and Security, *Common Security: A Blueprint for Survival*, New York: Simon and Schuster, 1982。

② Our Global Neighbourhood, *The Report of the Commission on Global Governance*, Oxford: Oxford University Press, 1995, pp.79-80.

恐怖主义、网络安全、环境安全、公共卫生安全等，均需要有效的合作治理，构建合作网络与长效合作机制。共同安全与合作安全认知的形成，也为国际区域开展安全治理提供了内在动力，使得安全治理的机制构建和行动议程实施成为现实。

基于共同安全、综合安全与合作安全的理念，国际区域安全治理的机制构建得到各方的支持，同时，各区域根据自身的特点，构建了多层次、多方式的安全治理机制。所有国际区域组织都建立了比较完善的决策机制（领导人会议、首脑会议）、管理执行机制（理事会、执委会）和实施职能机制。政治合作是开展国际区域安全治理的基本保障。各国通过建立常设性领导人对话合作机制，就国际区域安全问题进行对话协商，进而凝聚共识，并对合作议程进行决策。这样就使得国际区域安全治理建立在认同与合法的基础之上。

从欧盟的发展来看，安全治理一直是欧洲区域组织建设的核心内容，而治理的指导理念是共同安全与合作安全。总的来看，欧盟在区域安全治理机制构建上取得了三个重要的进步：一是通过区域制度构建，阻断成员国间发生战争的意愿和能力；二是通过区域制度构建提升区域公共产品的影响力，使其与成员国的根本利益密切连接；三是通过区域制度构建提升欧盟法律的地位和影响力，使共同法律超越国别法律。欧盟通过这些机制建设，构建起欧盟共同防务政策，以及欧盟独立的军事力量，并有效实施欧盟主导下的区域安全治理议程。不过，尽管欧盟吸收了多数欧洲国家加入，但还是存在欧盟与欧洲其他国家，特别是像俄罗斯这样的大国之间的安全关系如何构建的难题。

东南亚区域的安全治理经历了从“传统安全机制”（包括霸权、均势、联盟、集体内部安全、防务共同体等）到“新安全机制”（合作安全、共同安全）的转变过程。二战后，东南亚曾在美国的主导下，签署《东南亚集体防务条约》，建立“东南亚条约组织”。东盟成立后所推动的区域安全治理以维护共同安全为宗旨，把区域安全治理与区域的综合发展紧密联系在一起，把构建东盟安全共同体作为目标，从而获得了显著的成效。

签署《东南亚友好合作条约》是东盟在规则制定上迈出的一大步。条约的宗旨是促进缔约国人民之间的永久和睦和持久的友好与合作。《东盟宪章》是推动东盟共同体构建的基本大法。宪章明确规定，东盟共同体的构建是在本区域维持和加强和平、安全与稳定，强化以和平为本的价值观，通过经济共同体、政治与安全共同体、社会文化共同体的建设，奠定东盟持久和平与繁荣的基础。同时，东盟大力推进开放与合作的区域合作框架，把区域外部国家拉入合作框架之中，与合作伙伴一起维护区域的安全。[①] 东盟主导的区域安全治理旨在逐步培育成员国政府与社会的共同安全意识，培育合作伙伴维护共同安全的责任。

总的来看，"东盟方式"在区域安全治理中发挥了积极的作用，其结果主要体现在，东盟内部维护了稳定与和平，东盟与域外国家保持了合作关系，东盟的共同安全与合作安全理念也得到认同。

《非洲联盟宪章》规定，联盟成员国之间主权平等、相互依存；尊重实现独立时存在的边界；和平解决联盟成员国之间的冲突；促进非洲大陆的和平、安全和稳定；协调和统一现有及未来区域经济共同体之间的政策，以逐步实现联盟的目标。[②] 非洲对区域安全机制的建设诉诸的是一种集体安全和多边安全的途径，非洲的安全机制建设并不以假想的对手为其存在的基础与理由，具有非扩张性的特点。基于对区域共同安全的认知，成员国对于非盟和联合国的干预是给予认同和支持的。因此，非洲安全治理机制的建构是建立在开放的、多边参与的基础之上，其不仅吸纳了非洲所有成员国参与其中，而且国际社会也是非洲安全建设所借助的重要力量。

在非盟、次区域组织、联合国等多边机制的参与下，非洲地区的安全治理取得了显著的进展，国家间的冲突明显减少，大多数国家的安全形势也趋向稳定。不过，非洲仍面临诸多安全挑战。一些国家内部的可持续和平仍没有实现，不时发生内乱，外部大国的介入和干预仍然很强，特别是在一些非传统安全领域，如粮食安全、疫情防控安全等形势严峻，亟须非洲各国提升治理能力。

---

① The Association of Southeast Asian Nations, "The Treaty of Amity and Cooperation in Southeast Aisa", "The ASEAN Charter", https://asean.org/our-communities/asean-political-security-community/outward-looking-community/treaty-of-amity-and-cooperation-in-southeast-asia-tac/; https://asean.org/wp-content/uploads/images/archive/publications/ASEAN-Charter.pdf.

② African Union, "Constitutive Act of The African Union", https://au.int/sites/default/files/pages/34873-file-constitutiveact_en.pdf.

苏联解体后，中亚地区出现了新的权势格局。中国、俄罗斯与独立的中亚国家组建了上海合作组织，共同推动基于共同安全、合作安全理念的区域安全治理模式。“上合方式”“上合精神”得到成员国的普遍认同，同时，各成员国对构建区域安全治理机制也给予了全力支持。《上海合作组织宪章》明确规定，将秉持“互信、互利、平等、协商、尊重多样文明、谋求共同发展”的精神；加强成员国间的相互信任和睦邻友好；发展多领域合作，维护和加强地区和平、安全与稳定，推动建立民主、公正、合理的国际政治经济新秩序；共同打击一切形式的恐怖主义、分裂主义和极端主义，打击非法贩卖毒品、武器和其他跨国犯罪活动，以及非法移民等。[①] 另外，上海合作组织还努力推动能源、生态环境等领域的合作，不断拓展安全合作的广度与深度，以向综合区域治理方向发展。尽管面临分离势力、恐怖势力的威胁，通过成员国间的合作治理，中亚地区安全保持了基本的稳定。

总的来看，对共同安全、综合安全与合作安全认知的提升，有助于推动区域安全治理组织的构建。尽管像欧盟成员那样对建立超国家区域安全治理给予全力支持的区域不多，但各区域国家对于推动区域安全治理和建构区域安全治理机制，或是建立区域组织还是给予认同和支持的。区域组织不仅可以通过其治理机构和外交工具解决自身成员内部的争端，还具有联合起来抑制外来干涉和冲突的功能，以及共同应对安全威胁的能力。通过建立区域合作机制，把区域成员纳入一个更紧密的经济、社会、文化网络之中，从而阻止本区域内部的国家走向战争。早在 1992 年，时任联合国秘书长加利在一项联合国报告中就提出，建立一种包括区域安全和区域组织在内的、旨在推行预防外交、缔造和平与维持和平的国际合作的“和平议程”。[②]

区域组织在实践新安全观的进程中，以地区安全合作为先导，在“外溢”效应的推动下，不断扩大合作领域与组织规模。欧盟、东盟、非盟等区域性组织通过融入安全机制，能更有效地实施自己的规范建设，并更有效地推行军事性的威慑政策。在复杂的国际战略环境下，国际区域安全治理不是通

---

① 《上海合作组织宪章》，https://chn.sco-russia2020.ru/images/17/22/172270.pdf。

② Boutros Boutros-Ghali, *An Agenda for Peace : Preventive Diplomacy, Peacemaking and Peace-keeping*, New York: United Nations, 1992, pp.63-64.

过军备竞赛来抑制区域的外部威胁或侵略，而是通过重视内部安全关系与秩序的构建，特别是导向能力的提升来加以应对。[①]

二、国际区域安全治理方式与经验

从国际区域安全治理方式与经验积累看，欧洲、东南亚、非洲等都取得了显著的进步，积累了成功的经验，其有助于推动国际区域安全治理的未来发展。

(一)欧洲的方式与经验

二战后，欧洲分裂、对抗的铁幕落下，华约与北约军事集团分别成立。在此情况下，西欧国家以“舒曼计划”为引领，积极推动构建区域合作机制。西欧联合从一开始就带有明确的政治和安全目标设计，主要方式是把战败的德国纳入区域合作机制中，推动法德两个大国的和解与合作，并共同引领区域合作机制建设进程。欧洲合作并没有直接把构建共同防务作为优先目标，而是把逐步扩大和深化区域合作作为重点。欧洲合作在成员上实现了逐步扩大，在制度构建上由分散的机制向统合的组织、由共同体向联盟发展，并且逐步完善综合治理体系的构建。这样就稳固了区域合作治理的制度基础，也使得合作进程不可逆转。在区域治理综合制度构建比较完备的基础上，欧洲各国推动实施共同安全与防务政策，构建面对外部威胁的应急军事能力，包括一定的、可动员使用的军事力量。

不同于传统的集体安全力量构建，以欧盟为支柱的区域安全治理主要是基于共同安全的综合制度构建。这种方式旨在消除成员之间发生的对抗、冲突，特别是战争的根源，创建共同安全的法律、规则、利益保障，并加强成员国对欧盟共同身份的认同。[②] 这种以欧盟为载体的共同身份认同不仅具有政治意义，也具有很强的社会意义，即各成员把国别与区域看作是一个有机整体，把国别治理与区域治理有机连接起来。从区域安全治理的角度来看，这是国家职能的一种重要变革，即国家治理与国际区域治理的有机融合，并形成一种新的治理体系。

---

① Rodrigo Tavares, “Understanding Regional Peace and Security: A Framework for Analysis”, *Contemporary Politics*, Vol.14, No.2, 2008, pp.107-127.

② 参见朱鸣：《体系变革与欧洲安全一体化》，上海人民出版社 2017 年版，第 10～12 页。

现代民族国家理念与制度起源于欧洲，从制度上保障国家作为一个治理实体的存在，在领土、主权、人权上保持独立性、自主性和合法性等。欧洲联合与超国家国际区域治理制度构建，旨在解决国家间矛盾、冲突、战争，其初衷是构建共同安全的关系、环境，以及保证关系与环境的超国家政治、法律和职能。而成员国间的诚意和有效合作是关键。从欧洲政治与安全治理机制构建的进程可以看到，涉及国家本位的区域政治、安全合作是敏感问题，推进起来难度很大。目前，欧洲区域安全治理还在艰难中行进。整体欧洲安全治理机制的构建，特别是冷战结束后治理机制的构建，存在结构性失衡的特点，为欧洲安全增添了变数。

(二)东南亚的方式与经验

东南亚区域安全治理受到两个认知引领：一是现代民族国家构建，为建设独立、自主、自强的国家创建条件和环境；二是稳定国家间关系，减少和消除破坏区域关系的因素，同时，创建稳定、安全的地区秩序。从区域安全治理的角度来说，东南亚区域主要是靠逐步增强区域关系和秩序构建的合力，推动基于政治共识的合作行动议程，逐步实现国家与区域由乱到序、由危到安的目标。东盟则成为把区域国家聚拢起来，开展合作的唯一区域框架。“东盟方式”也逐渐成为被各国接受的区域安全治理模式。[①]

东南亚区域安全治理经历了从霸权、均势、联盟等安全机制构建到合作安全与共同安全为导向的安全共同体构建过程。东盟安全共同体是建立在区域综合制度构建基础之上的。东盟安全共同体不是靠建立区域安全力量，而是靠内部共守的规则保证和以东盟为中心的外部协调与平衡。显然，东盟安全治理的方式是一种以高度协商和共识为特征的行动议程，也是一种以自主、共识与合作为基础的区域动态调整与互动进程。东盟国家对区域安全合作乃至区域一体化的共同偏好就是基于追求相互利益乃至共同利益的现实需要，而它们对区域合作非军事和非正式方式的偏好一直贯穿其合作的整个过程，并实质性地决定着东盟安全区域主义的深度和内涵。规范、认同、信任和制度等主体间变量也在东南亚区域安全治理进程中发挥着

---

① Norman D. Palmer, *The New Regionalism in Asia and the Pacific*, Cambridge: Cambridge University Press, 2011, pp.19-61.

各自的重要作用。

当然，对于东盟的区域安全治理方式，各方也存在着不同的看法。比如，在大国强势介入和大国间竞争加剧的情况下，东盟如何维护自身的安全和确保地区的安全？东盟仅靠以东盟为中心的政治操作，能否对安全形势产生重要影响？至少，从目前的情况看，东盟区域合作安全的综合治理还是取得了一定成效的。比如，东盟成员在南海问题上存在分歧，但成员间坚持不使用武力、不冲突的基本原则，从而维护了南海局面的基本稳定。在全球大变局的时期，东盟区域成为一处独特的"安全港"。

（三）非洲的经验与方式

非洲地区的安全问题主要来自两个方面：其一，独立后的非洲国家发生内乱，政治、部族、宗教冲突导致国家陷入长期动乱，且许多动乱向外扩散，影响到其他国家；其二，外部势力的介入和干预，包括军事干预等。在此情况下，区域安全治理主要强调通过诉诸区域安全机制的建设来防止国家间和国家内部的冲突。非洲区域安全治理诉诸的是一种集体和多边的安全途径，追求的是一种非联盟的、开放的方式，并不以假想对手为其存在的基础和理由。非洲区域安全治理的建构过程也是一个多边参与的过程。其不仅吸纳了非洲所有成员参与其中，而且国际社会也是非洲安全建设所借重的关键力量。

非洲区域安全治理面临着非洲各国能否将它们的集体安全承诺付诸实践的困难。非洲是世界上经济与社会发展水平最低的地区，域内大多数国家的经济、军事能力都非常有限，在很多情况下，仅凭自身力量难以完成平息和解决非洲局部冲突的任务。以非盟为中心的非洲安全治理在一定程度上受到能力的限制，因此，安全建设还需得到次区域组织的支持。不过，除了西非和南部非洲以外，非洲其他各次区域的安全机制建设进程都极为缓慢。

非洲的区域安全治理还具有开放性的特点。国际组织、域外国家、社会力量等都参与到了非洲的安全机制建设进程中，这有助于为非洲的安全治理提供多方面的支持。特别是在非传统安全治理领域，在许多情况下，外部力量的支持至关重要。不过，由于外部力量成分复杂，介入形式和目标多样，过多相异力量的存在，也使得非洲自身安全治理机制的建设陷入难以协调的窘境，为外部力量介入和干预非洲事务提供了机会。总之，开放性的区域安全治理应有助于增进非洲区域安全治理自身能力的建设，增强非洲国家、非盟和次区域组织在解决冲突、维护国家和区域和平、安全与发展上的能力和作用。①

值得注意的是，在国际相互依存和跨越国界的安全压力日益增加的背景下，有组织犯罪、难民、恐怖主义和传染性疾病等问题对于安全的影响日益增强，并呈现出跨国性、联动性、扩散性等特点。在此情况下，区域安全治理的内容、环境和方式发生着持续的嬗变。有鉴于此，全球、区域和各国在多层次、多领域的安全治理上加强合作的必要性增强，亟须构建多层次、多主体的综合安全治理方式，并应重视非国家行为体的参与。

三、国际区域安全治理的难度

国际区域治理已经成为大势，国家治理和全球治理越来越离不开国际区域的治理。关于国际区域安全治理，最重要的发展是一些区域构建了稳固的制度基础和常态化的职能行使机制，在推进区域共同安全、综合安全与合作安全上发挥着越来越重要的作用。从实际情况来看，凡是制度建设取得显著进步的国际区域，其综合安全的形势就较好，反之亦然。

在世界不同的区域，安全治理的发展很不平衡，有的体现在大区域，有的体现在次区域。欧盟、东盟实践了不同的安全治理模式，但都取得了区域内总体安全的效果。而在一些区域，比如中东、东北亚、南亚，以及包括俄罗斯在内的大欧洲，无论是区域认同还是区域治理实践，都存在诸多障碍。因此，从全球来看，区域安全形势严峻，甚至在有些区域不排除发生大规模冲突和战争的可能性。在安全治理方面，全球各区域大多把重点放在传统安全领域，而对非传统安全领域治理，特别是在新兴领域，如网络安全、数字安全、人工智能等方面的投入较少。另外，值得一提的是，欧盟在信息数据安全、人工智能领域的治理走在全球前列，其制定了具有前瞻性的《信息保护法》《人工智能标准与安全法案》等。

在全球进入大变局时期后，传统安全与非传统安全相互交织，特别是高

① 参见莫翔：《当代非洲安全机制》，浙江人民出版社2013年版，第310～313页。

科技、自动化、智能化技术正被大规模应用到战争之中，大大增加了安全问题的影响力。这不仅突显出加强安全治理的重要性，而且也增加了安全治理的内涵。在传统安全领域，大国战略竞争、地区冲突和战争等，使得传统安全的形势变得非常严峻。伴随全球力量对比发生大规模转变，大国在区域安全治理中往往扮演着决定性的角色。若大国能审时度势，认同共同安全与合作安全的理念，推动构建新型合作制度，并向区域合作提供公共产品，区域安全治理就能朝向更积极的方向发展。若大国固守传统战略思维以及排他性安全理念，并为此相互竞争，区域安全治理就会陷入困境，安全关系与安全形势就会变得更加严峻，甚至走向集团对抗和战争。

在矛盾多发期，极端势力、恐怖势力、民族主义、极右翼势力、宗教极端势力等容易找到生存的土壤，并获得广泛支持，从而成为引发社会对立及冲突的因素。它们的影响力迅速蔓延、扩散，对区域甚至全球范围造成严重冲击。当前，在全球化、信息化高度发展的情况下，国家之间人员、资本、产品、技术等流动性不断增强，随之而来的各种跨国犯罪问题，譬如金融诈骗、洗钱、走私等也不断增加，而且很多有组织犯罪也都具有区域性的特点，如制毒贩毒、人口贩卖、大规模杀伤性武器扩散等。同时，安全问题的跨国性、联动性也日益明显。

在开放与相互依存的世界中，国际区域安全治理未来的发展应重点关注三个方面，即大国协调、区域合作与社会互动。从大国协调方面来看，一是区域内大国之间的协调，二是区域内外大国之间的协调。区域内大国协调的主要取向是在推动共同安全、综合安全与合作安全方面增进共识，在推动构建区域安全治理制度建设上相向而行，不搞分离和对抗性实力集团。区域内外大国协调主要是避免域外大国干预区内安全事务，通过规则达成合作共识，为构建合作性安全治理制度发挥建设性作用。加强区域合作是深化国际区域安全治理的关键。

从区域合作方面来看，其是一个不断调整与发展的进程，需要不断增进区域认同与共识，不断推进制度与规则建设。国际区域安全治理是问题导向的，以应对和解决安全问题、创建共同安全的环境和秩序为宗旨。因此，越是在矛盾多、安全问题凸显的情况下，越是要加强合作治理的共识，以通过合作化解矛盾和创建良好的区域秩序环境。现实中，受到多方面因素影响，发展安全、社会安全、技术安全等受到越来越多的重视，但是也出现了安全政治化、安全战略化的趋势。各国把越来越多的问题归结为安全威胁，并支持基于单边思维的“泛安全化”政策，这对于国际区域安全的合作治理是不利的。

从社会互动方面来，其建立在国际区域安全治理的社会广泛和深度参与的基础之上。所谓互动，就是社会对于国际区域安全治理信任，对于治理的规制、政策和行动给予支持。这一方面需要为社会参与提供机会和制度保障，另一方面也依赖于社会能从治理中受益。鉴于社会构成的复杂性，不同势力对于问题本身和治理进程有着不同的解读，因此，形成社会对治理的高度认同和共识有着很多困难。譬如，在一些情况下，安全问题往往被媒体炒作，这导致不同国家间的社会舆论、公众认知容易发生对立，从而使区域合作共治的环境变得不利。国家之间的社会舆论对于国家政治、政府政策具有重要影响，社会舆论、社会情绪的差别，特别是涉及一些对公众利益非常敏感的安全问题，开展合作治理需要取得社会各方的理解和支持。

国际区域安全治理并非是一个必然发生和必然成功的进程，需要全球各国在不断克服各种矛盾和障碍的努力中加以推动和实现。国际区域安全治理是各方共同利益的诉求，治理的成效惠及各方，这是已被实践所证明的。在世界大变局时期，各种矛盾相互叠加，来自多方面的安全威胁和挑战也不断增加，在此情况下，各行为体更需努力加强安全治理方面的合作，以此来防止矛盾激化，避免冲突升级，从而创建和平与发展的国际区域环境。

第十二章　国际区域安全治理的实践

不同的国际区域面临着不同的安全问题，也有着不同的治理方式与效果。当前，区域安全的治理范畴正从传统的军事、政治安全领域向经济、科技、环境、文化等非传统安全领域扩展，而安全的内涵和外延也在不断变化，并产生很强的连带效应和外溢效应。面对全球日趋复杂的安全格局、安全威胁，各国更需要加强对话协商，创新安全合作模式，以实现国际区域安全的良好秩序和环境。

第一节　国际区域安全治理案例

全球各区域的安全治理由于发展水平、环境差异和实践方式的不同，形成了不同的安全治理方式。有些区域的安全治理区域化水平很高，基本上实现了共同安全、合作安全的目标；有些区域的安全治理化水平则偏低，不安全的局面没有得到根本性改善。

一、欧洲区域安全治理

历史上，欧洲曾战乱不断，国家与国家之间，集团与集团之间，为了利益、宗教、霸权等，接连不断地发生战争。因此，现代欧洲安全治理理念将解决传统安全威胁作为起点。

1648 年，在经过 30 年战争后，欧洲签署了《威斯特伐利亚和约》，确立了国家主权概念，肯定了各签署国不受外来干涉的基本原则，力图以此确立欧洲区域安全的基本秩序。《威斯特伐利亚和约》结束了哈布斯堡及其天主教派盟友与新教势力及其盟友法国之间的 30 年战争（1618～1648 年），也结束了西班牙与荷兰共和国之间的80年战争(1568～1648年),且前者正式承认后者的独立地位。和约也结束了欧洲历史上有近800万人丧生的动荡时期,其签订标志着基于主权概念的现代国际体系的开始。1815年,拿破仑战争后的维也纳会议赋予大国维持体系和平的特殊责任,"欧洲协调"(Concert of Europe)正是体现"大国观念"、均势原则和正统主义观念的首个国际安全机制。但欧洲五大国(英、法、俄、普、奥)的这种协调机制仅仅维持到1822年,最终于1854年被克里米亚战争所打破。以确立民族国家为基础的欧洲安全、"欧洲协调"机制都没有真正解决欧洲的安全问题。

1914年,第一次世界大战爆发,至1918年战争结束。一战是欧洲历史上破坏性最强的战争之一,约6500万人参战,约2000万人受伤,超过900万名士兵战死,500万平民死于军事行动的连带伤害、疾病或饥荒,超百万人死于战争期间奥斯曼帝国治下的种族灭绝与战争末期及战后流行的西班牙大流感。在战争结束后,欧洲曾掀起欧洲联合的运动,意在通过联合来制止战争。最有影响的是法国外长白里安提出的"欧洲联邦"计划。1930年,白里安向欧洲各国提交了"关于组织欧洲联邦体系"的备忘录,提议成立欧洲主权国家联盟,以杜绝欧洲战争再起。这是欧洲联合运动由思想家倡导到官方推动的一个重要发展,不过由于没有得到一致的支持,这个计划最终搁浅。1939年,第二次世界大战在欧洲爆发,历时6年,到1945年才结束。二战的战火扩延到世界更大的范围,共有84个国家和地区、20多亿人口卷入战火,伤亡人数达1亿多人,消耗军费1.3万亿美元,经济损失达4万多亿美元。

第二次世界大战的教训使欧洲国家对通过联合杜绝战争、实现持久和平有了更大的共识。1946年9月19日,丘吉尔在《欧洲的悲剧》演讲中明确提出,欧洲应联合起来,建立欧洲合众国,并实现法德和解。1948年5月7日,推动欧洲联合的"欧洲大会"在海牙召开,通过了政治决议、经济决议和文化决议。1949年8月,具有官方性质的欧洲委员会成立。推动欧洲联合跨出实质性步伐的是1950年5月9日"舒曼计划"的出台。该计划最终使得法国、联邦德国、意大利、荷兰、比利时和卢森堡六个国家组成了"欧洲煤钢共同体"。其深刻的意义是,欧洲构建实体性区域联合组织从理想变为现实,从政治上实现了法德和解,并建立起超国家的区域治理机制。不过,无论是基于历史还是现实，实现欧洲安全治理的难度都很大。20 世纪 50 年代至 60 年代，欧洲各国进行了多次探索性的尝试，先后提出欧洲防务共同体计划、欧洲政治共同体计划、政治联盟计划等，但都遭到挫折。二战后，欧洲分裂，1949 年北约成立。1950 年，法国提议建立以西欧国家为联合体的欧洲共同防御体系，构建统一的政治机构和军队。1952 年，西欧六国外长签署欧洲防务共同体条约，但是，该条约最终没有得到批准，这主要源于法国议会的否决，因为其认为建立防务共同体和超国家的军队，“这一步走的太远了”。①

1967 年 7 月 1 日，欧洲煤钢共同体、欧洲经济共同体和欧洲原子能共同体合并，成立统一的欧洲共同体。其旨在加强欧洲联合的制度建设，通过构建综合治理的制度体系推进区域安全治理的发展。在英国加入欧洲共同体后，关于加强欧洲政治联合的努力再次被提上议程。1973 年，欧洲共同体 9 国领导人发表欧洲身份宣言，1974 年又提出关于欧洲政治组织的倡议，旨在完善欧洲共同体领导决策的体制。不过，在政治欧洲和防务欧洲建设上，进展仍然十分有限。这主要体现在两个方面：其一，欧洲政治合作机制仍严格限定在政府间主义的范畴内，仅作为一个磋商和协调的机制，而不是决策和行动的中心；其二，欧共体成员国在国际关系中还缺乏可使用的有效手段。涉及欧洲各国主权和安全核心领域的防务合作仍然进展缓慢，在防务上西欧各国仍依赖美国领导下的北约。

冷战结束、苏联解体后，由西欧国家推动的区域联合成为主流的治理方式。在此条件下，欧洲的区域联合进程得到进一步发展。1991 年 12 月，欧洲共同体马斯特里赫特首脑会议通过了《欧洲联盟条约》，即《马斯特里赫特条约》。1993 年 11 月 1 日，《马斯特里赫特条约》正式生效。欧洲共同体转变为欧盟，实行欧盟共同外交和安全政策，并最终实现共同防务政策，目标是强化欧洲身份和独立性，推进欧洲和世界的和平、安全与进步。其中，共同防务政策包括提高军事能力，加强与北约的合作等。1999 年，欧盟明确提出欧盟应建立可靠的军事能力与军事机构，以实践有效的冲突预防与危机

---

① 参见[荷]吕克·范米德拉尔：《通向欧洲之路》，任轶、郑方磊译，东方出版社 2016 年版，第 196～206 页。

管理，并在理事会下设立"政治与安全委员会""欧盟军事委员会"和"欧盟军事参谋总部"，以及建立快速反应部队等。2004 年，欧盟又成立欧洲防务局(European Defense Agency)，作为欧盟安全治理制度建设的一个新发展。其主要职能是研究制定防务、军事需求方案，加强防务技术研究与合作，加强军事武器装备合作，强化防务装备市场建设等。

总体来看，以欧盟为中心的区域安全治理，首要目标是构建区域内部安全的综合环境，使得成员国家间不再发生战争。区域安全环境的构建以合作安全理念为导向，以区域综合合作制度构建为重点，在区域合作基础稳定的基础上，逐步推进共同安全与共同防务的建设。

欧洲共同体和欧盟的构建为各国参与带来作为"欧洲身份"的现实利益，通过制度构建加固信心和合作意识，通过利用各方对区域治理合法性的支持，从根本上转变区域的构成规范，创建区域共有价值观。特别是当欧盟内部"普遍和平"成为现实时，和平本身似乎已经不再作为目标来追求。[①] 这种转变也意味着，欧盟的区域共同安全治理已成为一种被普遍认同的制度保障。

冷战后，欧洲的安全议程被分解为许多彼此联系的安全关切。欧洲的安全话语中增加了新的因素——环境、移民、难民、种族冲突、跨国犯罪和恐怖主义等。在此情况下，欧盟国家逐步达成共识，即欧洲的安全依赖于欧洲区域主义的发展，欧洲必须避免重蹈战争和权力制衡的历史覆辙，绝不允许欧洲的过去变成欧洲的未来。由此，欧洲安全一体化成为一种必需。

同时，欧盟的安全与外部有着密切的联系。面对复杂多变的世界与地区局势，欧盟对外部安全事务采取了更为积极和直接的介入。巴尔干地区的战乱，伊拉克战争，阿富汗战争，北非、中东、西非地区的政治动荡，利比亚战乱，叙利亚危机以及乌克兰危机等，欧盟都以不同的方式积极介入。尽管欧盟对于直接军事介入还比较谨慎，但在北约采取干预行动的情况下，欧盟都给予了直接和间接的支持。同时，欧盟在构建地缘区域安全合作机制方面也作出积极的努力。比如，欧盟大力推动与地中海地区国家的合作，推动

---

① 参见[荷]吕克·范米德拉尔：《通向欧洲之路》，任轶、郑方磊译，东方出版社 2016 年版，第 347 页。

建立欧盟—地中海伙伴关系，加强欧盟与相关国家在政治、经济、安全方面的合作。2008年，欧盟27国还与地中海沿岸16个国家成立了“地中海联盟”，进一步提升地区合作的水平。

同时，欧洲安全还非常依赖欧盟、北约、欧洲安全与合作组织等多边国际机构的协调。这些机构以不同的方式给“新”欧洲带来了稳定。[①] 欧盟作为多数欧洲国家参加的区域联合组织，在欧洲安全治理中发挥了重要作用。欧盟在后冷战时期实施大规模东扩，而这很大程度上改变了欧洲政治与安全的地缘结构。欧盟致力于发展共同安全与防御政策，强化自身的安全与防御力量，创建了多支双边或者多边快速机动部队，有效提升了快速反应能力。同时，欧盟大力加强内部机制建设，使内部分裂风险最小化，同时还通过扩大政策和地区稳定计划推动中东欧各国平稳转型。

另外，北约在欧洲区域安全治理中扮演着重要角色。北约原则上是一种经典的针对外来攻击的集体防御组织。冷战期间，它与华约激烈对抗。冷战后，华约解体，北约则继续存在，其关注的战略重点是东扩、维和及区域外干涉。北约的重要性在于，它并不仅仅承担集体军事安全职能，而且还承担政治斗争责任。北约的防务政策和对外干涉在很大程度上主要是作为以军事手段推行的对外政策出现的。北约与欧盟在安全方面有着密切的合作。为了避免在军事资源、武装力量、军事支出等方面出现竞争与矛盾，双方在2003年3月订立《柏林附加协定》(Berlin Plus Agreement)，正式确立双方的合作架构。此举使得欧盟在实施军事行动之时，可以借用北约的军事与人力资源，而不必在欧盟内部建立与北约相互重复的机构。[②] 由此，北约与欧盟就合作安全有效协调了双边关系，化解了双方之间的竞争关系与潜在矛盾，双方取长补短，发挥各自在军事和民事上的优势。值得注意的是，北约东扩改变了欧洲安全的地缘结构，使得俄罗斯的安全环境发生改变，凸显了新结构下欧洲安全的矛盾性。

在经过长时间商榷之后，欧安会在1975年成立。该组织以合作安全为

---

① Erik Yesson, “NATO, EU and Russia: Reforming Europe's Security Institutions”, *European Foreign Affairs Review*, Vol.6, No.2, 2001, pp.197-221.

② 参见许海云:《构建区域安全模式——国际体系中的大西洋安全模式与亚太安全模式》，世界知识出版社2018年版，第342～346页。

指导方针，以建立信任措施、裁军以及和平解决冲突机制为基础，推动东西方之间的安全协调和其他领域的交流与合作。[①] 在欧安组织引导下，欧洲诸国签署了一系列重要的常规军控协议，包括限制大西洋和乌拉尔山脉之间的地面和空中非核武力量的《欧洲常规武装力量条约》《开放天空协议》以及《信任建立措施的扩展协议》等。通过早期预警、预防性外交和人权监督等，欧安组织参与了欧洲各种各样的冲突预防和冲突解决。冷战结束后，欧安会继续开展活动，不断扩大吸收新成员，到1993年，成员国达到53个。1994年，欧安会发表《走向新时代真正伙伴关系》的布达佩斯首脑会议宣言，决定把欧安会更名为“欧洲安全与合作组织”（欧安组织）。1999年，欧安组织会议通过了新的《欧洲安全宪章》，明确规定，欧安组织“有权过问”成员国内发生的“践踏民主与人权的行为”“难民危机”及“人道主义灾难”等。其后，欧安组织继续扩大，到2012年，成员国增加到57个，不仅有欧洲、北美国家，也有亚洲国家。

与北约和欧盟不同，欧安组织是着眼于欧洲整体安全的构建，在合作的前提下对危害欧洲安全的事件进行调解与干预，无论是在冷战对抗时期，还是冷战后的转型时期，它都发挥着重要的作用。不过，尽管欧安组织根据形势变化而进行适应性调整，但基于多方面的限制，其对欧洲安全形势、安全格局变化调整面临诸多难题，其发展处于深刻的政治危机中，发展前景充满不确定性。

冷战后，欧洲安全的新威胁增大。一方面，非传统安全问题给欧洲带来严重困扰。欧洲频繁发生恐怖袭击事件，造成重大人员伤亡，引发各国恐慌。恐怖主义与难民问题、非法移民问题以及国内穆斯林的融合问题、极右翼民粹主义的兴起等问题相互交织、复杂难解，使欧洲各国疲于应对。另一方面，北约和欧盟的东扩所引发的安全裂痕越来越大，导致俄罗斯在2022年2月24日对乌克兰发起“特别军事行动”，引发了欧洲冷战后数十年来最严重的安全危机。冲突爆发后，北约立即启动防务方案，开始向东欧大规模增兵，并向乌克兰提供大量武器援助，欧盟也对俄罗斯实施全面制裁。芬

① 早在1955年，苏联就提议建立东西方一体的欧洲集体安全机制，经过长时间的讨论，1972年美苏就召开欧洲安全会议达成共识，此后双方分阶段召开外长会议，就相关问题进行讨论，并于1975年8月1日签署《赫尔辛基最后文件》，正式成立欧洲安全与合作会议。

兰、瑞典等长期奉行不结盟原则的国家申请正式加入北约,德国等国家也开始提高军事开支。冲突的爆发和持续使得美欧军事同盟关系进一步巩固,未来欧盟的防务安全将更紧密地与美国捆绑在一起。欧洲区域安全治理发生了重大的转变,重构欧洲合作性区域安全框架需要付出巨大的代价和努力。

欧洲区域安全治理的发展提供了许多值得总结的经验,但也提出了许多有待解决和思考的问题。以欧洲共同体、欧盟为中心的区域安全治理是基本成功的,其最大的成功是实现了成员国间的相互安全。欧盟的建设,创建了成员国家、各国公民的"欧洲身份认同",分享区域联合带来的制度红利。欧盟内创建了可持续的和平,不是靠专门的安全机制构建,而是靠区域组织构建下的综合治理。欧盟的超国家治理能走多远,始终会遇到"我们到底是谁""欧洲的边界在哪里"的问题。尽管如此,欧盟的区域制度构建和欧洲人身份认同已是一个不可逆的进程,在区域和国家之间维护平衡,对于以欧盟为中心的区域治理发展至关重要。对欧盟的安全治理来说,严峻的挑战是,在基本解决了国家间相互安全的问题后,其他方面安全问题增多。出于国内政治的原因,一些势力容易把不安全的因素都归于欧盟,一些极端民族主义、右翼势力往往会把国内的问题归结为"布鲁塞尔的官僚主义"。

欧盟、北约、欧洲三者之间的交叉造成了区域安全治理上的矛盾。从历史上看,欧洲安全具有整体性的特征。一方面,在欧盟外部发生安全威胁的情况下,欧盟内部的安全并不能保证所有成员国的安全;另一方面,北约是在冷战对抗背景下建立的,冷战结束后,它的扩大具有政治选择性,这种选择性就有着对抗的性质。因此,其本身的发展就蕴含着增加矛盾和对抗的性质,必然引发新的安全问题。欧安组织本来是协调冷战时期的东西方安全关系的组织,冷战结束后,尽管其调整了调节的内容和方式,但是,在缺乏制度的情况下,并不能解决欧盟和北约东扩所导致的新安全问题。

二、东南亚区域安全治理

二战后,除了泰国以外,其他东南亚国家都是刚刚脱离殖民统治的新兴独立国家。东南亚区域安全的主要威胁是外部国家的干预和区域内国家之间的军事冲突与边界争端,以及分离主义势力的兴起等。国内安全问题、区域国家间的安全问题以及外部势力干预相互交织，使得东南亚陷入严重的安全危机。

1967 年 8 月 8 日，印尼、泰国、马来西亚、菲律宾、新加坡五国在泰国曼谷签署了《东南亚国家联盟宣言》，即《曼谷宣言》，正式宣布成立东盟。自二战后经历了 20 多年的探索，东南亚终于出现一个基于共同安全与合作安全理念的区域性政府间组织。东盟作为东南亚国家的区域合作组织，逐步聚合东南亚国家的力量，推动构建新型国家间关系，努力包容各国差异性的现实需求，通过制定共守规则，创建区域合作与安全的环境。在区域构建进程中，东盟内部各成员通过制定集体规则，化解相互间的冲突，逐步增进了共识，合力推进区域共治，积极构建和平与合作的安全共同体。以东盟为中心的区域合作认知也在外交实践中促成了东盟引领构建的多方参与的区域安全关系和秩序。[①]

1971 年 11 月，东盟颁布的《东南亚和平、自由和中立区宣言》强调，东盟奉行尊重国家主权和领土完整，不使用或威胁使用武力，和平解决国际争端原则，东南亚区域应成为一个不受外部强国以任何形式或方式干涉的和平、自由和中立地区。1976 年 2 月 24 日，东盟第一次首脑会议签署了《东南亚友好合作条约》。该条约的宗旨是促进缔约国人民之间的永恒和睦和持久的友好与合作。条约规定，缔约国之间相互尊重彼此的独立、主权、平等、领土完整、民族特征和互不干涉内政，有决心和诚意防止出现争端。如若发生争端，则应当克制，不使用武力或以武力相威胁，通过友好磋商加以解决；各国应对国际性和地区性的问题保持定期的接触和磋商，以协调各方的看法、行动和政策；同时，各国还应加强经济合作，为发展经济和互相援助采取地区性战略。这些基本原则也成为东盟与其他国家发展关系的基本原则。[②]

东盟还对东南亚区域内发生的局部冲突或重大政治事件进行积极干预。譬如，东盟曾采取经济制裁、外交协调和国际动员等方式介入柬越战争，还参与了东帝汶维和行动。1978 年，越柬战争爆发，越南大举入侵柬埔寨，引发了长达 11 年的战争。东盟在此期间发挥了沟通协调的作用，为战

---

① 参见张云：《东南亚区域安全治理研究：理论探讨与案例分析》，《当代亚太》2017 年第 4 期。

② 中国是第一个承认和加入《东南亚友好合作条约》的非成员国家。此后，日本、韩国、美国等也都承认和加入了该条约。

争问题的最终解决奠定了基础。[①] 同时，东盟积极争取国际社会的支持，向越南施加压力，争取联合国大会在1979年3月将柬埔寨问题列为会议议题，而且连续8年使每届联大都通过了要求越南从柬埔寨撤军的决议。东盟推动政治解决柬埔寨问题，促成了一系列国际会议的召开，比如1988年7月和1989年2月两次雅加达非正式地区会议的召开，处理了柬埔寨各派之间权力分配的复杂问题。再如，1975年印尼吞并东帝汶，尽管东盟采取了不干预的方式，但在联合国的支持下，澳大利亚领导的国际部队派往东帝汶时，东盟也参与了东帝汶维和行动，派出2500名士兵参加维和部队。

冷战结束后，东盟积极推动对外合作关系的构建。在1992年召开的东盟第四次首脑会议上，东盟把与对话伙伴国外长会议作为讨论地区安全的固定机制。1994年7月，为维护地区和平与稳定，促进地区发展与繁荣，东盟地区论坛(ARF)宣告成立。该论坛是一种新型的区域安全协调机制[②]，其通过对话增进共识，并把共识落实在各方的行动中，以维护区域稳定、和平与发展。东盟地区论坛制定了“三阶段”推进机制来构建区域共同安全：第一阶段，促进建立信任措施；第二阶段，推进预防性外交；第三阶段，探讨对待冲突的方式。东盟在推动ARF发展，使其在推动区域共同安全、合作安全共识方面发挥了积极的作用。

2003年10月，东盟第九次首脑会议通过了《东盟第二协议宣言》(简称《巴厘第二协议》)，正式提出了建构“东盟安全共同体”的战略规划。2007年11月，第十三次东盟首脑会议正式签署了《东盟宪章》，旨在为推动东盟共同体提供法律基础。2015年12月31日，东盟共同体正式成立。东盟共同体由三大支柱构成，即东盟政治安全共同体、东盟经济共同体、东盟社会文化共同体。东盟政治与安全共同体旨在通过区域制度构建，确保东盟的可持续安全，使各国友好、和平与合作共处。东盟政治安全共同体将东盟视为一个有相同价值观及规则的规范共同体，一个对全面安全负有相同责任的，有

① Mong Palatino, “1975: The Start and End of Conflict in Southeast Asia”, *The Diplomat*, December 1, 2015, https://thediplomat.com/2015/12/1975-the-start-and-end-of-conflict-in-southeast-asia/.

② 参见金新、黄凤志:《东盟区域安全治理:模式、历程与前景》,《世界经济与政治论坛》2013年第4期。

凝聚力的，和平、稳定且富有活力的地区。东盟政治安全共同体的构建与东盟经济共同体和东盟社会文化共同体的构建同步，三者紧密联系并相互支持。经济共同体为政治安全共同体提供了经济基础，社会文化共同体则为政治安全共同体提供了社会基础。

在区域安全治理中，东盟根据东南亚区域的特点，探索符合本地区特点的实践，并把共同安全作为区域安全构建的理念和实践目标。东盟倡导各成员在安全治理中注重共同参与，创建各方都能参与的宽松框架，然后通过共同协商，增进相互理解，就争端达成妥协、折中的方案，以阻止过激单边行为。针对东盟国家对主权独立的高度关注，东盟在推进区域治理议程中，把尊重独立和领土完整、不干涉彼此间内部事务、和平解决争端作为成员间关系和区域治理的基本原则。“东盟方式”则力图为成员国创建一种舒适性参与的氛围和环境，把治理作为一种不断发展的进程，并对成员的行动进行干预和严格监督，为缺乏能力的成员提供较为宽松的实施环境。对外则坚持“以东盟为中心”，即东盟根据自身的判定，制定符合东盟整体利益的立场与战略，把合作伙伴关系作为对外发展关系的基本原则，避免与域外国家，特别是大国发生冲突；同时，也避免大国在本区域发生冲突，进而形成以东盟为中心的区域安全治理结构。

中国和美国是对东盟区域安全治理有着重要影响的国家。冷战结束后，东盟与中国建立了对话合作伙伴关系。二者通过对话合作，相互间的认知和战略信任逐步提升，然后以此为基础，构建起全面战略伙伴关系。为了稳定南海局势，双方基于共同安全、合作安全的理念，推动制定共守规则，2002 年签署了《南海各方行为宣言》，紧接着又推动制定“南海行为准则”，力图将南海建成和平之海。同样地，美国也在东盟地区有着很深的介入。近年来，美国视中国为最大的战略竞争对手，并加强了对南海问题的介入。同时，美国还与菲律宾、新加坡和泰国等国建立了军事同盟关系。在此条件下，东盟一方面积极推动与美国构建全面战略伙伴关系，另一方面坚持以自身为中心，应对来自美国对华战略竞争的部署。譬如，在以东盟为中心的战略考虑下，推出东盟印太立场文件，坚持参与但不选边站的策略等。

总的来看，东南亚区域安全治理模式是一种多层次、多主体结构，具有复合体的治理方式。东盟的区域安全治理是地理、历史、社会和文化等元素的区域聚合与重建，与成员国国家塑造和建构的进程相契合，并逐步塑造一种安全共同体的身份进程。东盟区域安全治理的方式是把硬性规约（条约、宪章）和软性议程相结合，体现出协同合作而非硬性强制的“东盟方式”。“东盟方式”有助于区域合作进程的可持续性，并在不断发展的进程中塑造共同理念，达成地区共识。尽管东盟内外都遇到了许多安全挑战，甚至是危机，但以东盟为中心的区域安全治理进程没有中断，并以包容的方式把所有东南亚国家都纳入东盟组织之内。

东盟在安全治理领域已取得了长足进步，但同时也面临着诸多挑战。成员国之间存在许多未解分歧、争端和利益冲突，包括领土争端、经济贸易纠纷、宗教与民族矛盾、文化冲突等，这些问题都在一定程度上影响着成员之间的互信与合作。不过，面对复杂的安全形势，东盟各国除了维护东盟内部的团结，加强相互间的合作，没有其他选择。只有继续加强以东盟为中心的安全共同体建设，才能确保各国的安全利益和区域整体的安全局面。

三、非洲区域安全治理

非洲安全一直面临着复杂的局面，长期的殖民统治使非洲国家发展水平落后，民族独立后许多国家内部常年陷入动荡与战乱之中。还有一些国家则因领土、种族、宗教等原因发生战乱或冲突。面对这种形势，非洲国家有着合作构建区域安全机制的诉求。

1963 年 5 月，非统成立。在成立大会上，30 个非洲独立国家签署了《非统组织宪章》。该宪章的主要目标是：促进非洲国家的团结，从非洲铲除一切形式的殖民主义，促进国际合作等。非统的宗旨是推动非洲的联合，通过协商与合作实现非洲的和平与发展。基于非洲现实的环境以及各国对区域合作治理的认知，非统强调确保成员的独立和平等，推动和平解决争端，不提倡采取直接的干预行动。为了加强非统对区域安全治理的能力，20 世纪 60～70 年代，非统曾动议成立非洲联合最高指挥部、非洲防御组织、非洲防御力量等，但均没有获得成功。虽然曾成功建立了调停、和解与仲裁委员会，但最后也被取消。

冷战结束后，非洲安全形势变得更为复杂，非统对于加强区域冲突干预也有了更为积极的认识。1992 年，非统秘书长萨利姆提议成立冲突管理机构。1995 年,非统冲突预防、管理与解决机构成立,内设中央机构、和平基金和冲突管理中心等。其主要目标是预防冲突,而非强制实现和平。尽管如此,非统对于国家间发生的冲突还是采取了更为积极的介入,在司法解决、调停、维和方面发挥了积极作用。譬如,参与调停莫桑比克、喀麦隆、布隆迪的内战,参与卢旺达停火监督,以及干预刚果共和国、厄立特里亚、埃塞俄比亚的冲突等。

总的看来,非统对于非洲国家的冲突基本上采取不干预的做法,尽管其在冷战后采取了比较积极的措施,但在非洲区域安全治理方面作用非常有限。这与非统的制度设计和目标定位有关,也与该组织在参与能力和资源能力方面的限制有关。

2002 年 7 月,非洲联盟成立,正式取代非统组织,并颁布了《非盟宪章》。根据该宪章,非盟的主要宗旨是:捍卫成员国的主权、领土完整和独立;加速非洲大陆的政治和社会经济一体化;鼓励国际合作,遵守《联合国宪章》和《世界人权宣言》;促进非洲大陆的和平、安全与稳定;促进民主原则和制度、民众参与和善政。[①] 非盟还将冲突预防、早期预警和预防性外交、和平支持行动、和平建设与冲突后重建、人道主义和灾难管理等纳入和平与安全议程,并建立了非洲和平与安全架构(African Peace and Security Architecture, APSA)。APSA 不仅包括非洲联盟,还包括区域经济共同体(REC)和区域机制(RM)等冲突管理及和平建设的工具。2004 年,非盟和平与安全理事会成立;2005 年,非盟组建常备维和部队,2006 年又成立非洲法院,负责调停、仲裁非盟国家间的争端以及涉及法律方面的事务。在和平与安全理事会的授权下,非盟对于危及区域和平与安全的事件,对严重的人道主义灾难事件,都进行积极干预。非盟的安全治理强调市民社会组织在调节、援助等领域的作用,鼓励本国、区域和国际非政府组织的积极参与。

非盟在布隆迪和平进程构建、刚果民族和解与国家重建、苏丹达尔富尔冲突调停与维和、索马里和平使命维和、多哥国内政局稳定、利比亚和平与重建、埃塞俄比亚和平协议签署中,都发挥了积极的作用。有些与联合国、

① Institute for Security Studies, "Profile: African Union", https://issafrica.org/profile-african-union-au.

欧盟进行合作，有些与非洲次区域组织采取联合行动，有些则与非洲大国，如南非等采取合作行动。譬如，2022 年 11 月 2 日，在非盟调停下，联邦政府与“提格雷人民解放阵线”在南非达成和平协议，宣布永久停火以结束埃塞俄比亚北部持续约两年的冲突。非盟及其高级别小组为促进和谈提供了便利，南非也在主持和谈方面发挥了关键作用。[①]

非洲安全问题的根源主要在非洲国家内部。基于复杂的原因，许多国家在政治建设进程中陷入不稳定，甚至动乱，无法构建起完善的国家治理制度和议程。不稳定的领导层、政变、内战、饥荒、难民潮、疾病和部族冲突等都严重影响着非洲的安全治理进程。

目前，非洲区域安全治理进入了一个新的发展转型期。传统安全与非传统安全更为紧密地联系在一起，内部不安全与外部安全形势的变化紧密联系在一起。在国家层次，经济重建、政治本土化与安全复合化发展加大了非洲区域安全治理的难度。面对新局势，非洲区域安全治理机制需要进一步调整与改革，其关键在于加强非洲国家本身的治理能力，推动国家的良治体系构建，减少动荡、动乱的冲击，为区域提供安全的基础环境。同时，在国家良治构建的进程中，积极发挥社会组织及个人的作用。鉴于非洲的次区域组织取得比较好的发展，应该更好地发挥次区域组织在区域安全治理方面的作用，以次区域的稳定、和平与发展推动非洲整体区域安全治理的进步。另外，非洲的安全治理也离不开联合国的有效参与，无论在干预、能力建设还是在资源投入上，都需要充分发挥联合国机构的作用。同时，考虑到非洲综合发展的需要，非盟还需要进一步加强与其他区域组织的合作，构建基于共同安全、合作安全的多层次合作框架，把非洲的区域安全治理与其他区域以及全球的安全治理有机地联系起来。

第二节　中国参与区域安全治理

中国对国际区域安全有着清晰的定位及政策。就地缘国际区域而言，

① 参见《古特雷斯：埃塞俄比亚政府与提格雷武装之间的和平协议是“关键的第一步”》，2022 年 11 月 2 日，https://news.un.org/zh/story/2022/11/1112052。

中国的国际区域定位可以分为三个层次：一是次区域层次，二是周边地区层次，三是相邻延伸地区层次。三个层次之间既有区别，又有联系。因此，中国既需要从不同的次区域角度积极参与，又需要着眼于周边地区整体以及“大周边”区域的安全治理。

一、参与地缘区域安全治理合作

在次区域层次，东北亚、东南亚、南亚、中亚与俄罗斯等，有着不同的安全问题。由于地缘连接，中国与各次区域在长期的历史交往中形成了紧密的政治、经济、历史、文化等方面的关系。双方既有和谐相处的历史，也有矛盾冲突的记录，而相互间的安全关系受到多种因素的影响。

东南亚是中国的接邻区域，东盟是东南亚区域合作联盟的代表。因此，中国积极与东盟携手推动区域安全治理，以创建共同安全、合作安全的综合环境。冷战结束后，中国与东盟建立起对话伙伴关系，随后，又与之建立战略伙伴关系、全面战略伙伴关系，并签署了东盟制定的《东南亚和平友好条约》。由此，奠定了双方关系长期稳定与和平的基础。特别是全面战略伙伴关系的构建，使中国与东盟合作关系进入一个新阶段。在《落实中国—东盟面向和平与繁荣的战略伙伴关系联合宣言行动计划(2021～2025)》中，双方承诺将共建友好、共护和平、共守安宁。

南海问题是影响中国与东盟区域安全治理合作的重要领域之一。中国与几个东盟成员国之间存在领土边界争端，由于问题的复杂性，形成最终解决方案的难度很大。因此，当前最重要的是稳定南海地区的形势，防止发生冲突，破坏中国与东盟的友好关系。为此，中国与东盟就南海问题进行积极的协商对话，联合发表《南海各方行为宣言》，并进一步商谈《南海行为守则》。宣言确认中国与东盟致力于加强睦邻互信伙伴关系，共同维护南海地区的和平与稳定，并强调通过友好协商谈判，以和平方式解决南海有关争议。在争议解决之前，各方承诺保持克制，不采取任何使争议复杂化和扩大化的行动。同时，双方本着合作与谅解的精神，寻求建立相互信任的关系。尽管当前外部势力不断介入南海争端，但是有了中国与东盟的共识和承诺，可以大体维护南海的安全稳定局面。

中国与东盟在非传统安全领域的合作治理也取得了显著成绩。双方有着陆地和海上的连接，贩毒、非法移民、海盗、恐怖主义、武器走私、洗钱、国际经济犯罪和网络犯罪等非传统安全问题非常突出，因此，合作治理是双方必要的选择。比如，2000 年，双方制定《中国和东盟禁毒行动计划》；2001 年，中国、老挝、缅甸、泰国发表关于合作治理的《北京宣言》；2002 年和 2004 年，双方又签署了《东盟和中国关于在非传统安全问题领域进行合作的联合声明》和《中华人民共和国政府和东南亚国家联盟成员国政府非传统安全问题领域合作谅解备忘录》。双方认为，贩毒、人口贩卖、海盗、恐怖主义、武器走私、洗钱、国际经济犯罪和网络犯罪等行为严重危害地区安全，对地区的和平与稳定构成新的挑战，并承诺运用政治、经济、外交、法律、科技等手段加以应对。同时，双方在食品安全、公共卫生安全等领域也积极筹建合作机制。

中国与东盟之所以能够在安全治理上合作，一是双方有着共同的利益诉求，二是有着共同的理念和认知，三是对于安全治理的方式也有着高度的认同。因此，双方开展安全合作治理相对比较顺利，成效也比较显著。

苏联解体后，中国必须尽快处理与新独立的中亚国家及俄罗斯的关系，应对出现的新安全问题，为此，中国采取了双管齐下的措施：一是解决国家间关系问题，实现关系正常化；二是推动建立区域合作组织，开展全面合作。2001 年 6 月 15 日，中国、俄罗斯、哈萨克斯坦、吉尔吉斯斯坦、塔吉克斯坦、乌兹别克斯坦六国在上海签署了《上海合作组织成立宣言》，确立了“互信、互利、平等、协商，尊重多样文明，谋求共同发展”的基本原则。2002 年，六国又签署了《上海合作组织宪章》《关于地区反恐怖机构的协定》《上海合作组织成员国元首宣言》三个文件。2005 年，上海合作组织加快打击“三股势力”建设，签署了《上海合作组织成员国合作打击恐怖主义、分裂主义和极端主义构想》《关于在上海合作组织成员国境内组织和举行联合反恐行动的程序协定》等一系列重要文件。2009 年，签署了《反对恐怖主义公约》。2013 年，批准《长期睦邻友好合作条约实施纲要》。

上海合作组织成立之初的主要目标是通过合作开展安全治理，应对和解决恐怖主义、分离主义、极端势力带来的安全威胁。同时，上海合作组织的安全治理不同于传统的集体安全构建，其秉承共同安全、合作安全的新安全观，不以第三方为设定目标，重在增进相互间的信任，包括政治信任、军事信任等，并以打击恐怖主义、分裂主义、极端主义为抓手，推进区域多边安全合作的制度化进程，使成员国联合反恐军演机制化，积极提高成员国的安全防卫与国际协作能力。上海合作组织还将打击跨国有组织犯罪与阿富汗周边“反毒带”国际联合行动有机结合，拓展了上海合作组织与其他国际组织的合作空间。为了巩固合作治理的基础，上海合作组织的合作范围不断扩大，不断深化经济合作及互联互通，积极推动构建合作发展区。2001 年，各成员国签署了《上海合作组织成员国政府间关于开展区域经济合作基本目标和方向及启动贸易和投资便利化进程的备忘录》；2003 年，又签署了《上海合作组织成员国多边经贸合作纲要》，其合作涉及 11 个领域，127 个项目。上海合作组织在发展进程中不断深化合作，加强安全治理的制度化、法制化建设，丰富了“上合方式”的内涵。

上海合作组织是新型安全观指导下的区域合作组织，其安全治理的理念和方式得到越来越多国家的认同。目前，上海合作组织已经有 8 个成员国，4 个观察员国，15 个对话伙伴国。上海合作组织也是中国主导推动构建的区域合作组织，在构建新型国家关系、实现区域共同安全与发展方面提供了新的方式与经验。

东北亚地区情况比较复杂。尽管冷战后该区域安全关系发生很大转变，但朝鲜半岛的紧张对立态势并没有减轻，国家间关系、区域力量结构和秩序转换与构建仍处在多因素影响之下。虽然区域内经济发展有了显著提升，但安全领域关系仍然复杂，也由此导致区域安全治理陷入困境。

建立在经济相互连接基础上的中日韩合作机制，主要就经济合作开展对话。尽管如此，三国合作关系也因政治与安全问题而进展缓慢。在中日韩对话合作机制下，曾就非传统安全领域，如合作治理沙尘暴、核安全合作等制订计划，但结果也不尽如人意。东北亚区域安全的主要问题还是传统安全领域。譬如，中国曾发起六方会谈机制，试图在该机制下综合解决朝核问题、朝鲜与美国关系、朝鲜半岛南北关系、区域安全机制构建问题，尽管合作进程取得不错进展，但因受到核心安全问题的制约而终止。从未来发展看，东北亚区域安全治理还是要走合作治理的道路，而中国在区域安全关系、机制和秩序构建上必须发挥关键作用。

南亚地区是中国的接邻区域，由于受到地区内部国家间关系与安全形势的影响,中国在参与和推动该区域安全治理方面存在很大的困难。尽管中国是南盟的观察员国,但实际参与很少,安全问题主要靠双边关系。印度是南亚区域大国,在南亚区域内有着举足轻重的影响力。但是,由于印巴冲突难解,大大限制了其在区域安全构建中发挥引领作用。由于中国与印度存在难解的边界争端,双方利益冲突和战略竞争性强,因此两国在推动区域安全治理方面难以开展深度合作。从未来发展看,推动中国与南亚区域的安全治理合作,创建共同安全的区域环境,离不开中印关系、印巴关系的改善,这也取决于各方对区域安全治理合作的认知和共识。

周边地区是中国基于地缘区域范畴进行的定位。中国与周边国家共同构成一个相互依存的区域,因此,共同安全居于非常重要的地位。具体来看,共同安全是建立在三个层次基础之上:一是中国与周邻国家的层次,中国提出了一系列基于共同安全的理念、原则与目标,如和平共处原则,“安邻、睦邻、富邻”理念,人类命运共同体倡议等;二是周邻国家与中国的层次,主要是周邻国家如何定位和发展与中国的关系,在这方面,周邻各国认知并不一致,对于它们来说并没有清晰的周边认知;三是外部国家的介入,特别是美国,具有反向操作的意图和部署,其并不一定认可中国的周边地缘概念与利益定位。显然,把周边作为一个地缘区域来构建,是一件复杂而又充满矛盾的事情。从这个角度分析,中国的周边区域战略主要还是在处理好双边关系的基础上,加强次区域安全治理合作,以此来维护周边地区的稳定、安全与发展。

中国的周邻国家有诸多相邻国家,构成延伸的“大周边”地缘区域,并由此形成紧密联系的安全关系。比如南太平洋地区,澳大利亚、新西兰加入了东亚合作进程,通过多层次合作机制就安全治理进行沟通协商。中国也与南太平洋地区建立了常设性合作机制。2006年,中国就与南太岛国建立起中国—太平洋岛国经济发展论坛。再如中东地区,中国与该地区也有着重要的安全利益关系。近年来,中国不断加大对中东热点问题的斡旋力度,立场鲜明地强化政治、外交途径解决问题。譬如,利用上海合作组织的多边平台对解决中东热点问题发出正义声音,并同中东国家加强反恐交流合作,建立长效反恐合作机制,并以吉布提保障基地强化在非洲之角和中东的前沿存在,有效提升同中东国家应对各类安全威胁的能力。同时,中国还同中东国家积极开展领事、移民、司法和警务等方面的合作，并邀请部分国家加入上海合作组织（如伊朗），共同推动区域安全合作治理等。

二、推动新型安全观的塑造与实践

新型安全观的形成有一个逐步发展的过程，其既是基于对安全历史教训的总结，也是为国家、国际区域和世界提供新的方案。推动新型安全观的塑造与实践，是中国参与和推动本国、国际区域及全球安全治理认知和行动的重要组成部分。从本质上讲，新型安全观是对安全构成、安全构建和安全治理的新认识和新定位。

在对安全的认识和定位上，经历了从传统安全到综合安全的转变。传统安全主要是指军事安全，且主要立足于国家整体的角度。综合安全则包括传统安全和非传统安全，而非传统安全主要是对安全产生影响的非军事因素。在新形势下，中国提出了“总体安全”的概念，既基于综合安全的认知，又在综合安全的基础上更进了一步。在综合安全观认知下，国家行为体应该做的是把传统安全与非传统安全统筹，而在总体安全观认知下，则不仅强调传统安全与非传统安全的统筹，而且也强调不同安全因素之间的联系，强调内外安全的统筹等。

在安全构建上，总体安全观引领下的安全构建更强调安全的综合环境，强调新安全因素，如信息、网络、数据的安全构建等。同时，总体安全观更重视政治、社会、人的安全，并把维护国家总体安全和维护社会安全以及以人为本的安全环境构建有机地结合起来，从而在国际区域安全构建中，倡导共同、综合、合作、可持续的安全观。

从安全治理的角度来看，鉴于安全的复杂性，安全治理的参与者不仅包括政府机构，而且包括企业、社会组织和个人，特别是非政府行为体。在国际区域安全治理中，在共同安全、合作安全理念的引领下，中国积极开展安全治理合作，推动构建可持续的安全治理机制，制定共同安全制度与规则。尽管中国作为一个大国在安全治理中主动提供更多的公共产品，但并不强行构建由中国主导或者垄断的机制或规则。

在区域安全治理中，中国不仅以总体安全观来统筹内外安全关系，推动安全治理合作，而且积极践行共同安全、合作安全的理念，以构建区域整体安全的基础。在增进自身安全的同时，也让其他国家获得安全，从而得到他国的认同和支持。基于中国所处地缘区域的复杂性，中国在塑造新型安全观的实践中，采取了多样性的参与方式：有些是中国倡导和牵头推动构建的机制，如上海合作组织、香山论坛等；有些则是积极主动参与但由其他方引领构建的机制，如由东盟引领构建的“东盟＋3”合作机制、东亚峰会、东盟地区论坛等。

国际区域安全并不是孤立的。针对安全的全局性，中国又提出全球安全倡议，旨在把国家安全、国际区域安全与全球安全紧密联系起来，推动构建全球安全共同体。全球安全倡议既是基于中国自身对安全理念的认知，也是基于安全形势的现实需要。值得注意的是，目前，气候变化正成为对人类共同安全、全球生态可持续发展威胁最大的因素，而这个问题则需要从全球安全的角度来加以应对。此外，还有诸如核安全、粮食安全等问题，都突显出加强全球安全治理合作的紧急性和必要性。

当今世界正处于百年未有之大变局，全球安全格局正发生着历史性变迁。地区冲突、大国博弈、逆全球化等复杂因素相互交织，局部地区的战争和冲突动能遭到释放，引发全球既有安全架构的松动。恐怖主义、健康风险、气候变化、网络安全、难民危机、制毒贩毒、国际走私、发展不平衡等非传统安全治理问题日益突显。在此情况下，从国家、国际区域和全球的层次，加强新安全观的塑造和实践具有一定紧迫性。中国作为负责任的大国，理应在推动构建国际区域、全球安全治理方面发挥重要的作用，并作出更大的贡献。

当然，推进新型安全观的塑造和实践也面临着诸多困难和挑战。全球新型安全观的塑造和实践将是一个很长的历史进程。譬如，传统的安全观目前还在诸多领域发挥着重要影响，甚至是起到主导作用。尽管如此，我国也只能知难而进，一方面用实践证明新安全观导向下的安全治理能为相关各方提供更好的安全环境；另一方面也应让更多的国家参与到新安全观导向下的安全治理进程中来，从而形成国际区域安全治理的世界潮流。

第五篇　国际区域环境治理

第十三章　国际区域环境与治理

环境问题具有很强的扩散性、关联性，同时也有凸显的区域性特征，因此，环境治理不仅需要针对性，也需要综合性，不仅需要国家行动，也需要国际区域行动。就国际区域治理而言，尽管基础是国家承担责任的治理，但国际区域层面的合作是至关重要的。

第一节　国际区域环境问题

整体而言，环境问题是指由于自然界或人为活动作用于周围环境所引起的环境质量变化，以及这种变化反过来对人类的生产、生活和健康造成不利影响的现象。地球生态圈往往具有自我调适和新陈代谢能力，但人类工业发展、经济活动和日益增长的人口对于资源的需求使地球生态环境不断失衡。特别是在城市化、工业化和农业集约化发展过程中，人类对自然资源的过度开发和利用以及污染物的大量排放超过了环境的自我调节能力和自净能力，在区域乃至全球范围内引发了严重的生态破坏和环境污染。[①] 近年来，气候变化、水资源短缺、土地荒漠化、生物多样性破坏、臭氧层损耗等区域性及全球性环境问题影响日益突显，对相关国家的经济社会发展产生了长期而广泛的不利影响。

---

① 诺贝尔化学奖得主保罗・克鲁岑提出了"人类世"（Anthropocene）的概念，他强调自18世纪晚期的英国工业革命开始，人与自然的相互作用加剧，人类就成为影响环境演化的重要力量，尤其"在过去的一个世纪，城市化的速度增加了10倍"。人类活动对地球系统造成的各种影响将在未来很长的一段时间内存在，未来甚至在5万年内人类仍然会是一个主要的地质推动力。参见 Paul Crutzen, Eugene Stoermer, "The Anthropocene", *Global Change Newsletter* (*International Geosphere - Biosphere Programme*), No.41, 2000, pp.17-18。

一、国际区域环境问题构成

国际区域环境问题是指超越了主权国国界和管辖范围，在区域层面发生的环境污染和生态破坏问题。随着经济全球化和区域一体化的发展，环境问题大量出现，而且往往会随着环境介质的连接扩散和影响到区域。按影响范围来分，国际区域环境问题可分为两类：其一，泛区域性的共域环境问题，这类问题是对区域各国都有关系和利益的共域问题，在区域范围内乃至全球范围内都普遍存在，比如气候变化、区域大气污染、臭氧层破坏、生物多样性减损、沙尘暴等；其二，国别问题扩散形成的国际区域环境问题，这类问题虽然是某些国家的环境问题，但危害具有跨国、跨地区的广泛影响，如工业技术事故导致的环境污染、工业化与城市化过程中的污染排放问题、有毒化学品和危险废物转移等，这些问题在很多情况下成为具有区域性影响的问题，需要开展各国间的合作进行治理。

(一)区域性的共域环境问题

区域性的共域环境问题在区域范围内普遍存在，区域内各国在此类问题上具有普遍性和共同性。由于区域国家在地缘上相邻相接，生态学上的区域往往超越主权国家国界的行政划分，如各国共享一条国际河流、一片海域、一座高山和其中的生物群落，因此许多区域性环境问题都具有弥散性、跨界性。基于此，在很多方面，区域环境治理需要区域国家之间进行跨境合作，这同地区一体化的程度以及区域治理机制化的发展密不可分。此外，很多环境问题已经从区域层面外溢到全球层面，成为全球环境问题的有机组成部分，从这个角度来说，区域环境治理也是全球治理的重要补充或者与全球治理的理念相一致。① 泛区域性共域环境问题主要包括以下方面。

1.气候变化

气候变化是当前人类社会所共同面临的影响范围最广、危害最大的环境问题之一。全球气候变化是自然因素和人类活动综合作用的结果，自然因素(太阳活动的变化、火山活动以及气候系统内部变率等)导致气候发生

① 区域治理的意义也被认为是在全球公共产品供应不足或者无法满足需求的情况下，提供区域性国际公共产品。参见张蕴岭主编：《国际区域学概论》，山东大学出版社2022年版，第222页。

变化的周期较长，而人类活动(化石燃料的开发利用、工农业生产过程中的温室气体排放、森林砍伐和植被破坏等)，特别是自工业革命以来的现代化进程使二氧化碳等温室气体排放激增，造成地球碳循环失衡，致使近几十年来气候变化的速率远远超过了过去上万年的气候变化。政府间气候变化专门委员会(IPCC)第六次评估报告指出，人类活动对热浪、强降水等极端事件影响的归因证据增强，“人类对气候系统的影响是非常明确的”，而且气候变化速度远远快于之前的预期。[①]报告显示，自 19 世纪以来，全球地表平均温度比工业化前水平已上升约 1.2 摄氏度，从未来 20 年的平均温度变化来看，全球温升预计将达到或超过 1.5 摄氏度。

全球气候变化正在给地球的物理系统和生态系统造成诸多不利影响。大面积的冰川以及海冰消融导致海平面上升，不仅导致沿海低地被淹没，还将引发土地盐碱化、地下水盐分增加、淡水资源短缺等严重的生态灾难。气候变化引发的温度和降水的变化将对动植物物种群落的空间分布和季节动态产生明显影响，如果某一层级的生物因无法适应这种变化而灭绝，将会影响整个生态系统的平衡。极端天气发生的频率正在增加，包括罕见热浪、强降水、极端干旱等，对人类的生命和财产安全造成严重威胁。高温还将导致蚊虫的大量繁殖，增加疾病传播的可能性，对人体免疫系统造成负担。总而言之，气候变化带来的灾害是系统性的，它影响到人类生活的方方面面。近几年的极端气候事件日趋频发且灾害强度不断增加，意味着气候危机常态化时代已经提前到来。2020 年以来，联合国秘书长安东尼奥 · 古特雷斯(António Guterres)一直呼吁各个国家进入“气候紧急状态”，其中包括亚马孙雨林地区广泛破坏、北极海冰减少、大规模的珊瑚礁死亡以及海洋循环变慢等在内的九个领域已经逼近气候临界点，而且其发展速度比之前所预测的要更快。[②]

① IPCC，“Climate Change 2021：The Physical Science Basis”，2021-8-9，https://www.ipcc.ch/report/ar6/wg1/downloads/report/IPCC_AR6_WGI_FullReport.pdf.

② Timothy M. Lenton，Johan Rockström，Owen Gaffney，Stefan Rahmstorf etl.，“Climate Tipping Points — Too Risky to Bet Against”，*Nature*，https://www.nature.com/articles/d41586-019-03595-0.

2.区域大气污染

大气污染是指自然过程或人类活动产生的污染物进入大气中，并在达到一定的浓度后对生态环境或人体的健康和舒适造成危害的一种现象。大气环境本身具有自净的能力，污染物进入大气中后可经大气的稀释、扩散、氧化、沉降等物理化学作用以及绿色植物的吸收等过程从大气中去除。但当人类活动或者自然过程向大气排放的污染物量超过大气自净能力时，污染物就会在大气中相对集聚，当达到一定程度时将对环境和生物造成危害，即出现大气污染。近些年来大气污染日益严峻的主要原因是工业发展、煤电供暖以及交通运输业的迅速发展，产生的粉尘、氮氧化物、二氧化硫、碳氢化合物等有害物质直接排入大气，导致空气质量严重恶化。由于空气介质的流动性，大气污染物往往随大气环流扩散到邻国甚至更远的地区，造成区域性大气污染，形成跨界雾霾或者烟雾污染等问题。

自20世纪50～60年代以来，西方主要发达国家如英国、法国、德国、美国等均遭受过雾霾问题和跨界大气污染的困扰。如1952年12月5～9日，严重依赖煤炭作为能源供给的伦敦上空受反气旋影响，大量工厂生产和居民燃煤取暖排出的废气难以扩散，积聚在城市上空。伦敦被浓厚的烟雾笼罩，交通瘫痪，许多市民出现胸闷、窒息等不适感，发病率和死亡率急剧增加。据统计，当月因这场大烟雾而死的人多达4000人。此次事件被称为“伦敦烟雾事件”，成为20世纪十大环境公害事件之一。20世纪80年代末90年代初，发展中国家在其工业化过程中也逐步受到大气污染问题的影响，如东盟各国因为烧林垦荒、尾气排放等，经常受到跨界烟雾污染的危害，1997年印尼森林大火所引起的跨界烟雾污染波及马来西亚、新加坡、菲律宾、泰国和文莱，造成飞机与轮船相撞等各类经济损失14亿美元，严重影响人们身体健康，同时造成温室气体排放、森林资源破坏和生物多样性减损等严重后果，给世界环境带来极大的负面影响。

3.酸雨

酸雨是指酸性的大气沉降，以pH值小于5.6的雨、雪、雹、露、冻雨等大气降水为主要表现形式。酸雨问题是一个典型的区域性环境问题，一个国家管辖区域内的酸性源排放物质往往受大气环流的影响扩散到其他国家，并在其领土上形成酸性沉降。历史上，20世纪60～70年代欧洲酸雨问题最严重的时候，斯堪的纳维亚半岛上大量的针叶林枯萎死亡，而且数千个湖泊的鱼类物种消失了，这对北欧国家的伐木业和渔业出口造成了致命性打击，成为瑞典推动1972年斯德哥尔摩人类环境大会召开的直接性因素之一。目前东亚地区酸雨问题日益严重，已成为继欧洲、北美之后的第三大酸雨区。

酸雨对生态系统和人体健康都有极大危害，而且长期的酸雨污染将会对自然资源的开发利用造成不可逆性的影响，给人类社会造成严重的财产损失。酸雨也会对人体健康造成负面影响，对人的眼睛、皮肤、呼吸道产生刺激，降低人的免疫功能，使支气管炎、哮喘、肺水肿等呼吸道疾病发病率增加。

4.海洋污染

海洋污染因其污染源复杂、扩散范围广、影响深远而引起了国际社会越来越多的重视。根据《联合国海洋法公约》，海洋污染是指“人类直接或间接把物质或能量引入海洋环境，其中包括河口湾，以致造成或可能造成损害生物资源和海洋生物、危害人类健康、妨碍包括捕鱼和海洋的其他正当用途在内的各种海洋活动、损坏海水使用质量和减损环境优美等有害影响”①。

海洋污染大体可分为以下几类：海洋石油污染、有机污染（各种有机污染物、有机废液和生活废水等）、无机污染（金属、放射性物质等）、固体废物（塑料垃圾、生活垃圾、工程残土等）、热污染。海上人为活动（石油开采、海底稀有矿产开采等）与陆地人为活动均向海洋排放各类污染物，其在洋流的作用下四散迁移，对海洋生物乃至人类产生不利影响。近年来海洋垃圾对海洋生态安全威胁程度也在不断上升。据世界经济论坛2019年数据，估计有1.5亿吨塑料漂浮在世界海洋中，而且每年还会有800万吨新的塑料垃圾流入海洋，其中80%来自陆地，成为新的微塑料源（直径小于5毫米的微小颗粒），随鱼类和食盐等进入人体造成健康隐患。

5.生物多样性减损

生物多样性涉及物种、生态系统和遗传资源的多样性，它不仅关乎物种

① 联合国：《联合国海洋法公约》，1982年12月10日，https://www.un.org/Depts/los/convention_agreements/texts/unclos/unclos_c.pdf。

自身，还涉及它们的遗传物质以及与其他物种、人类和生态系统的关系。近几十年来，受气候变化、环境污染以及农业集约化生产、大规模商业开采等人类活动影响，生物多样性和生态系统受到越来越大的压力。

生物多样性的丧失会降低整个生态系统的抗逆性和自我调节能力，也会对生态系统气候调节、土壤保持、水体净化等服务功能产生严重影响，其带来的灾难性后果绝不是某一国、某一地区的灾难，而是全人类的灾难。由于经济全球化的发展以及生态系统的相互联系，生物多样性丧失问题已成为一个需要采取国际集体行动的全球性问题。动物的跨国迁徙、野生动植物贸易、木材贸易、外来物种入侵等问题都需要通过区域性或全球性合作以达到共同治理的效果。

（二）国别问题扩散形成的国际区域环境问题

国别问题扩散形成的国际区域环境问题在某个国家管辖范围内产生，但因为地理位置的临近、环境介质的连接，其影响和后果往往具有区域性，需要开展各国间的合作进行治理。国别问题扩散形成的国际区域环境问题可以进一步分为渐进性国际区域环境问题和突发性国际区域环境问题。

1.渐进性国际区域环境问题

渐进性国际区域环境问题是经过一段时间累积后形成的、逐渐对区域环境造成的污染。它有两个主要特征：一是环境污染的发生具有长期性，对环境造成污染的某一行为刚开始实施时并不会马上出现损害结果，而会随着时间的推进而累积。当污染达到一定程度时，就会在某一刻发生可见的污染损害结果，从一定程度上来说这是量变到质变的过程。二是污染发生原因的多样性与复杂性。由于渐进性环境污染的潜伏期长，从污染物的排放至事故发生会掺杂人为因素、自然因素以及意外事件等诸多影响因素，这类环境污染的责任追究过程往往十分困难和复杂。常见的渐进性国际区域环境问题包括跨国河流污染问题、危险废物越境转移问题等。

跨国河流污染是指人类活动产生的污染物进入跨国界河流的水体中，导致其化学、物理、生物等方面的特征发生改变，使河水的利用价值降低或丧失而引发的水体污染。河流的自然属性往往使污染物极易通过水的自然流动扩散到其他流域，造成其他地区的污染，引发国际水污染争端。河流污染会直接威胁公众的生命健康和生活质量，同时对生态系统和人的生产及生活造成一系列的负面影响。污水中的致病微生物会引发霍乱、痢疾等传染病的传播和蔓延，水体中汞、镉、铬等化学污染物通过饮用水或食物链进入人体也会引发急性中毒或慢性中毒。河流污染还会导致水生生物和灌溉农作物的大量死亡，不仅给渔业和农业生产造成巨大损失，还严重影响生态系统的结构和功能。

由于跨国河流污染往往涉及流域周边多个主权国家，纠纷解决主体涉及主权国家、主权国家内部不同行政区等多个权力机构，各纠纷解决主体往往对自身利益过分考量，容易使跨国河流污染的责任认定陷入困境，纠纷难以解决。这决定了跨国河流污染具有长期性和积累性，往往需要多年才能彻底治理，通常旧的纠纷尚未彻底解决，新的纠纷又不断涌现，不仅对受害人造成了财产和精神损害，还可能影响后代人和全社会的利益。

危险废物越境转移是指危险废物从一个国家管辖地区转移到另一个国家管辖地区的行为，该转移至少涉及两个国家。危险废物大致分为两类：一类是指具有毒性、腐蚀性、易燃性、反应性或者感染性等一种或者几种危险特性的废弃物；另一类是指不排除具有危险特性，可能对生态环境或者人体健康造成有害影响，需要按照危险废物进行管理的废弃物。[①] 危险废物会随着环境介质而扩散，经过长时间的累积势必会对整个区域乃至全球环境产生危害。从全球范围来看，危险废物跨国转移的问题并没有得到根本的解决，需要各国加强属地管理，通过合作打击危险废物走私问题，建立和完善废品回收处理体系，共同促进实现跨国危险废物污染的全球治理。

2.突发性国际区域环境问题

突发性国际区域环境问题是指突发事故的外延与扩散对区域环境造成的严重污染和破坏。突发性国际区域环境问题没有固定的来源，事前尢明显征兆，难以防范，并在瞬时或短时间内排放大量污染物质，对生态环境造成严重污染和破坏，并蔓延至整个区域，域内国家都应釆取预防和应急措施以减少其危害性。常见的突发性国际区域环境问题包括工程事故污染、核泄漏、地震、海啸、森林大火等。

---

① 中华人民共和国生态环境部：《国家危险废物名录（2021 年版）》，2020 年 11 月 27 日，https://www.mee.gov.cn/gzk/gz/202112/t20211213_963867.shtml。

随着海洋开发的扩大，事故性海洋灾难多发，比如由于技术疏漏、管理不慎以及极端天气的挑战下形成的船舶海难、海上空难、海上油井爆炸、海边核电站泄漏等技术性事故，从而造成船舶化学品、原油泄漏或者海洋核污染等环境危机。除了事故外，人类在海上以及沿海区域的油气资源开发也会导致严重的海洋安全隐患。

核电厂的反应堆内有大量的放射性裂变物质，如果因发生事故释放到环境中，将会导致一场巨大的灾难，不仅对人类和其他生物造成直接的辐射伤害，还会对土壤、水、空气等生态环境造成污染，被人和动植物吸收。核事故所导致的危害具有很强的区域性特征。核泄漏事件发生后产生的放射性物质会随着洋流、大气等环境介质扩散到周边国家，对区域环境造成严重威胁。

自然灾害具有很强的扩散性。比如地震，除了造成人员伤亡和经济损失等直接影响外，地震还可造成大气污染、水污染、土壤污染、固体废弃物污染等环境问题，引发土壤侵蚀、耕地退化、动物栖息地丧失、生物多样性退化等各种生态灾难。近年来，自然灾害在强度、频率和复杂性方面呈现出增加的趋势，比如热带气旋与海啸是造成经济损失最大的海洋灾害。①

二、国际区域环境的特征

环境问题大多具有跨国界特征，一则一个国家内部的环境问题往往会通过各种方式向外扩散，二则共域的环境问题涉及多个国家。环境的跨国界问题具有很强的区域性集聚，同时也有着全球性的紧密关联。

(一)国际区域与全球环境问题的联动

全球生态系统是一个有机整体，它不受行政疆界的限制，在空间上表现为连续性和整体性。一方面，国际区域环境问题有其独立性和特殊性；另一方面，它们也是全球环境的重要组成部分。国际区域环境问题与全球环境问题在很多方面存在着密切的联系。

在人类发展面临资源短缺、环境恶化和生态破坏，并且难以实现全球合

① 参见周超：《〈2019年亚太灾害报告〉发布 亚太海洋灾害防治形势严峻》，2019年8月30日，http://www.nmdis.org.cn/c/2019-08-30/68520.shtml。

作的困境下，国际区域环境治理已成为解决地区环境问题的重要途径，同时，国际区域环境治理也成为全球环境治理的重要组成部分，被纳入全球环境治理体系之中。比如，在西北太平洋区域，外部有联合国开发计划署(UNDP)和UNEP的推动，作为一项UNEP管辖下的区域海洋项目，西北太平洋海洋和沿岸地区环境保护、管理和开发的行动计划(NOWPAP)相关法律制度的构建必会得到UNEP的支持。在地中海和黑海区域，区域非政府组织MEDCOAST是联合国地中海行动计划和黑海环境项目的重要合作伙伴，旨在为地中海和黑海沿岸国家提供海洋领域科学和专业的支持。MEDCOAST通过举办国际会议、开展研究项目以及专业培训等方式积极参与地中海和黑海区域海洋治理，在促进区域海洋环境保护方面发挥了重要作用。

(二)不同的国际区域环境问题的关联

地球是一个相互联系的生态体系，在这一体系中，大气、水、土壤、生物等自然环境要素是一个相互影响、相互渗透、不断进行物质迁移和能量交换的有机整体，人类对环境造成的污染往往具有连锁效应，一个诱发因素可能会因为连锁反应而引发多个后果。综合各方面情况来看，在当前经济全球化和全球气候变化的大背景下，各种生态环境问题比以往更加紧密地缠绕在一起，区域环境治理的复杂性与应对难度进一步增加。不同的国际区域环境问题之间具有纽带性联系和传导性，一种环境问题可以通过环境要素的相互关联形成传导途径，导致环境问题发生“级联”恶化，进而在生态、经济、社会、文化和政治等各个层面发生连锁反应，气候变化便是一个典型的例子。

气候变化的纽带传导性将会对整个自然生态系统产生广泛影响，进而影响到社会经济系统，导致人类社会发展面临更大的风险。气候变化带来的直接影响是全球气温和降水模式的改变，导致强降水、洪涝、干旱和热浪等极端天气发生的频率和强度增加、海平面上升、高山积雪和多年冻土的减少等。这些区域气候特征的变化会造成其他间接影响，进而改变区域生态系统，逐步构成对生态环境的系统性威胁。气候变化的纽带传导性表明，生态系统诸要素是相互连接在一起的，需要我们从一个更加综合、整体的视角去应对环境问题带来的挑战。

(三)国际区域环境问题的安全化

在日益显现的生态环境危机和资源危机背景下,环境问题作为非传统安全因素与传统安全要素相互交织,成为综合安全不可分割的组成部分。环境污染和生态退化会使人类的生存空间受到限制,资源和能源面临破坏和短缺,影响国家经济社会发展。这些影响还会外溢到区域内其他国家,比如跨界生态难民和移民问题。环境恶化还可能加剧资源竞争和国际冲突,成为引发国家之间紧张局势的导火索,区域内相邻的国家极易为争夺水资源、能源、原材料、土地、国际海域等重要的环境资源及其控制权而卷入地区性的纠纷之中,甚至发生军事冲突。

气候变化是当前全球面临的重要系统性风险。IPCC 评估报告明确指出,气候变化将给国际社会带来各种安全风险与挑战,已经成为威胁全球安全的"危机倍增器",所形成的土地退化与水资源紧张、粮食安全以及气候难民等各类非传统安全挑战又会诱发地区传统安全冲突,如索马里、达尔富尔、西非和萨赫勒、马里和乍得湖盆地等地区面临严重的气候安全风险。

2021 年 2 月 23 日,联合国安全理事会组织召开"维护国际和平与安全:气候与安全"高级别公开辩论会,这是安理会框架下自 2007 年以来围绕气候安全问题举行的第六次公开辩论。许多国家积极参与,加强有关气候安全的研究,如德国在联合国成立了"气候与安全之友小组",截至 2020 年已有 51 个成员国加入,同时还通过"柏林气候和安全会议"机制来启动"全球气候安全风险的前瞻性评估",以审查气候变化对国际安全的系统性影响,为联合国行动提供信息决策参考。美国总统拜登上任后将应对气候变化描述为"紧迫的国家安全优先事项",在《2021 年国家安全临时战略指南》中明确指出,气候变化是美国面临的最重大威胁之一,需要建立完善的气候安全战略体系。① 因此,在国际区域环境治理中,随着环境问题安全化转型加速,

---

① President Joseph R. Biden, JR., "Interim National Security Strategic Guidance", March 2021, https://www.whitehouse.gov/wp-content/uploads/2021/03/NSC-1v2.pdf.

加强环境、能源等非传统安全领域的治理成为基本共识。[①]

第二节　国际区域环境的治理

环境问题往往超出行政边界的限制在区域范围内扩散，特别是在地缘位置相近的区域层面更容易在跨越国界的环境问题面前具有更多的共同威胁，而依靠单个国家的力量往往难以得到有效解决。各国已逐渐意识到合作治理在区域跨界污染防治和环境危机应对方面的重要性，国际区域环境治理这一概念便应运而生。

一、区域环境治理的基本内涵

国际区域环境治理就是在国际区域的层次上，基于共同的生态环境利益，各方就应对区域内各种环境挑战并推进区域环境合作的制度化水平所制定的措施与开展的活动。国际区域环境治理主要是通过条约、协议等，建立正式或非正式的制度，引导并约束行为体通过合作来解决环境问题，以促进区域可持续发展。国际区域环境治理机制是由相应的条约、协议和组织机构所形成的复杂体系，是国际区域行为体（政府和非政府行为体）在解决日益严峻的环境问题过程中建构起来的正式和非正式组织机构、原则、规范议程与行动。

现代意义上的国际区域环境治理是区域国家通过共同参与和合作进行的。由于区域内不同国家对环境治理的获益定位、接受度存在差别，区域环境治理需要考虑到各方的关注和利益诉求，在对环境问题的认识方面达成协议，并开展合作行动，以实现综合治理的效能与利益均衡。在国际区域环境治理中，各国的平等参与至关重要，但在实际运行中，大国具有很大的影响，在推动和实施区域治理中发挥着特别重要的作用。基于合作理念和制

① 非传统安全问题纳入安全构建改变了人们对安全本质认知的态度，是一个重要的转变，一方面是安全范畴的改变，按照传统安全的认知，对这些不被列入安全的范畴加以考虑；另一方面是安全范式（security paradigm）的改变，传统安全是排他性的认知，主要来自外部，而非传统安全具有共同性的性质，既来自外部，也来自内部。参见 Paul B. Stares edited，*The New Security Agenda，a global survey*，Tokyo：JCIE，1995，pp.13-15。

度构建的国际区域治理要防止少数大国主导治理议程,防止大国靠强力推行利己型的区域议程和行动,维护国际区域合作的开放性和包容性。

国际区域环境治理之所以重要,是因为许多环境问题必须在区域层面才可以应对和解决,只有通过各方共同参与和合作才可以解决。在很多方面,国际区域环境治理的作用是无可替代的。由于环境问题直接关系到国际区域各方的利益,因此,无论是在参与上还是在投入上,都比较容易达成共识,并且愿意为此承担责任和进行投入。

二、区域环境治理的目的与路径

随着区域环境治理的开展,区域性环境合作机制也大量涌现,有些专门为解决环境问题而创设。比如,多瑙河保护国际委员会、东亚海协作体、西北太平洋行动计划、东亚地区酸雨监测网等;有些是在政治对话框架下建立的区域性环境合作机制,比如非洲环境部长会议、中日韩环境部长会议、东盟—中日韩("10+3")环境部长会议、亚欧环境部长会议等。APEC、G20、亚洲开发银行等区域性经济合作组织或地区性金融机构也将合作议题拓展到环境领域,开展与环境有关的活动,为在区域层面强有力地推进环境保护发挥了重要作用。

(一)区域环境治理体系构建

区域环境治理的目的在于不断完善区域环境治理行为体网络,为区域环境公共产品的合理使用和充足供给提供适当而有效的制度安排,尽可能地规避集体行动的逻辑困境,最终推动实现区域的可持续发展。

区域环境治理行为体是环境治理过程中的决定性因素,参与环境治理的行为体不仅是环境治理理念的倡导者,也是相关制度和规则的制定者和实施者。区域环境治理行为体主要包括国家、国际组织、跨国公司和非政府组织等。国家是区域环境治理的主导力量,是区域环境双边、多边环境合作的主要参与者,在区域环境治理机制的创建、运行方面发挥着主导作用。国际组织是各国政府合作的产物,不仅在环境领域发挥着政策指导和协调作用,也建构了环境治理领域的问题、议程、规范和行动,并促使国家和非国家行为体遵守一定的环境行为规则和规范。作为全球性经济活动的参与者,跨国公司是区域环境治理不可缺少的主体。一方面跨国公司的污染转移行为导致了环境恶化，对全球性环境问题（特别是发展中国家的环境问题）负有不可推卸的责任；另一方面随着公众环保意识的增强，跨国公司也开始重视环保问题，积极承担社会责任，其财力和技术为环境的改善作出了不容忽视的贡献。环境非政府组织是区域环境治理的重要参与者和监督者，在提高区域公民环境意识、影响国家决策和监督环境政策的落实等方面发挥着重要作用。

区域环境治理是一个复杂的综合性工程，需要以国家为主体，各行为体密切合作，统筹协调。当发生环境资源的纠纷时，既需要国家在考虑本国利益的同时统筹区域的整体利益，也需要其他行为体的参与和配合。现实中，区域环境治理存在诸多相互间政策不联动、行动不协调的问题。区域环境治理需要构建以国家为主体、多元行为体参与的区域环境治理网络，既要避免环境治理中“国家失灵”的问题，也要防止限制其他行为体参与的问题，必须形成国家、公司与非政府组织等多个行为体参与、充分发挥各自优势、相互治理、相互支持的区域环境治理体系，有效凝聚区域环境治理的合力。

由于参与主体的复杂和利益的多元化，区域环境治理依赖规则和制度指导各行为体的行为，规定行为体在合作中的目标和解决可能出现的冲突，推动区域环境合作有序开展。因此，区域环境治理需要建立有效的制度、机制，降低合作过程中的不确定性，推动各国的沟通和交流，对各行为体的利益表达和利益要求进行协调，促进合作利益共享。

各国环境利益的相互依存使得国家环境利益超越主权国家自然地理空间的限制，在区域范围延伸。区域内各国的利益存在差别，会在当前和长远利益、个体和集体利益等方面存在争议和冲突。同时，由于治理环境污染的成本过高，以及治理环境过程中的外部性，没有在环保上付费的国家也可以消费和享用环境保护带来的好处和方便，导致了有些国家“搭便车”的倾向。如果各国仅从本国的环境利益出发，忽视区域的整体环境利益，则极有可能出现零和博弈，导致“公地的悲剧”。[1] 区域环境治理中有效的制度安排可以

---

① “公地的悲剧”（Tragedy of the Commons）是哈丁教授提出的理论模型，指当资源或财产有许多所有者时，每一个所有者均有权使用资源，但没有人有权或者有效阻止他人使用，由此导致资源被过度使用并最终消失。参见 Garrett Hardin, “The Tragedy of the Commons”, *Science*, Vol.162, 1968, pp. 1243-1248。

形成一定的规则约束，并为各国的沟通与协调创造条件，降低合作过程中的不确定性和减少交易成本，并对各国的利益表达和利益要求进行协调，为各国在环境治理中获得的共同利益制定分配方案，使其活动的取向和追求的目标与区域共同追求的目标相一致，以增进区域整体环境利益。

可持续发展是各国追求的重要目标，关键是要在经济发展、环境保护和社会公平正义之间寻求平衡。区域环境合作治理行动的顺利展开，要求以人与自然和谐共生作为共同认知，使环境保护的成果在区域范围内得到共享。在区域环境治理的过程中，要充分考虑发展中国家的实际能力和特殊困难，坚持共同但有区别的环境治理责任原则，特别是在新的环境技术创新起点上，发达国家要帮助发展中国家发展低碳环保技术，帮助发展中国家提高应对环境问题的资金、技术与能力，逐渐缩小经济、技术发展的区域差距，使发展中国家获得经济发展起点上的公平，从而逐渐改善区域内经济发展水平失衡的状况。要在可持续发展理念的引领下，创造国家、国际组织、企业以及社会公众平等参与的包容、多元的区域环境治理体系，推动区域内人、环境与经济和谐相处、良性循环。

（二）国际区域环境治理的路径

国际区域环境治理的制度化建设至关重要。制度化建设主要包括签署双边或者多边区域环境合作协议，推动区域国家就环境治理问题达成共识；建立区域环境治理组织，协调区域各国国内环境政策，处理因跨界环境污染而引起的矛盾，为区域环境合作提供支持。

区域环境合作协议是区域各国开展环境治理的法律保障。区域环境协议比全球环境协议更易达成，而且也更易于有效地执行，因为来自同一区域的各国面临着相似的环境问题，加之在自然、地理、历史和文化等方面的相互联系而在利益、规范、观念和价值观方面具有相似性，在开展环境治理合作时更容易找到共同语言，实现相互协调。[①]由于区域国家的国内法可能与区域环境合作治理的规则相背离乃至冲突，需要协议规定区域各国国内环境立法的配套、衔接，以保持国内环境保护法律法规与区域协议的一致性。[②]

---

① 参见叶三梅：《全球环境治理机制的特点》，《池州学院学报》2014 年第 5 期。

② 参见孔凡宏、沙媛媛、李姗姗等：《西北太平洋区域海洋垃圾合作治理的模式选择》，《上海海洋大学学报》2022 年第 1 期。

各国对共同签订的区域协议有承担落实的责任，从而形成区域各方在行动上的合力。

建立国际区域合作组织为区域环境治理提供制度保障。区域组织可以在制定治理规则、议程和实施行动上发挥更好的作用。区域环境治理既可以在综合性区域合作组织内作为专项制定进行推进，也可以通过专门的区域环境组织进行。在区域组织框架下，各成员间可以更好地就环境事务进行沟通、协调，达成治理协议和采取协调一致的行动。区域环境组织是区域国家进行环境问题谈判的场所，可以在谈判过程中发挥自主性，塑造行为体对特定议题的认知，引导行为体就区域环境合作达成共识。区域组织在环境治理行为方面发挥着不可替代的作用。区域国家可以借助于区域环境组织的机构网络制定有一定约束力的国际法律规则，指导和管理各类行为体在环境治理领域的活动，并对蓄意破坏者和违规行为采取某些集体制裁措施。[①]

在推进区域环境治理的过程中，必须将提高社会公众的环境保护意识以及区域协同观念纳入治理实践中。只有引导社会公众形成正确的环境认识与环境价值观，才能吸引更多人积极参与到环境治理进程中，促进区域内人与自然的和谐，以及环境与经济的可持续发展。加强环境知识宣传教育是提高社会公众环境意识的重要途径。必须推动环境教育长效化、机制化，通过提高公众的环境知识水平有效引导公众树立科学的环境价值观，改善公众的环境意识状况。首先是通过新媒体进行多方位、广范围的宣传，对环境污染对经济社会发展的危害进行普及，对国家以及区域的环境政策进行解读，提高公众对环保问题的关注度，加深公民对相关法律法规的认识，培养公众理性、健康的消费意识，引导公众形成理性健康的消费观念以及低碳环保的生活方式。

第三节　国际区域环境治理的主要理论

随着区域一体化和区域环境治理进程的发展，区域环境治理相关理论

① 参见李科：《国际关系学概论》，西安交通大学出版社 2020 年版，第 316 页。

逐渐丰富。目前学术界较有影响的区域环境治理理论主要有多层治理理论、实验主义理论和区域环境公共产品供给理论。多层治理理论和实验主义理论都源于欧盟的环境治理经验,多层治理理论强调区域环境治理过程中参与行为体的多层次性,实验主义理论则着重于区域环境治理中的多元协商、递归学习与政策横向扩散。区域环境公共产品供给理论则引入经济学中"公共产品"的概念,为分析区域环境治理中集体行动的问题提供了一个框架。这些理论都各自从不同角度解释了区域环境治理中的现象与问题。

一、多层环境治理理论

多层级治理(Multilateral Level Governance)一词起源于欧盟研究,现已成为各种政治环境和政策制定的常用概念。该概念最早由加里·马克斯(Gary Marks)基于欧盟国家政府的作用减小、新的治理体系正在形成的背景提出,用以对欧盟结构政策进行分析。这一理论自提出后不断被阐发及扩展。利斯贝特·霍格(Liesbet Hooghe)和加里·马克斯发展了两种不同的多级治理方式:一是构想将权限分散到有限级别的非重叠司法管辖区(类型一),在这种嵌套的解释中,存在着不同的治理层次,民族国家在与国内和国际层面谈判中保留中央权威,国家行政人员和国家仍是治理体系的重要组成部分。而从另一个角度观察,地方政府拥有一定程度的独立性,例如在美国,学者们注意到地方政府越来越独立于联邦政府,甚至在联邦政府缺位时代行国家治理职能。二是描述了涉及国家和非国家行为体的众多重叠的、功能特定的司法管辖区(类型二),国家和非国家行为体之间的互动产生了新的权威领域。对于气候变化这个没有地理边界和体制结构的领域的治理,哈里特·布尔克利(Harriet Bulkeley)和米歇尔·贝茨(Michele M. Betsill)在延用马克斯等人的多层级治理理论方法的同时,认为只有通过多层级的方法来捕捉社会、经济和政治动态,才能更好地理解城市与全球气候变化多层级治理之间的关系,并提出跨国网络是多层级治理理论类型二发展的缩影。[①]

多层级治理理论着重强调政府的垂直层级和水平组织的治理形式之间的联系，这为理解在一定规模内及跨区域环境治理的方法提供了一个很好的切入点。虽然起源于欧盟治理实践，但是多层级治理理论具有广泛的适用性，尤其是对于诸如美国这样权力分散的联邦制国家。关注美国地方层级气候变化政策的最早著作主要集中在类型一的范畴，侧重探讨在联邦行动付之阙如时州和地方行动之间的相互作用。而跨国城市网络专门作为气候行动场所的出现，虽然引起了人们对水平治理（类型二）的关注，但这方面的研究仍相对欠缺。其实，水平治理才是影响美国气候变化政策的源泉。[②]根据类型二，水平扩散/水平治理意指良好实践的转移、经验复制和政策流动性，这主要通过城市双边互动以及城市网络安排得以实现。具体来说，水平合作治理着眼于地方行为体（城市、地方企业和民间社会组织）与国家边界之内和之间的地方与国际行为体之间的互动，彰显了城市实施治理的自主权。在跨地方关系的多层级治理体系中，跨国城市网络合作主要发生在水平治理的范畴，也就是其更关注本地参与者与国家边界外的其他参与者的交互。[③]

作为区域合作的一种新的协调机制，多层治理超越传统意义上的治理的内涵，它试图对僵硬的国家机器和官僚组织进行软化和改造，强调区域环境合作建立一种超越行政区划政府的协调机制，突破不同行政区划的政府各自为政的局面。在多层治理的模式下，多元利益攸关方充分参与治理进程，决策权并非集中在国家手中，而是由不同层面的行为体共享，超国家机构、主权国家、地方各州政府等行为体都可以直接参与决策过程，其声音能够通过不同的渠道进行表达并得到充分的尊重。多层治理模式下各方共同的价值理念和利益追求也将各层次的治理活动有机地连接起来，使各行为

① Michele M. Betsill and Harriet Bulkeley, "Cities and the Multilevel Governance of Global Climate Change", *Global Governance*, Vol.12, No.2,2006, pp.141-159.

② Taedong Lee and Chris Koski, "Multilevel Governance and Urban Climate Change Mitigation", *Environment and Planning C: Government and Policy*, Vol.33, No.6,2015, p.1501.

③ Taedong Lee and Ha Yoon Jung, "Mapping city-to-city Networks for Climate Change Action: Geographic Bases, Link Modalities, Functions and Activity", *Cleaner Production*, Vol.182, No.0,2018, p.97.

体的活动转变为协调的行动，推动多层治理的政治架构不断走向完善。

二、区域环境治理的实验主义理论

实验主义治理是多元主义治理的前沿，它深刻地根植于欧洲区域治理的实践当中，目前实验主义治理已经普遍地运用到欧盟环境保护、食品安全、金融市场监管等治理领域，并越来越多地应用于全球治理之中。由于国际区域环境治理的复杂性，许多环境问题都需要边实验边探索，在开展合作治理的实践中逐步加以完善。实验主义治理的兴起，为区域环境治理提供了可借鉴的选择路径。格兰尼·德·布卡尔(Grainne de Burca)、罗伯特·基欧汉(Robert Keohane)等人系统总结了实验主义治理的特点：一是在非等级性政策决定过程中，利益相关者参与治理的公开性；二是被广泛同意的公共问题募集和理解开放目标框架的建立；三是较低层施动者基于当地或情景化知识的政策实施；四是持续地反馈、报告和监督；五是惯例，包括同行评议(修改法案或实践)。[①] 只有全面满足上述条件的治理才称为实验主义治理。实验主义治理在欧盟治理中的具体应用突显了其治理方式上的优越性：第一，委托—代理机制被打破，“委托人”已经不能够给“代理人”以全面指导，委托—代理关系更多的是一种相互扶持、相互告知的关系；第二，传统治理中“自上而下”或“自下而上”的等级关系被打破，实验主义治理更倾向于非等级的交互治理。

运用实验主义治理模式需要符合两大条件：一是战略不确定性(Strategic Uncertainty)。战略不确定性会督促行为体不断学习和适应新的任务目标。相互学习的必要性自然地促成了从中央到地方不同层级治理行为体的合作。二是权力的多头分配。在权力多头分配中，没有一个行为者有能力将自己偏好的解决方案强加在别人身上。这一方面保证了治理方案不会因某些势力较强的行为体而受到影响，另一方面也使得新型治理机制更加平面化。以欧盟的气候治理为例，首先是应对气候变化战略的不确定性。面对弥散性与复杂性并存的气候变化，国际和国家层面应对气候变化

---

① Grainne de Burca, Robert Keohane and Charles Sabel, "New Modes of Pluralist Global Governance", *New York University Public Law and Legal Theory Working Papers*, Vol.45, No.3, 2013, pp.1-61.

战略存在“有限理性”。欧盟认为，“由于地区多样性和气候影响的严重性，大部分适应措施应同时在国家、地区及地方层面展开”[①]。这便意味着地方政府可以根据自身情况来发展社区行动议程，将从其他地区习得的信息和最优实践融入其中。创新政策更容易在较小的范围内首先开展，随后最优实践的出色表现更加具有说服力，可以促进网络中更多行为者的模仿和学习。跨国城市网络可以为其他城市行为者提供信息和最优实践，与此同时，城市之间的共同努力可以为地区层面问题“量体裁衣”，提供更合适的解决方案。[②] 跨国城市网络创造了一个多元的、相对独立的制度平台，通过加强监督和回馈循环(Feed-back Loops)以及强化相关的制度激励，为地方层面适合制度的网络融入提供各种机会。[③]欧盟层面的多层治理模式把自由裁量权下放至更低层级，进一步保障了权力的多级分配，推进了参与性治理的形成。[④] 欧盟的多层治理框架为跨国城市网络的发展提供了一种政治机会，使跨国城市网络能够接近重要的政策决策者和资源(金融、人力、知识等)。欧洲跨国城市网络展示了两种在欧洲气候变化背景下流行的治理模式：“授权管理模式”(Governing Through Enabling)和“自我治理模式”(Self-Governing)。两种模式均体现了实验主义治理的基本逻辑，可以有效克服集体行动的困境。城市层面的利益相关者的沟通交流频率会更高，人们在相互接触中经常不断了解，彼此建立了信任和依赖，更容易建立共同的行为准则和互惠的处事模式。地方自治性治理可以制定出更好地迎合地方需要

① European Commission, “EU Climate and Energy Package”, *Climate Action Document*, http://ec.europa.eu/clima/policies/package/docs/climate_package_en.pdf.

② Sarah Giest and Michael Howlett, “Comparative Climate Change Governance: Lessons from European Transnational Municipal Network Management Efforts”, *Environmental Policy and Governance*, Vol.23, No.6, 2013, pp.341-353.

③ Lars Carlsson, Annica Sandström, “Network Governance of the Commons”, *International Journal of the Commons*, Vol.2, No.1, 2008, pp.33-54.

④ 欧盟城市同欧盟多层治理之间的关系可以划分为三类：等级性治理(Hierarchical Governance)、咨询性治理(Consultative Governance)和参与性治理(Participatory Governance)。参与性治理体现了多元网络将不同的行为体联系在一起，强调自下而上的活动同自上而下的交流方式共存。网络平台使次国家行为体可以塑造争论、影响政治议程、联合控制政策结果，与此同时，影响地方政策议程的行为体进一步多元化，这种多层伙伴关系有利于增强政策的执行力。在这一进程中，城市已不单纯是一个政策的接受者(Policy Taker)，而是升级为政策的塑造者(Policy Maker)。参见 Claus J. Schultze, “Cities and EU Governance: Policy-takers or Policy-makers?” *Regional & Federal Studies*, Vol.13, No.1, 2010, pp.126-127。

的行动政策，同时将国家资源更为合理地运用，使那些受气候影响最为直接的地方最大限度上受益。

当前国际政治经济形势日益复杂，地区热点问题此起彼伏，传统安全威胁和非传统安全威胁交织叠加，区域环境治理也面临错综复杂的局面。实验主义治理主张的多层多元的参与以及治理权的下放有助于各行为体根据自身具体情况对环境问题进行治理，制定更符合地方实际的行动政策。与此同时，在复杂的相互依赖和因果关系普遍不确定的情况下，实验主义治理所蕴含的递归学习与政策横向扩散机制，有助于行为体之间通过信息和知识的共享来寻求共同关注议题的最优解，提升在不同治理方案中进行选择的能力，克服在有限理性背景下分析问题能力的局限。实验主义治理对新治理主体持开放态度，具有参与主体的平等性、合作过程的开放性以及合作目标的互惠性等特征，将更多的行为体纳入议题设置和问题解决中来，调动区域力量和社会力量对区域环境治理的参与，对区域环境治理的开展具有积极的意义。

三、区域环境公共产品供给理论

"公共产品"最初是经济学中的一个概念，后来学者们将其应用到国际关系领域，为国际社会在全球、区域和国家层面的环境治理与合作提供了新的理论工具。曼瑟尔·奥尔森(Mancur L. Olson)认为，公共产品是指不能适当地排除没有付费的人对该产品消费的产品。[①]保罗·萨缪尔森(Paul A. Samuelson)则将公共产品定义为"所有社会成员都可以享用，且任何个人对该产品的消费都不会影响到其他人对该产品消费的产品"。[②]由此可见，公共产品具有非排他性和消费的非竞争性两个基本属性。非排他性意味着公共产品被社会公众共同享用，不能限制任何个体对其的消费。非竞争性则意味着任何个体对公共产品的消费不会引起其成本的增加，即增加单位公共产品消费的边际成本为零。根据公共产品的非竞争性和非排他性的程度，

① 参见[美]曼瑟尔·奥尔森:《集体行动的逻辑》，陈郁、郭宇峰、李崇译，格致出版社 2017 年版，第 26 页。

② 参见[美]保罗·萨缪尔森、[美]威廉·诺德豪斯 :《经济学》(第十九版)，萧琛译，商务印书馆 2014 年版，第 615 页。

公共产品可以分为纯公共产品、俱乐部公共产品和准公共产品。纯公共产品是指空气、生物多样性等同时具有非排他性和非竞争性的公共产品，不仅不能排除任何人对该产品的消费，而且任何人对其的消费也不会影响其他个体对其的消费。俱乐部产品是指虽然在消费上具有非竞争性，但很容易产生排他性的产品，比如公园、医院等。准公共产品是指在消费上具有一定的竞争性，却难以有效排他的公共产品，比如公共渔场、牧场等。按照公共产品外部性的影响，公共产品又可分为正公共产品和负公共产品。正公共产品是指生产或消费该产品的行为给其他生产者或消费者带来收益的公共产品，比如可持续发展的自然环境、和平稳定的社会环境；负公共产品是指生产或消费该产品的行为使其他生产者或消费者利益受损的公共产品，比如环境污染。

区域公共产品是相对于全球公共产品和国家公共产品而言的，指由某一区域范围内的国家共同供给并享用的公共产品。樊勇明将区域公共产品定义为"只服务于本地区、只适用于本地区、其成本又是由域内国家共同分担的安排、机制或制度"。①可以说，区域公共产品是一种用来解决区域性问题、成本由区域国家共同分担的规范或机制。而区域环境公共产品则是指用来解决环境问题的区域公共产品。"一般来说，只服务和适用于本地区、其成本又是区域内国家共同分担的涉及环境的国际性安排、机制或制度均可被称为区域环境公共产品。"②区域环境公共产品可以由大国提供，也可以由区域内国家集团或国家联合供给。供给主体可以是国家，也可以是政府间组织、非政府组织、跨国公司、行业协会等非国家行为体。

区域环境公共产品具有一般公共产品的属性，即消费上的非排他性和非竞争性。由于地理位置的临近以及环境介质的跨国性和流动性，区域各国在空气、水流、海洋、森林等环境资源方面具有充分共享性，一国的环境恶化或为保护环境所作出的努力，均会产生极强的外部效应，影响其他国家或整个区域的环境质量。同时由于治理环境污染的成本过高，以及区域环境

① 参见樊勇明：《区域性国际公共产品——解析区域合作的另一个理论视点》，《世界经济与政治》2008年第1期。

② 参见黄河、吴雪：《环境与国际关系：一种区域性国际公共产品的视角》，《国际展望》2011年第2期。

公共产品的非排他性和非竞争性特征,即没有在环保上付费的国家也可以消费和享用环境保护带来的好处和方便,导致了有些国家“搭便车”的倾向。如果各国仅从本国的环境利益出发,忽视区域的整体环境利益,则极有可能出现零和博弈,导致“公地的悲剧”。因此区域环境治理过程中要建立灵活的制度安排以确保区域环境公共产品的有效供给。在区域环境治理制度构建与治理行动过程中对区域性公共产品提供方式和共享利益,以及区域治理行动的责任和投入规定等加以界定。现代国际区域环境治理依靠政府、社会组织、企业和个人等多元行为体共同参与和共担责任,所获的成果自然成为公共产品,为大家共享。国际区域环境治理成果的共享性也即各方都可以从中受益,是区域治理进程可持续的基础和保障。

第十四章　国际区域环境治理的发展

随着国际区域环境问题的不断加剧，各种侧重于区域层面环境挑战的合作机制不断涌现。本章从国际区域环境治理发展的驱动性因素入手，探析了在区域合作制度化进程中，国际区域环境治理机制的不同分类标准与功能比较。在此基础上，本章总结了区域环境治理的整体性发展演进特征，并对国际区域环境治理在中长期发展中所面临的挑战进行了探讨。

第一节　国际区域环境治理的逻辑

随着全球生态环境问题越来越严重，环境负外部性和跨界环境污染问题也日益凸显，国际社会对于应对环境问题也越来越重视。随着环境问题持续恶化，在全球环境治理合作推进的同时，国际区域层次的环境治理被列入区域合作的重要议程，各种区域性环境治理安排与协议也大量涌现，各方对于环境合作治理有了越来越强的共识。

一、国际区域环境问题治理的紧迫性

以气候变化为代表的环境问题对全球生态的影响极大，加强应对和治理的紧迫性前所未有。如 2021 年以来，极端天气在全球多个地区频繁出现，全球平均温度较工业化前水平（1850～1900 年平均值）高出 1.11 摄氏度，是有完整气象观测记录以来的七个最暖年份之一，这一数据也是最近 20 年之中比工业化前水平高出的数据之一。2022 年 7 月份以来，全球多地出现高温，欧洲各地更是经历了多轮极端热浪和干旱天气，多个国家气温突破了历史纪录。葡萄牙、西班牙部分地区气温一度达到 47 摄氏度，法国巴黎

最高气温达40.5摄氏度。持续高温少雨天气下，泰晤士河和莱茵河等欧洲主要河流的水位不断降低，航运和工业受到严重影响，欧洲能源危机加剧。中国南方一些地区长时间干旱无雨，导致湖泊水位大幅度下降，甚至湖底裸露。联合国政府间气候变化专门委员会第六次评估报告(A6)指出，在全球持续变暖的背景下，全球许多区域出现极端天气事件和复合型事件的概率将会更加频繁，例如高温热浪及干旱并发，极端海平面和强降水叠加造成复合型洪涝事件加剧。[①]

除气候变化外，森林面积减少、土地荒漠化、水资源短缺、生物多样性锐减等其他环境问题也日益突出。由于人类过度耕种、放牧和滥伐森林，世界森林的面积正日益减少，联合国环境规划署报告称，有史以来全球森林已减少了一半，其主要原因是人类活动。[②] 由于植被遭到破坏、水土流失严重，荒漠化对人类的威胁日益加剧。根据《全球土地展望》报告，不可持续的土地管理方法和气候变化造成了大面积的土壤流失，全球高达40%的土地已经退化，严重威胁到地球上许多物种的健康和持续生存。[③]随着人口的增加、工农业用水需求的增多以及水污染问题的加剧，淡水资源短缺已成为影响人类生存和经济发展的重要问题。世界约有23亿人口饮水紧张，36亿人每年至少有一个月面临淡水资源供应不足的问题。预计到2050年，世界上将会有50亿人面临缺水。[④]

人类对大自然不加节制的索取，已经超出了自然系统的自我调节能力，导致生态环境不断恶化，并威胁着其他物种的生存。目前地球正处于第六次生物大灭绝的边缘，全世界每年有5万～8万个物种从地球上消失，灭绝速度至少比过去一千万年的平均值高出数千倍，如果不采取措施，大约有一

① IPCC, "Climate Change 2022: Impacts, Adaptation and Vulnerability", February 2022, https://www.ipcc.ch/report/ar6/wg2/downloads/report/IPCC_AR6_WGII_FullReport.pdf.

② UNEP, "Reducing emissions from deforestation and forest degradation", https://www.unep.org/zh-hans/explore-topics/climate-change/what-we-do/redd.

③ UNEP, "Global Land Outlook 2nd edition", 2022-4-27, https://www.unccd.int/sites/default/files/2022-04/UNCCD_GLO2_low-res_2.pdf.

④ World Meteralogy Organization, "2021 State Of Climate Services Water", 2021, https://library.wmo.int/doc_num.php? explnum_id=10826.

百万种物种将在几十年内灭绝。[①] 应对气候变化、保护生态环境已经成为人类所面临的最大挑战。

环境问题根植于人类不合理的活动，源于传统的生产方式。因此，环境治理需要采取综合措施，多方位齐动。在国际区域层面，由于环境具有跨境性的自然领域，空气、水等自然环境要素的连接和流动，同一区域范围内的国家往往面临着相似的环境问题，涉及诸多共同的利益。面对气候变化和环境问题不断加剧的现实，国际区域环境治理应承担起全球环境治理的重要职能。

二、国际区域环境治理的多层合作推动

全球环境是一个整体，但在治理上，是由多层机制推动的，包括全球层面、区域层面和国家层面。国家层面是基础，无论是全球层面还是区域层面，都离不开国家作为基础和主体的作用。

在全球层面，联合国承担动员、议程设计和规则制定的作用。1972 年联合国人类环境会议在斯德哥尔摩召开，会议通过的《人类环境宣言》奠定了构建全球环境治理的政治基础。会议后，联合国根据需要成立了 UNEP，标志着全球环境治理机制开始形成。应对气候变化的《京都议定书》《巴黎协定》的签署，主要是在联合国框架下推进的。与此同时，国际环境条约大量涌现，覆盖了气候变化、生物多样性、海洋治理、危险废物越境转移等诸多领域，并通过建立条约履约处或执行局、基金援助制度保障了条约的实施。环境问题的治理也由原来的单纯强调防治污染到现在的注重环境与经济、社会协调的可持续发展。全球环境治理的参与主体不断增多，除了各国的政府外，非政府组织、企业、地方社区等越来越多的非国家行为体也积极参与其中。随着全球行动的推进，一个多层次的全球环境治理体系已经形成。

国际区域环境治理可以更好地将全球环境治理目标分解到各个区域过程中，依靠区域乃至更小范围的行为体采取治理手段。联合国环境规划署、联合国气候大会等全球性环境治理机制积极寻求与区域行为体合作，在区

① IPBES, "Global Assessment Report on Biodiversity and Ecosystem Services", 2019, https://ipbes.net/global-assessment.

域层面推动环境治理。联合国环境规划署针对全球邻接陆地的闭海和半闭海启动了区域海洋方案,直接管理的地中海行动计划已在地中海地区海洋污染治理方面取得了值得肯定的成绩,成为区域海洋治理的典范。联合国环境规划署与世界卫生组织(WHO)、亚洲发展银行推动了东南亚和东亚国家环境与卫生问题部长级区域论坛的成立,以加强东南亚和东亚国家在环境卫生管理方面的对话,在区域层面推进环境健康合作。联合国环境规划署还牵头成立了亚太环境部长论坛,向亚太区域环境治理方案提供咨询和政策指导,并为联合国环境大会、多边环境协定和2015年后的联合国发展议程等全球活动作出区域贡献。

如今,环境治理在国际区域合作中已经成为重要的议题,被列为区域合作的重要内容。由于环境问题具有跨国性和流动性,各国在全球环境治理机制中承诺的治理目标的实现离不开各国间,特别是区域组织的合作。比如在《巴黎协定》之下,各国自主贡献目标的实现需要降低化石能源的消耗并提高清洁电力在一次能源消费中所占的比重,而由于清洁电力受自然条件的限制往往具有不稳定性,需要通过国家间电力互联互通来确保稳定的电力供应,因此推动了国际区域电力一体化的发展趋势,如东盟互联电网、欧洲互联电网、泛阿拉伯电力市场、欧亚互联计划等区域电网计划正在积极推进,并取得了多项成果。[①]

作为治理的行为主体参与者,公司企业、社会组织团体以及个人都具有参与和投入的责任。在公司企业层面,需要积极承诺不破坏环境,对造成的破坏进行补偿和治理,即要承担社会责任。社会团体是对环境治理有着共识并主动参与环境活动的非政府组织,除了参与具体的环境治理行动外,它们在环境保护、环境监督方面可以发挥特殊的作用。作为个人需要承担不破坏环境的责任和积极参与环境治理的责任。

第二节　国际区域环境治理的机制

国际区域环境治理是在国际区域层面各行为体所采取的行动,建立在

① 参见张锐、相均泳:《"碳中和"与世界地缘政治重构》,《国际展望》2021年第4期。

制度化和非制度化议程的基础之上。具体来说，治理包括政府间会议、签署协议、制定法律/规则和为此实行的政策、开展的项目，以及为此而提供的资金和技术支持。区域环境治理的机制可以根据不同的标准划分为多种类别，包括按照治理内容、治理范围、区域环境治理机制的制度化程度等不同维度进行分类。

一、按照区域环境治理机制的治理内容划分

当前区域环境治理的议题领域涉及大气保护、海洋污染治理、生物多样性保护、资源能源开发与利用等，且各类议题互相贯穿、渗透，功能上的相互依赖需要政策上的协调与沟通。[①]按照治理内容，区域环境治理机制可以分为综合性区域环境治理机制和议题导向的区域环境治理机制。综合性区域环境治理机制所涉及的议题领域较为广泛，为区域环境治理提供了综合性的框架和指导原则。议题导向的区域环境治理机制则主要为某一环境议题的治理提供了行动方案和行为依据。

（一）综合性区域环境治理机制

在欧洲地区，欧盟不断将环境保护纳入一体化的重要法律框架之中，包括《单一欧洲法令》《马斯特里赫特条约》《欧洲联盟条约》《阿姆斯特丹条约》等。迄今为止，欧盟已形成了一个全面系统的环境治理体系，共有 300 多个环境法令在欧盟范围内获得通过并实施。在北美地区，综合性的区域环境治理机制主要有 1993 年北美自由贸易区国家签订的《北美环境合作协议》和 1996 年成立的北美环境合作基金。亚太地区的综合性区域环境治理机制有亚太区域环境部长论坛、亚太可持续发展问题论坛等。亚洲的综合性区域环境治理机制有东盟“10＋3”环境合作机制、东北亚环境会议（NEAC）、NEASPEC、东北亚区域环境合作高级官员会议、中日韩环境部长会议（中日韩三国环境部长会议）、南盟和南亚环境合作计划等，其中南盟框架下的环境合作机制主要由环境部长会议和首脑级会议组成，南亚环境合作计划中包括“南亚区域海洋方案”，主要公约有《南亚区域合作联盟环境合作公约》

① 参见汤伟：《当前国际环境治理的焦点问题及其发展趋势》，《国外社会科学前沿》2014 年第 18 辑，上海人民出版社 2015 年版，第 184～195 页。

《达卡宣言》《南亚区域合作联盟(SAARC)气候变化的行动计划》《马累宣言》《延布宣言》等。

(二)议题导向的区域环境治理机制

议题导向的区域环境治理机制侧重于为某一环境议题的治理提供具有针对性的行动方案和解决路径,具体议题覆盖了区域环境治理的各个方面,下面以大气保护、海洋保护、森林保护和淡水资源保护为例进行阐述。

1.大气保护

为了控制、削减和防止大气跨界污染,欧洲国家于1979年签订了《欧洲长程越界空气污染公约》,该条约具有法律约束力,并为日后减排议定书的形成提供了制度性工具。[①] 在北美地区,美国和加拿大就东北部地区跨界酸雨问题发生过争执。两国于1978年成立了"关于远程越境大气污染研究协议组"(LRTAR),并于1979年发布了《关于跨境大气质量的共同声明》(JSTAQ)。1991年,经历漫长的谈判后,美国和加拿大终于就大幅度削减二氧化硫等诱发酸雨物质达成了《空气质量协议》(AQF)。在东亚地区,为解决大气污染和酸雨问题,东亚酸沉降监测网(EANET)于2000年正式建立,主要负责对东亚地区酸沉降的监测数据进行搜集、整理、传输和评价。在联合国环境规划署、全球环境基金和亚洲开发银行等国际组织的支持下,东北亚地区还就沙尘等大气污染问题展开了一系列技术援助项目,比如东北亚大气污染物长距离跨界输送项目(LTP)、区域沙尘技术支持计划(DSS-RETA)和东北亚沙尘暴防治技术援助项目等。

2.海洋保护

海洋环境的区域合作保护途径在"托雷·坎永"号事故[②]发生之后开始确立。受此次事故直接影响并损失严重的北海沿岸诸国积极行动,于1969年在波恩签署了《应对北海油污合作协议》(1969《波恩协议》)。随后,包括北海区域在内的东北大西洋区域于1972年签订了《防止船舶和飞行器向海洋倾倒废物的奥斯陆公约》,于1974年又签订了旨在防止陆基污染源污染

① Peter M. Haas, et al., eds., *Institutions for the Earth: Sources of Effective International Environmental Protection*, Cambridge: Mit Press, 1993, p.16.

② 此次事故造成10万吨原油泄漏,另外2万吨原油经英国轰炸也未完全燃烧,大量沉入海底,造成英法海岸线重大污染,是截至当时规模最大的一次原油泄漏事故。

海洋的《巴黎公约》。波罗的海区域于1974年签订了《保护波罗的海地区海洋环境公约》(《赫尔辛基公约》),并成立了波罗的海国家环境部长会议以及波罗的海国家理事会。地中海区域于1976年缔结了《保护地中海防止污染的公约》(1976《巴塞罗那公约》)以及《防止地中海区域船舶和飞机倾废污染议定书》和《合作防治在紧急情况下石油及其他有害物质污染地中海议定书》两个议定书,确立了具有广泛适用性的“公约—议定书模式”[①],使得地中海成为“区域海洋合作协议的最好工作样本”[②]。西北太平洋地区在联合国环境规划署的推动下于1994年达成了西北太平洋行动计划(NOWPAP),并成立了区域行动中心网络,包括数据和信息区域活动中心、污染监测区域活动中心、海洋环境应急响应区域活动中心等。

3.森林保护

在美洲地区,美国率先提出了“债务换取自然”(Debt for Nature Swap, DNS)概念,试图通过减免第三世界的部分债务以换取它们对热带森林的保护。美国先后与玻利维亚、萨尔瓦多、乌拉圭、阿根廷等多个拉美和加勒比国家签署了热带森林双边保护协议,开展的资源保护项目包括热带森林保护、水质监测、农业可持续发展、水土保持、环境教育和生物多样性保护等。[③]南美洲国家也围绕亚马孙热带雨林的保护在2019年达成了《亚马孙莱蒂西亚协议》。在东南亚地区,东盟通过《河内计划行动》《关于环境和发展的雅加达宣言》《地区烟雾行动计划》和2002年的《防止跨国界烟雾污染协议》建立起了森林火灾防控与跨界烟雾协调治理机制。

4.淡水资源保护

保护淡水资源的国际条约多为地区性的多边和双边条约。欧洲地区达成了莱茵河保护协定、2000年的欧盟水框架指令(EU Water Framework

---

① 即以框架公约对区域海洋环境的一体化保护予以规定,以议定书的形式规定各类具体问题的解决方式。这种模式下,各缔约国在签署公约时,须同时签署至少两项议定书;对于其他的议定书,则可以根据本国的具体履约能力在合适的时候签署批准。

② Maria Gavouneli, "New Forms of Cooperation in the Mediterranean System of Environmental Protection", *The Stockholm Declaration and Law of the Marine Environment*, Bosten: Martinus Nijhoff Publishers, 2003, pp.223-235.

③ Pervaze A. Sheikh, *Debt for Nature Initiatives and the Tropical Forest Conservation Act: Status and Implementation*, Congressional Research Service, March 30, 2010, p.5.

Directive)和 1996 年的欧盟预防与控制污染综合指令(EU Integrated Pollution Prevention and Control，简称 IPPC)等国际淡水环境管制安排。大湄公河次区域在 1995 年曾就湄公河下游水资源水权分配达成《湄公河流域持续发展合作协定》,目前该区域的淡水资源保护主要是在大湄公河次区域经济合作机制(GMS)以及其下的大湄公河环境工作组会议之下进行。

二、按照区域环境治理机制的治理范围划分

按照区域环境治理的范围,区域环境治理机制可以分为区域环境治理机制、次区域环境治理机制和跨区域环境治理机制。

(一)区域环境治理机制

区域环境治理机制是在洲际范围内环境领域的条约、协议和组织机构所形成的体系。目前亚太地区、欧洲以及拉丁美洲等地区均形成了一定数量的区域环境治理机制,比如亚太地区的亚太区域环境部长论坛、亚太可持续发展问题论坛等,欧盟的环境治理政策体系,拉丁美洲的拉美发展与环境委员会等。

根据联合国亚太经社委员会 (ESCAP) 的定义,亚太地区包括北美、东亚(包括东北亚及东南亚)、南亚以及大洋洲所有国家。近年来,亚太地区是全球经济发展最具活力的地区之一,但域内不可持续的发展方式也造成了严重的环境问题。为此,亚太国家之间建立了一系列环境合作机制,主要包括亚太环境与发展部长级会议、亚太环境部长论坛、APEC 环境部长会议等,通过合作机制发挥国家之间的协同作用,帮助解决亚太区域的环境问题。亚太环境与发展部长级会议创立于 1985 年,由联合国亚太经社委员会、联合国开发计划署 、联合国环境规划署和亚洲开发银行共同主办,是亚太地区最重要的区域性环境机制之一。亚太环境与发展部长级会议每五年召开一次,旨在促进区域的可持续发展,会议的议题设置着重于加深对区域各国环境现状的评估,制定每五年的亚太地区可持续发展执行计划,推动区域治理理念的沟通和有效整合, 以及对全球可持续发展议程的区域政策协调响应等。亚太环境部长论坛由联合国环境规划署牵头创建,自其 2015 年成立以来,致力于围绕生态环境热点问题进行探讨,以解决区域可持续发展相关问题。APEC 环境部长会议是 APEC 环境合作的高层次官方常规机

构，为APEC经济体就环境保护议题进行探讨、凝聚共识提供了平台。但上述机制的论坛性突出，主要目的是为亚太区域各主要行为体在环境政策方面提供进行对话交流、协调政策的平台，并不具备立法性，未能为区域环境保护提供硬约束性行为规范。

（二）次区域环境治理机制

次区域是指由于特定的地理、文化、资源与经济开发等因素，形成经济或文化一体化的几个邻近国家的连接地区。[①]次区域的重要特征是由河流、山脉、海湾等某一紧密联系的介质连接起来，其地域范围要小于区域。比如亚太地区可以划分为东南亚、南亚、湄公河流域、中亚、东北亚和太平洋岛屿等次区域，每个次区域都产生了具有不同程度效力的合作性制度框架。[②]东南亚次区域已经形成了东盟环境部长会议、东盟环境高官组织和执行合作计划项目等制度化的区域环境合作框架，并就环境和自然资源问题达成了《东盟生物多样性中心协定》《防止跨国界烟雾污染协议》等一系列软法文书。南亚次区域于1982年成立了南亚合作环境规划署，在南亚合作环境规划署的推动下，南亚次区域还达成了《关于打击野生动植物非法贸易的南亚倡议斋浦尔宣言》《2010年以后南亚生物多样性的决议》《南亚联盟环境合作公约》等协议和声明。湄公河流域次区域于1992年成立了大湄公河次区域经济合作机制，1995年大湄公河次区域经济合作机制创建了大湄公河环境工作组会议，负责推动次区域内环境项目的实施并协调次区域国家间的环境立法。中亚次区域成立了中亚区域环境中心，2006年旨在确保中亚可持续发展中有效保护环境的《环境保护可持续发展框架公约》开放签署，但尚未生效。[③]东北亚次区域成立了东北亚环境合作高级官员会议、中日韩三国环境部长会议等政府间高层环境论坛，以及东北亚酸沉降监测网、西北太平洋行动计划等专项环境合作机制。太平洋岛屿次区域于1982年成立了太平洋区域环境署秘书处，并达成了《南太平洋地区自然资源和环境保护公约》《努美阿公约》《威加尼危险废物公约》等数项具有约束力的区域性环境

① 参见俞正梁：《区域化、区域政治与区域治理》，《国际观察》2001年第6期。

② 参见Ben Boer、马亮：《亚太地区国际环境法：区域性进展图景》，《环境法评论》2020年第2期。

③ 参见Ben Boer、马亮：《亚太地区国际环境法：区域性进展图景》，《环境法评论》2020年第2期。

条约，其环境法律制度可以说是亚太地区最完整的。[①]上述次区域环境治理机制均对区域环境治理起到了重要的补充和促进作用。

（三）跨区域环境治理机制

冷战结束后，随着全球化与区域化的不断发展，以区域组织为代表的区域之间往来密切，联系日益增强，区域间关系应运而生。区域间关系是不同区域之间在经济、政治和社会等领域不断互动和交流，关系日益深化和发展的过程，其中最具代表性的区域间合作机制有：亚欧会议（1996）、非洲—欧洲国家首脑会议（2000）、东亚—拉美合作论坛（2001）和南美—非洲国家首脑会议（2006）。[②]环境保护是区域间合作的重要内容，区域间环境治理机制就是指两个或多个区域的各种行为体出于环境保护的目的建立起来的合作机制。这种类型的区域环境治理机制拥有更为宽泛和分散的成员，治理议题也更加广泛。以亚欧环境治理为例，亚欧会议于 1996 年成立，其中环境领域是亚欧区域间合作的一个重要领域。第三次亚欧会议上，中国和德国提出了召开亚欧环境部长会议，开展亚欧可持续发展的倡议，得到了亚欧会议其他成员国首脑的广泛支持，并写入第三次亚欧会议主席声明。中国作为主要倡议国，于 2002 年在北京举办了第一届亚欧环境部长会议。[③]由于区域间的环境问题具有分散性，各行为体之间在环境领域的相互依赖程度也有限，区域间环境治理机制相对松散，主要目的是为各区域就环境保护的政策、技术、经验开展交流和对话提供平台。

三、按照区域环境治理机制的制度化程度

按照区域环境治理机制的制度化程度，区域环境治理机制可以分为以下三种类型：一是制度化的国际区域环境合作机制，这种类型的环境治理机制有着具体界定的短期和中长期目标，其中十分重要的是合作成员国对于本地区的环境合作作出了承诺，为了实现相关目标，这些合作机制得到国家

---

① 参见 Ben Boer、马亮：《亚太地区国际环境法：区域性进展图景》，《环境法评论》2020 年第 2 期。

② 参见王在亮、高英彤：《区域间主义：逻辑起点与研究对象——以东亚—拉美合作论坛为例》，《当代亚太》2014 年第 2 期。

③ 参见周建：《实现环境优化经济发展的政策实践——在第三届亚欧环境部长会议上的发言》，《环境保护》2007 年第 11 期。

的明确授权以通过定期举行的会议、按照一致同意或特定多数方式作出有法定约束力的决策。为了准备和落实上述决策，它们还获得组建某些具有明确管理权限与职能的持久性内部分支机构的权力，如欧盟层面的环境合作显然属于这一类。

二是功能性的国际区域环境合作机制，其被创建的主要目的是扮演某些补充性角色，以帮助主权国家政府应对那些具有跨国影响的环境议题领域。这类区域环境合作机制一般只具有有限的法律授权或资源以设计长远或综合性目标，作出具有强烈约束性的决策和维持或发展持久性的内部组织结构，大多数的双边或多边国际环境合作机制都属于这一类型，如中欧环境对话机制和中美环境对话机制。就其功能而言，该类型的区域环境合作机制可以促进区域环境信息交流，推动区域环境政策发动与谈判，监督环境政策的落实。

三是一些介于上述两者之间的国际环境合作机制类型，它们往往同时采纳了制度化和功能性的合作方法，如 APEC 中的国际环境合作都属于这种类型。APEC 领导人非正式会议和环境部长会议是 APEC 环境合作的高层次官方常规机制，在环境合作中发挥了导向性作用。领导人会议就环境议题作出高层政治承诺和正式授权，环境部长会议负责制订 APEC 机制下环境合作的原则框架和行动计划。APEC 下设的各委员会和工作组等官方非常规机制负责具体的执行问题。为推进环境监管，APEC 各专业委员会、工作组发起了一系列具体的行动，比如贸易和投资委员会将环境相关的问题融入贸易投资便利化工作中，产业科技工作组实施了若干项目来支持 APEC 的清洁生产战略，包括对 APEC 环境技术交流的支持项目等。①

第三节　国际区域环境治理的沿革

在国际区域环境治理的初期，欧洲国家推动了区域环境治理的机制建构，为跨界环境问题的解决和区域环境治理合作留下了大量的宝贵经验。随着冷战的结束、区域一体化的发展以及环境问题的突显，广大发展中国家

① 参见周适：《看得见的空气 看不见的制度》，中国计划出版社 2016 年版，第 95 页。

也开始重视环境问题，并积极参与区域环境治理。与此同时，区域环境治理呈现出参与主体多元化的特征，越来越多的非政府组织、区域跨国城市网络、跨国倡议网络等非国家行为体也广泛参与其中并发挥着日益重要的作用。

一、欧洲早期区域环境治理的机制建构

欧洲国家虽然在气候、生态、自然资源等环境要素方面存在差异，但受大气环流、洋流、地形等因素的影响，在空域、陆地和水系方面联系密切，因此在区域范围内环境问题的跨国性尤为突出。20 世纪 50～60 年代，欧洲快速发展的工业化进程中产生了大量负环境公共产品，比如大气污染、酸雨问题、跨界河流污染等。面对日益恶化的环境问题，各国相继制定了一些污染治理的法令，例如英国 1956 年颁布的《清洁大气法》《清洁河流法》，荷兰 1962 年制定的《公害法》、1969 年制定的《地表水污染法》，意大利 1966 年颁布的《大气清洁法》，法国 1964 年颁布的《水法》等。但由于环境的外部性问题难以解决，欧盟逐渐意识到采取一致行动的必要性，开始采用区域治理的模式来解决环境问题。

1972 年，欧共体首脑会议首次提出要在共同体内部建立共同环境政策的框架，并就环境问题制定了一系列基本原则，由此促进了共同体的共同环境政策的形成和发展。此后，欧盟理事会分别于 1973 年、1977 年、1983 年、1987 年、1993 年和 2001 年先后通过了六个具有精确实施时间表的环境行动计划，其中第二和第三个环境行动计划制定了针对大气跨界污染问题的相关指令和管制措施。1986 年签署的《单一欧洲法令》规定了共同体的环境使命，并授权共同体为完善共同市场发布环境法规，为共同体活动直接进入环境领域提供了明确的法律基础。1992 年签署的《欧洲联盟条约》（又称《马斯特里赫特条约》）则首次把环境保护明确列为欧盟的宗旨和目标之一，规定环境是欧盟及其成员国共同负责的领域。1997 年《阿姆斯特丹条约》把可持续发展列为欧盟的原则和目标，并将绝大多数环境事务纳入多数表决程序，提高了欧洲议会在环境领域的影响力。欧盟签署的上述三个条约为其在环境领域制定共同政策和法规提供了正式的法律基础，有关环境管理的权力逐步向欧盟集中。目前欧盟已经实施了 7 个环境行动纲领，制定了 500

多个环境条例、指令和决策，为成员国的环境保护提供了标准和政策指导。

在环境治理政策体系不断完善的同时，欧盟就跨界大气污染、酸雨以及跨界河流污染等国际区域环境问题展开了治理实践。1972 年，在斯德哥尔摩举行的联合国人类环境会议上，东道主瑞典提交了一份题为《穿越国界的大气污染：大气和降水中的硫对环境的影响》的报告，引发了欧洲国家对于跨境酸雨问题的关注。会议结束后，经济合作与发展组织(OECD)就着手建立了观测网络，并组织进行关于大气污染物跨界移动的科学研究。大量研究结果表明，大气污染物在沉积和发生危害之前会有成千上万公里的远程飘移。1977 年 10 月，联合国欧洲经济委员会 (UNECE) 启动了由各缔约国科学当局组成的欧洲大气污染物远距离传输监测和评价合作方案(EMEP)，向各国政府提供大气污染物的浓度、沉积以及远程传输数量等重要监测和评估信息，为欧洲跨界大气污染合作治理提供了基础性技术准备。在联合国欧洲经济委员会的努力斡旋下，1979 年 11 月，欧共体、25 个欧洲国家和美国在日内瓦订立了《远程越界空气污染公约》(CLRTAP)。这是首个针对酸雨问题和大气跨界污染治理制定的具有法律约束力的区域性国际公约，它规定了跨界大气污染治理的一般性原则和制度框架，为日后具体污染物减排限排议定书的形成提供了制度性工具。经过 30 多年的发展和完善，《远程越界空气污染公约》的缔约方已达 51 个，确保了欧洲各国在大气污染治理方面具有共同的理念、目标和行动框架，也为区域大气污染治理提供了重要的合作平台。

对环境问题的重视改善了欧共体的国际形象，欧共体积极与联合国、世界贸易组织、经济合作与发展组织等在环境领域有重要影响的国际组织进行合作，在关于气候变化、海洋污染、臭氧层损害、危险废物跨境转移等问题的全球及地区性环境协议达成方面起着领导作用。1972 年的联合国人类环境会议上，欧共体积极参与并推动大会进程，引发了人们对跨境大气污染和酸雨问题的认知，并提出很多可行性建议。1973～1982 年，欧共体积极参加联合国海洋法会议并发挥了建设性作用，并就海洋污染、海洋生物资源保护、国际海底资源保护等问题进行了大量的外交活动。1992 年，在巴西里约热内卢召开的联合国环境和发展大会上，欧共体不仅积极参与了大会的筹备过程，而且对《21 世纪议程》《联合国气候变化框架公约》和《生物多样性公约》等重要文件的出台作出了重要贡献。此外,欧盟还积极参与了其他一系列重要的国际环境会议并在相关公约的签署方面起到了重要作用,包括《区域海洋环境规划公约》、《关于消耗臭氧层物质的蒙特利尔议定书》及其修正案、《控制危险废弃物越境转移及其处置巴塞尔公约》及其修正案、《关于危险废弃物越境转移及其处置造成损害的责任和赔偿的议定书》、《联合国防治荒漠化公约》等。从斯德哥尔摩人类环境大会到里约环境与发展大会,再到气候变化、海洋污染、臭氧层损害、危险废物跨境转移等国际协议的签署,欧盟积极推进各种国际环保议程,对全球以及区域环境治理作出了重要贡献。

二、发展中国家的区域环境治理发展

20 世纪 90 年代,随着冷战的结束和经济全球化的发展,区域一体化进程在欧洲以及其他地区迅速发展,在欧洲、亚太地区、拉丁美洲等地区都建立了区域性的合作组织。与此同时,尽管一些发达国家在环境治理方面取得了重要进展,但区域性和全球性的环境问题仍然日趋严重,需要各国团结起来,以合作的方式应对环境问题。

1992 年,联合国环境与发展大会(又称"地球高峰会议")在巴西里约热内卢召开。[①] 会议在出席人数、规模以及影响等方面都创下了联合国的历史纪录,被公认为环境外交史上具有里程碑意义的一次会议。会议通过了《关于环境与发展的里约热内卢宣言》(简称《里约宣言》)、《21 世纪议程》(*Agenda 21*)、《森林可持续管理原则》的声明,签署了《联合国气候变化框架公约》和《生物多样性公约》两个重要的国际性环境协定。其中,《21 世纪议程》是一个在全球、区域和各国范围内实现可持续发展的行动纲领,旨在将可持续发展理念融入各国的环保和发展实践中,鼓励各国和各地区在总议程的指导下积极制定地方性可持续发展议程,最终为全球可持续发展事业

① 来自 183 个国家和地区的代表出席了大会,其中有 102 位国家元首或政府首脑,出席大会的还有联合国及其下属机构等 70 多个国际组织的代表。

作出各自的贡献。[1]《21世纪议程》强调可持续发展是发展中国家和发达国家都可以争取实现的目标，从而带动广大发展中国家积极投身到可持续发展的实践中，促使可持续发展理念在国际社会得到广泛的接受。里约会议之后，在全球、区域以及国家等不同层次上制定的可持续发展战略层出不穷，大量发展中国家加入了国际环境条约，推动了区域环境治理的发展。

在北美地区，为了防止贸易投资自由化导致高污染企业向墨西哥迁移，引发区域性环境污染，美加墨三国决定将环境问题纳入《北美自由贸易协定》。1993年，三国签署了附属协定《北美环境合作协定》，旨在增进成员国环境状况的透明度和公众参与，协助成员国改善法规，保证国内环境执法的公平公正。[2]北美自由贸易区还专门成立了环境合作委员会以督促各国提升环保水平，保障环境法规落实。《北美环境合作协定》是世界首个发达国家和发展中国家共同签署、协调贸易与环境关系的区域环境协议，它高度尊重成员国主权，肯定各国选择本国环境保护水平及其相应的环境法规的权利。[3] 在推动经济一体化的同时，北美自由贸易区国家通过加强环境法律法规的制定及执行上的合作和基于市场的环保科技转让，促进了区域内的环境保护。

拉美地区也在联合国环境规划署和拉美经委会的支持下，于1989年成立了拉美发展与环境委员会，该委员会在题为《我们的议事日程》的报告中提出了可持续发展战略的基础。[4] 1989年，亚马孙合作条约组织在巴西举行第一次首脑会议，提出环境保护要尊重国家主权的原则，反对外来干涉，并强调要合理使用自然资源，推动经济与环境保护协调发展。1991年3月，拉丁美洲和加勒比国家在墨西哥召开了关于环境问题的地区会议，通过《特拉特洛尔科纲领》，就发展与环境问题协调了共同立场。1992年2月，亚马孙合作条约组织8国总统在巴西举行会议，发表了《马瑙斯声明》，强调了公平

---

① 该议程不仅阐述了有关可持续发展的40个具体领域的问题，而且提出了120个实施项目以促进现有人类社会转变为可持续发展的社会，使人类生存方式同地球的有限承载力相适应。参见 United Nations，"Agenda 21"，1992，http://en.wikipedia.org/wiki/Agenda_21。

② 参见秦天宝、郭明磊：《北美自由贸易区和欧盟的区域性环境政策浅析》，《上海环境科学》2000年第2期。

③ 参见陈晓文：《区域经济一体化：贸易与环境》，人民出版社2009年版，第223页。

④ 参见杨西：《环境保护与拉丁美洲》，《拉丁美洲研究》1992年第3期。

公正的国际经济秩序对国际环境合作治理的重要意义。同年2月，阿根廷、巴西、智利、巴拉圭和乌拉圭5国在巴西召开首脑会议，签署了《卡内拉声明》，要求发达国家在资金和技术方面对发展中国家给予帮助。除这些专门会议外，在其他拉美地区的区域性会议上，环保问题也都成为重要议题之一。

在东南亚地区，东盟将环境治理与共同体建设同步推进。早在1977年东盟就已经开始区域环境合作，在联合国环境规划署推动下制定了第一个环境规划。1989年APEC成立后，东盟国家组建了东盟环境部长会议、东盟环境高官组织和执行合作计划项目的六个小组以及东盟秘书处等，开始形成一个制度化的区域环境合作框架。[①]联合国环境与发展会议大会后，可持续发展目标被越来越多地纳入东盟成员国的计划和愿景声明中，东盟区域环境治理的进程进一步加快。1993年，东盟高官会议通过了《东盟行动计划》。1997年，的东盟环境部长会议通过了《东盟区域烟霾行动计划》。1998年，《河内行动计划》确定了要开展的15项环境保护和可持续发展活动，重点是控制跨界烟霾。1999年，东盟"10＋3"环境部长会议正式启动，为东盟与中日韩三国推进区域环境治理提供了合作机制；同年，东盟还召开了首届东盟环境论坛，将2000年作为东盟环境年，并颁布了《东盟环境教育行动计划》，进一步加强了东盟国家间的环境合作。2002年，东盟国家通过了《防止跨国界烟雾污染协议》，这是东盟地区首部具有法律约束力的区域环境合作协议，东盟也因在跨界烟雾污染问题上的努力被联合国环境规划署称为"解决跨界污染问题的全球典范"。[②]通过区域环境治理合作，东盟有力地推动了成员国环境机制和法律的完善，在一定程度上缓解了环境污染，促进了东盟国家间的合作与理解并形成了东盟共同立场，增强了东盟在国际环境谈判中的实力。

东北亚区域环境合作也于20世纪90年代开始。东北亚国家之间签订了一系列的双边合作协约，如1990年的《中华人民共和国和蒙古人民共和

---

① 参见邱昌情：《东盟治理进程中的环境区域合作模式——从APEC到"东盟10＋3"》，《世界经济与政治论坛》2009年第2期。

② 参见祖藜：《东盟预防森林火灾协议生效——联合国给予高度评价》，《中国环境报》2003年11月29日。

国政府政府关于保护自然环境的合作协定》、1993 年的《中华人民共和国政府和大韩民国政府环境合作协定》和《日韩环境合作协定》、1994 年的《中华人民共和国政府和日本国政府环境保护合作协定》等，为东北亚区域环境合作提供了政策保证，也为将来的区域环境制度化治理提供了基本框架。[①]在区域环境合作机制方面，中国、日本、韩国、俄罗斯、朝鲜和蒙古 6 国于 1992 年成立了东北亚区域环境合作高级官员会议，并在 1992 年举行的首届会议上启动了东北亚区域环境合作计划。1999 年，中国、日本、韩国成立了中日韩三国环境部长会议，以加强三国环境领域的交流与合作，推动区域环境合作与可持续发展。东北亚地区还就专项环境问题展开了环境合作行动，比如 1994 年启动的西北太平洋行动计划、2000 年启动的东北亚酸沉降监测网、2003 年启动的东北亚沙尘暴防治技术援助项目等。

三、非国家行为体在区域环境治理中的作用

国际区域环境问题及其治理是一个复杂的、多层次的过程。它不仅涉及主权国家为了对区域环境公共事务进行集体行动而进行的谈判、协商、合作，还需要各国政府和社会的共同参与，政府的责任是为治理制定规划和法规，社会各方既是治理实施的主角，也是问题产生的责任者和开展治理的需求者。随着区域环境治理的不断深入，越来越多的利益攸关方参与其中，非政府组织、区域跨国城市网络、跨国倡议网络等非国家行为体在区域环境治理中发挥着日益重要的作用。

从 20 世纪 70 年代开始，环境非政府组织快速发展。1953 年从事洲际活动的环境非政府组织仅有 2 个，1973 年这一数字上升到 10 个，1993 年已达到 90 个，数量仅次于人权类非政府组织，1973～1993 年的增长幅度则高居各类非政府组织之首。[②]国际环境联络中心作为联系联合国环境规划署与环境非政府组织的纽带，曾进行过一次统计，其成员包括 112 个国家和 3 个

① 参见段海燕:《东北亚环境合作模式的前景分析与推进路径》,《环境保护》2009 年第 8 期。

② 参见张海滨:《环境与国际关系:全球环境问题的理性思考》,上海人民出版社 2008 年版,第 116 页。

地区的900多个环境非政府组织。[①]环境非政府组织的发展极大丰富了国际行为体的构成,使区域环境治理的参与主体呈现出多元化格局。与政府相比,环境非政府组织缺少权威,但其具有的专业性、独立性以及网络性等特点有利于其在国际和国内层面的环境合作中发挥作用,填补区域环境治理中政府失灵的某些空白地带。在国内层面,环境非政府组织可以利用自身的信息和专业知识优势,通过发布关于某一环境问题的信息动态、科学数据和科学评估报告等,向政府、企业以及其他社会组织提供政策咨询和建议,加深各方对该环境问题的认识,为国家政策制定以及国际协商或谈判提供科学依据。通过组织集体抗议、利用媒体舆论等方式,环境非政府组织可以对政府和企业施加压力,影响国家的政策制定和企业有关活动,而且环境非政府组织还通过开展培训、讲座等方式开展环保宣传活动,提高社会公众的环保意识和积极性,为区域环境合作提供了良好的国内环境。在区域层面,环境非政府组织在环境议题的谈判过程中也发挥着重要作用,它们常常以观察员或参会者的身份,记录环境谈判过程中各国的立场和主张、谈判的进度以及出现的问题和利益冲突等情况,保证区域环境谈判过程的透明度,对区域环境机制的建立和完善发挥了重要的推动作用。环境非政府组织还提供了国际环境信息交流的平台,与各国政府、政府间国际组织、地方政府、企业和智库等行为体开展区域环境合作项目,在区域环境合作中的地位和作用得到了广泛关注和重视。

20世纪80～90年代,作为次国家行为体的城市也越来越多地参与到国际区域环境问题的治理中,联合组成跨国城市网络应对跨国挑战。最初以欧盟内部城市间建立的跨国城市气候网络为主,在里约会议召开前后,欧洲地区三个重要的地区城市网络(气候联盟、欧洲城市气候保护网络和能源城市网络)迅速发展。这三个跨国城市网络在欧洲有不容忽视的影响力,目前大约有1400个欧洲城市至少加入了三个网络中的一个。[②]进入21世纪以

---

① Union of International Associations, *Yearbook of International Organizations 2011-2012*, Vol. 5, Leiben: Brill, 2012.

② Kristine Kern and Harriet Bulkeley, "Cities, Europeanization and Multi-level Governance: Governing Climate Change through Transnational Municipal Networks", *JCMS: Journal of Common Market Studies*, Vol.47, No.2, 2009, pp.309-332.

来,跨国城市网络逐渐开始从欧洲地区向澳大利亚和北美地区扩散,同时在亚洲和拉美地区迅速增长,外溢至更宽阔的议题领域与地区。根据马可·凯纳(Marco Keiner)和阿雷·吉姆(Arley Kim)的统计,同可持续发展相关的网络数量由 1985 年的 8 个快速上升为 2004 年的 53 个,其中欧洲跨国城市网络的数目占总量的近一半(44%)。[①]目前,环境领域比较知名的地区性跨国城市网络包括欧盟的气候联盟、能源城市、市长盟约网络、市长气候保护中心 、欧洲城市网络以及亚洲的亚洲城市发展倡议网络、亚洲城市气候变化弹性应对网络等。跨城市网络注重信息和最优实践交流,对政策创新、经验学习和政策扩散具有重要的推动作用。比如气候联盟发展了一个最优实践数据库,通过定期发布时事通讯的方式来传播最优实践信息,并且通过联系地方、国家和欧洲层面的政府来帮助协调各个层面的行动,支持城市和地区之间的最优实践交流。跨国城市网络还通过开展合作项目,将会员城市更为紧密地联系在一起,从而强化会员城市同跨国城市网络的联系,并通过提供额外的金融资源来促进地区行动,帮助其会员城市实现自己的目标,比如能源城市网络建立了欧洲地方智能能源平台项目(BELIEF),该项目受到了欧盟委员会智能能源欧洲计划(Intelligent Energy Europe Programme, IEEP)的大力资助。在力求提升自身影响力的过程中,跨国城市网络还注重同网络外部的各种行为体进行合作。能源城市强调将能源领域的多元行为体纳入地区绿色能源治理中来,大力发展同企业、商会、消费者组织等外部行为体的伙伴关系。欧洲城市气候保护网络更加注重同国际和国家层面行为体的合作,侧重通过发布联合气候倡议来推进项目的共同执行,进而开展一种国家范围内的气候保护运动,比如该网络在荷兰、丹麦、瑞典和芬兰等国发动了大规模的倡议行动。总体而言,跨国城市网络同外部行为体的相互依赖关系呈现日益多元化特征。

第四节　国际区域环境合作治理的制约

尽管国际区域环境治理取得了很大的成效,但在治理发展和治理效能

① Marco Keiner and Arley Kim, "Transnational City Networks for Sustainability", *European Planning Studies*. Vol.15, No.10, 2007, pp.1369-1395.

上面临着层层制约。如何通过区域环境治理体系与具体运行的调整来推动合作，形成有效应对环境危机的努力，应该成为国际区域各方共同考虑的问题。

一、发展、治理与利益的矛盾与协调

区域环境治理既是一个生态环境问题，也是一个发展问题，它直接关系到区域各国的发展权益和发展空间。尽管跨界环境污染与生态破坏是区域国家共同面临的问题，但由于各国在面对国际区域环境问题时所受到的损失不同，在经济发展水平和发展阶段上存在异质性，对国际区域环境问题的重视程度不同，导致区域内各国在环境保护与发展理念方面可能会存在较大差异，在区域环境合作的过程中往往会围绕责任的承担与义务的划分产生分歧。

由于地理因素和经济因素的不同，各个国家在国际区域环境问题中受到的损失是不一样的。比如酸雨虽然是一个区域性相互影响的问题，但由于地质条件的差异，不同地区遭受酸雨的损失也不尽相同。如果某一地区的土壤本身偏酸性，土壤对酸性沉降物的缓冲能力较弱，那么酸雨沉积将会引起更多的损害，这主要取决于当地岩石和土壤的地质结构。如果某国过度依赖某些环境敏感型产业部门，那么当这些部门受到环境问题影响时，该国就会比他国遭受更高程度的经济损失。如一些主要经济部门是农牧业、林业和渔业的发展中国家，环境问题对其经济造成的影响就明显大于工业国家。由于在国际区域环境问题中受损程度存在差异，各国对待环境问题的重视程度也不尽相同，受国际区域环境问题影响小的国家参与区域环境治理的积极性会大打折扣。

区域国家在经济发展水平和发展阶段上存在的异质性也导致了各国在经济发展与环境保护方面有不同的理念和诉求，从而增加了实现区域制度化合作的难度。国家间的经济平等、贸易一体化和发展水平是相互关联的，发展水平不均衡是阻碍区域合作和法律发展的重要因素。经济发展水平的差异直接影响一国在环境保护方面的关注与资金投入。发达国家大部分已经进入后工业化时代，将高污染、高能耗的产业转移到发展中国家，其自身对环境保护具有较高的诉求，会更加关注区域环境状况和跨界污染问题。

而发展中国家正处于工业化初期，在经济发展方面存在较大压力，往往更侧重于经济发展而非环境改善，同时环境治理费用和技术也是发展中国家难以负担的。区域国家在经济发展水平和发展阶段的不均衡也使得各国因各自在区域环境治理过程中投入的资金成本差异而产生分歧，各国依照自身实际情况制定的环境保护政策、污染治理方式以及环境投入与成本很难做到步伐一致，一些国家可能会采取“搭便车”的行为，削弱了区域环境治理参与国的积极性，损害了区域环境合作的有效性和稳定性。

二、环境治理合作制度的构建与制约

国际区域环境问题不仅关系到环境资源的主权问题，还涉及环境污染责任认定、环境损害补偿、污染破坏修复等问题，各个国家及其内部行为体的政治、经济等利益相互纠缠，呈现出内政和外交的双重属性，依靠单个国家的力量难以得到有效治理。再加上环境问题的外部性特征，区域环境治理客观上需要一个“超国家”机构来协调各国的行为，将区域环境污染的外部性问题内部化。然而，现实中区域环境治理制度化发展水平较低，决策权分散化以及缺乏现实约束力的情况，使国际区域环境问题的解决难度远远高过国内外部性问题的处理。

目前，虽然世界各地为解决国际区域环境问题作出了大量努力，也建立了许多区域环境合作机制，但除欧盟外，大多数地区的环境合作机制以松散的“论坛”和“对话”形式为主，缺乏有法律效力的条款，现有合作的制度化、组织性程度低，基本停留在会议议题层面，许多环境合作共识只停留在领导人承诺层面，而不具有强制力和约束力的政府间契约，缺乏法律效力和违约责任的划定。比如在东亚区域环境合作机制中，虽然“东盟10+3”环境合作机制形成了包括领导人会议、外长会议、环境部长会议和高官会议等一套比较系统的运行机制，然而这些机制本质上属于松散的“论坛型”机制，该框架下的环境合作更多体现在领导人宣言和技术层面，缺少解决环境问题的惩罚监督机制。东北亚地区的东北亚地区环境合作会议、东北亚环境合作高级官员会议和中日韩环境部长会议等区域环境治理机制不仅在合作内容和形式上存在重叠，而且在合作关系上也相对松散，达成的共识性合作条款大多分散在签署的各类声明性文件中，并不具备法律效力，难以推进区域环境合作的共同决策。北美自由贸易区的区域环境治理也是建立在高度尊重成员国国家主权基础上的,《北美自由贸易协定》第九章明确规定保护各国选择各自认为合适的环境保护水平及其相应的环境法规,并根据自己的环境条件进行环境风险评估的权利。拉美地区的区域环境合作机制也基本停留在会议讨论与原则声明上,因过于强调平等而显得松散,且成员国普遍重视发展经济而忽略环境保护。上述区域合作机制均缺乏充分的执法权和行动能力,缺少解决环境问题的惩罚监督机制,遇到具体问题时难以找到相应的条款进行解决或制裁。如果不建立起有效的监督机制和惩罚机制,成员国就会存在侥幸心理而产生欺骗行为,使得环境区域合作难以取得实质性的进展。

三、环境治理机制碎片化与治理协调

环境问题的纽带性联系决定了区域环境治理是一个系统工程,需要一个系统性、网络化的机制来协调各个国家、各个领域的政策目标,促进区域环境治理制度体系的整体性构建。然而,随着区域环境治理中非政府组织、跨国城市网络、跨国倡议网络等非国家行为体的参与以及一系列双边、多边环境治理机制的涌现,区域环境治理日益呈现出碎片化和多中心特征。

区域环境治理中各种制度安排的创建和多元主体的参与构建了共建、共治、共享的大环保格局,在一定程度上有助于区域环境治理问题的解决,但也使区域环境治理面临着碎片化的问题,治理主体相互间政策不协调的问题也突显出来。首先,虽然各行为体对推动区域可持续发展达成共识,但由于行为体在性质和理念上存在差别,在行动目标上难免存在较大差异,在经济发展、环境保护、资源主权、环境正义和人权保护等多种价值目标上存在竞争,很可能使区域层面的环境治理活动出现各说各话、各谋各利的情况,削弱各方集体行动的意愿,增加合作的不确定性。其次,区域环境治理的参与主体日益增多导致治理机制的日益复杂化,不少国际组织、非政府组织面临机构同质化、功能重叠、竞争加剧的压力,有些区域环境治理机制之间缺乏必要的沟通和协调,制定的框架和协议之间可能存在着矛盾,从而抵消了区域环境治理的效果。有研究者指出,目前有超过 200 个国际环境协议正遭遇“无政府主义的低效率”问题。[①] 最后，区域环境治理是一项系统工程，需要各治理行为体之间的协调配合，然而，在面对这种跨界整合趋势时，各治理主体存在意识上相对滞后、协同和联动不足的缺陷，很多时候只能实施“拼凑式治理”，导致各类议题相互之间难以契合，政策目标之间缺乏有效的协调统一，不能真正整合各方面优势来产生实际治理成效。[②] 比如区域清洁能源项目往往涉及大型基础设施的建设，需要充足的资金支持，然而聚合能源和金融这两个行业开展国际对话与合作的平台十分有限，资金融通的难题十分显著。

---

① 参见卢静:《当前全球治理的制度困境及其改革》,《外交评论(外交学院学报)》2014 年第 1 期。

② Jean Philippe Thérien and Vincent Pouliot, “Global Governance as Patchwork: the Making of the Sustainable Development Goals”, *Review of International Political Economy*, Vol. 27, No. 3, 2020, pp. 612-636.

第十五章　国际区域环境治理的实践

面对气候变化、水资源短缺、生态系统退化、海洋污染、生物多样性锐减等环境问题，加强环境治理的合作刻不容缓。在国际区域层面，环境治理合作取得了显著进展，在制度与机制构建和探索适合本区特点的治理方式方面作出了努力。本章选取了欧盟气候治理与能源转型、澜沧江—湄公河流域治理以及东南亚海洋污染治理三个具有代表性的案例进行分析，提炼具体的路径与机制，旨在对国际区域环境治理进行分析和经验总结。

第一节　欧盟应对气候变化的治理实践

欧盟在区域环境治理方面作了不懈的努力，特别在应对气候变化方面取得了显著成效。20 世纪 90 年代，欧盟就开始关注气候变化问题，并着手推动内部形成协调统一的气候政策。从 2007 年起，欧盟开始将能源政策和气候变化政策整合在一起，先后出台了“气候行动和可再生能源一揽子计划”“能源 2020 战略”“能源 2050 路线图”和“能源与气候 2030 战略”等文件，现在已建立起与其政治和经济地位相匹配的减排政策法律体系，依靠可再生能源研究、科技创新、财政支持以及市场调控等行之有效的措施，来应对全球气候的变化。

一、欧盟应对气候变化的政策与行动

欧盟气候变化治理的政策和行动经历了一个逐步提升的过程，从科学认知共识、形成政治行动意志到制定实施政策和采取有效行动，利用区域组织的组织和推动优势，把能源转型、转变发展方式和落实《巴黎气候公约》紧

密结合起来。1986 年,欧洲议会通过了一份决议,强调欧洲共同体需要制定应对气候变化的政策措施。1988 年,欧洲理事会发布环境宣言,对欧共体应对气候变化的政策给予支持,并强调欧盟要在国际气候治理行动中采取“领导者”立场。[①] 1990 年 10 月,欧共体能源与环境联合部长理事会通过决议,强调欧共体作为一个整体将在 2000 年把温室气体排放稳定在 1990 年的水平,大多数欧共体成员国都提出了本国的减排计划或目标。为了促使成员国在应对气候变化方面形成统一的政策立场,欧盟于 1997 年达成了责任共担的协定,同意欧盟成员国可以根据各自的发展水平和其他内部状况设定不同的减排目标。2002 年 4 月,欧盟环境部长理事会通过正式的“责任共担决定”并提交公约秘书处,欧盟的气候变化“责任共担”协定正式成为欧盟的法律,有力地推动了欧盟气候政策的进步。

经过 20 年的磨合与协调,欧盟成员国之间的协调变得相对容易,气候变化问题的紧迫性和欧盟在实施里斯本战略过程中遇到的重大挑战也促使欧盟必须采取决定性的政策行动,以通过有效应对气候变化而实现里斯本战略中提出的促进经济增长、增加社会就业和改善环境的多重经济社会发展目标。在此背景下,欧盟开始将能源政策和气候变化政策整合在一起。2007 年 1 月,欧盟委员会发布了《欧洲的能源政策》和《限制全球气候变化到 2 摄氏度——2020 年之前的道路及其超越》的文件。2007 年 3 月,欧洲理事会(欧盟首脑会议)对欧盟委员会的建议表示赞同,强调了气候和能源政策一体化的重要作用。2008 年,欧盟通过了《气候行动和可再生能源一揽子计划》(Climate Action and Renewable Energy Package),2009 年 4 月正式成为欧盟的法律,为实现欧盟所提出的减排目标提出了具体的实施政策和措施。欧盟的《气候行动和可再生能源一揽子计划》的通过和实施标志着欧盟的气候政策进入了一个新的发展阶段,也为欧盟在“后京都时代”的国际气候治理中继续发挥“领导作用”奠定了坚实的基础。在 2010 年、2011 年、2014 年欧盟先后出台了“能源 2020 战略”“能源 2050 路线图”和“能源与气候 2030

① Andrew Jordan, Dave Huitema and Harro van Asselt, “Climate Change Policy in the European Union: an Introduction”, in Andrew Jordan, Dave Huitema, Harro van Asselt, Tim Rayner and Frans Berkhout eds., *Climate Change Policy in the European Union: Confronting the Dilemmas of Mitigation and Adaptation?* Cambridge: Cambridge University Press, 2010, p.9.

战略”。2015年2月，欧盟委员会（以下简称“欧委会”）发布了《面向气候变化政策的一个具有韧性的能源联盟框架战略》（以下简称“能源联盟战略文件”），提出在欧盟建立“能源联盟”，目的是打造一体化的欧洲能源市场，使成员国间加强能源安全合作和经济去碳化。这是继2008年欧盟提出并实施2020年气候行动与可再生能源一揽子政策措施之后的又一重大气候战略行动。该政策行动的一个重要宗旨就是继续促进欧盟的低碳转型，以应对气候变化为最终目标，打造一个充满竞争力、安全、可持续的能源体系，提高欧盟的能源供应安全，确保欧盟在全球低碳经济中的领导地位。

根据政府间气候变化专门委员会于2018年10月发布的《IPCC全球1.5摄氏度温升特别报告》，如果国际社会试图按照《巴黎协定》的要求将全球温升控制在2摄氏度以下并力争限制在1.5摄氏度，那么必须在21世纪中叶实现全球范围内的净零排放。基于此，欧盟在2018年11月首次提出到2050年实现碳中和的战略愿景。2019年2月26日，欧盟委员会宣布设立创新基金，作为欧盟“地平线欧洲”研发框架计划和“欧洲地区发展基金”的补充，将在2020～2030年投入超过100亿欧元，支持能源、建筑、运输、工业和农业等部门的清洁技术研发创新。2019年12月11日，欧盟委员会换届伊始就通过了《欧洲绿色协议》，其目标是到2050年将欧盟转变为一个现代的、资源节约型的、有竞争力的经济体，并实现气候中和。

2021年6月28日，欧盟成员国首脑会议通过了《欧盟气候法》，这是继6月24日欧洲议会通过该法后，欧盟依法迈向2050年零碳之路的里程碑之举。该法通过以后，欧盟成员国则必须按照这个“法中之法”调整各自的气候中和路线图，保障欧盟整体气候中和目标的最终实现。为了通过行动和榜样来巩固欧盟在全球气候和清洁能源治理中的领导地位，欧盟委员会于2021年7月14日通过了达成《欧洲绿色协议》一揽子计划提案（减碳55计划，简称为“Fit for 55”，见表15-1），旨在通过更高标准的政策和法律创新来推动欧盟如期实现2030年在1990年基础水平上减排55%的气候目标，以及2050年碳中和目标。“Fit for 55”包含八项加强现有立法和五项新举措的建议，涉及汽车二氧化碳排放标准、能源税、可再生能源发展目标、碳边境调节机制、碳排放交易系统改革等十几项内容。这是一份全面且相互关联的行动方案，该计划切实提高了应对气候变化和能源转型的目标，为建筑、航空、海运、公路运输和工业等领域制定了更加严格和详细的转型路线图，将在定价、目标、规则和支持措施之间保持“谨慎平衡”。

表 15-1　“Fit for 55”一揽子计划的主要内容

计划维度	具体计划内容	支持性措施
定价	将航空业纳入更强大的碳排放交易体系	利用税收收入和法规来促进创新，通过新的“社会气候基金”和“加强现代化和创新基金”寻找共识，减轻转型对弱势群体的影响
	将碳排放交易延伸到海运、公路运输和建筑行业	
	更新《能源税指令》	
	新的碳边境调节机制	
目标	更新《努力共担条例》	
	更新《土地利用、土地使用变更和林业条例》	
	更新《可再生能源指令》	
	更新《能源效率指令》	
标准	更严格的汽车和货车的二氧化碳排放标准	
	基于替代型燃料的新基础设施建设（可持续新基建）	
	更加可持续的航空燃料	
	更清洁的海运燃料	

资料来源：作者根据欧盟官方网站收集整理。

二、欧盟应对气候变化政策的战略考量

气候变化关系地球生态和人类的生存环境。欧盟把应对气候变化作为重要抓手，推动发展方式变革，使得生存和发展环境向好的方向转变，这是其最根本的战略定位。同时，通过在应对气候变化中发挥领先作用，确保欧盟在向低碳经济转变中的优势，并使其在全球应对气候变化中拥有战略主动和优势，在引领和塑造全球气候治理进程中发挥关键作用。

首先，保持欧盟在全球低碳转型和绿色产业发展中的先行者优势。2016 年 3 月，欧盟委员会通过的对实施《巴黎协定》的评估及建议欧盟理事会签署《巴黎协定》的文件中强调，《巴黎协定》将驱动世界的清洁能源转型，这种转型将刺激可再生能源领域的投资和创新，因此有助于让欧盟成为可再生能源的世界领导者。[①] 2016 年 7 月，欧盟委员会发布的《加速欧洲向低碳经济转型》的文件指出，朝低碳和循环经济的全球转型已经开始，如果欧盟不能维持和开发其在促进可再生能源、能源效率和在其他低碳技术市场全球化竞争中的先行者优势，那么其他地区就会这样。欧盟具有把气候变化挑战转变为机遇的所有潜力。2017 年 3 月，欧盟理事会在其通过的文件中强调，在实施《巴黎协定》和向低排放与气候弹性经济转型的进程中保持欧盟的领导地位，并呼吁欧洲成为可再生能源领域的世界领导者，包括研究、创新和技术方面。这些文件都是对《巴黎协定》将给世界经济社会发展带来深刻影响的评估和预判，欧盟坚信基于《巴黎协定》所确立的气候治理体系，世界经济社会发展方式和方向将发生改变，低碳经济已经成为全球性潮流。面对世界金融危机和全球气候变化对世界经济的双重冲击，欧盟力图凭借其在清洁能源和其他低碳技术方面的优势，推动欧盟本身经济社会的转型升级，保持其在低碳经济时代的引领者地位。欧盟相信，坚持为落实《巴黎协定》而采取的气候政策行动将进一步促进和巩固欧洲经济社会的低碳转型，帮助其成员国为低碳经济的未来做好准备并保持欧洲的竞争力。

其次，提升欧盟在全球气候治理中的话语权和软实力。欧盟在《巴黎协定》的达成中发挥了关键作用，一些重要而关键的条款也明确体现了欧盟的意志（比如温升 2 摄氏度目标和 5 年盘点机制）。为实现《巴黎协定》的目标，欧盟正在加强其现有的全球伙伴关系，并将继续寻求新的联盟。欧盟的伙伴将包括那些世界范围内以及在美国已经声明支持《巴黎协定》并正在采取积极气候行动的许多企业、地区、城市、民众和社区。[②] 欧洲理事会的声明中也特别强调，欧盟及其成员国将在《巴黎协定》下与世界其他伙伴加强合

---

① European Commission, "Accelerating Europe's transition to a low-carbon economy", https://eur-lex.europa.eu/legal-content/EN/TXT/PDF/? uri=CELEX:52016DC0500, July 20, 2016.

② Council of the EU, "Council conclusions on climate change following the United States Administration's decision to withdraw from the Paris Agreement", *Press Release* 358/17, July 19, 2017.

作，尤其是那些最脆弱的国家，由此来展示团结，为了将来几代人以及对整个星球所担负的责任。[①] 由此可见，欧盟坚持《巴黎协定》，意在凭借其政治、经济及外交资源巩固并建立新的联盟，主导和塑造巴黎进程。全球气候治理进程与全球低碳转型、国际地缘经济与地缘政治乃至最终国际秩序的重构与塑造相互交织，欧盟采取积极的气候政策和气候外交，推动气候治理的巴黎进程，在后续谈判中贯彻欧盟的意志，主导未来低碳经济时代的国际贸易规则、国际金融规则、国际低碳技术规则，这无疑可以大大增强欧盟重构和塑造国际秩序的能力和实际影响力，为欧盟赢得在未来国际秩序中的主导地位奠定坚实基础。

再次，回应欧洲民众对气候变化问题的高度关切。欧洲民众对环境问题，特别是对全球气候变化问题持续高度关注。历次气候变化民意调查结果显示，气候变化问题一直是欧洲民众高度关注的问题。通过积极回应气候变化问题，一方面可以体现欧盟层面宏观协调的重要性，提升欧盟的国际谈判影响力；另一方面可以加强欧盟内部能源和其他与气候相关政策的一体化程度，推动欧洲一体化进程的深化，提升欧盟民众支持的基础。

最后，大力推动能源转型，是欧盟基于长期战略考量的设计。根据欧盟发布的《重新赋能欧盟：欧洲廉价、安全、可持续能源联合行动》[②]，欧盟将采取加速可再生能源的开发、多元化能源供应、提高能效等措施来降低对化石能源的依赖。欧盟预计，其风电和光伏装机容量到 2025 年将翻倍，2030 年达到目前的 3 倍，这意味着新增 4.8 亿千瓦的风机和 4.2 亿千瓦的光伏装机。[③] 除了推进风能和太阳能之外，欧盟还将进一步注重生物质和氢能发展。欧盟计划到 2030 年，生物质天然气能够达到每年 350 亿立方米的产

---

① European Council, "European Council conclusions on the Paris Agreement on climate change", *Press Release* 404/17, July 22, 2017.

② European Commission, "Repower EU: Joint European Action for more affordable, secure and sustainable energy", https://eur-lex.europa.eu/resource.html? uri = cellar: 71767319-9f0a-11ec-83e1-01aa75ed71a1.0001.02/DOC_1&format=PDF.

③ European Commission, "Repower EU: Joint European Action for more affordable, secure and sustainable energy", https://eur-lex.europa.eu/resource.html? uri = cellar: 71767319-9f0a-11ec-83e1-01aa75ed71a1.0001.02/DOC_1&format=PDF.

量。氢能将为欧盟能源系统的一体化和脱碳化提供强有力的支撑[①]，可以成为运输和重型制造业的低碳替代性选择，并储存可再生能源，有助于电网平衡。欧盟通过研究框架计划“地平线 2020”和“地平线欧洲(2021～2027)”支持氢能创新项目，旨在 2030 年建成多个“氢谷”产业中心，年产量增加 10 倍。

三、欧盟气候政策所面临的挑战

当然，欧盟在大力推进应对气候变化的进程中也面临许多挑战。第一，民粹主义和右翼政治在一些成员国抬头，加之一些中东欧成员在气候问题上反对较为积极的减排政策，这都使其内部团结面临挑战，必然会影响其积极气候能源政策的推进。面对复杂的局势和能源价格上涨，部分欧盟成员将困难归咎于欧盟激进的碳减排政策，如匈牙利总理认为不断上涨的天然气价格与欧洲的减碳政策密切相关，并谴责欧洲的气候目标是“乌托邦式的幻想”。波兰作为主要的煤炭生产国，也提出需要对欧盟之前通过的减碳行动方案作出一些必要的改变或推迟。而德国等国家则认为欧盟应更加激进地推进低碳能源转型，以更快地在能源领域实现多元化。欧盟早期的合作起源于能源合作，但目前欧盟的能源政策已成为区域合作中最支离破碎的政策领域。

第二，欧盟提出的减排力度以及提供的气候金融与技术援助与它们在全球气候治理中所担负的责任还有一定差距，这在一定程度上影响了它们的政治效应。对于欧盟而言，根据评估，虽然 2030 年至少减排 55%的目标是朝着正确方向迈出的重要一步，但仍不足以使欧盟与《巴黎协定》1.5 摄氏度的目标保持一致，如要达到这一目标，欧盟需要减排 58%～70%。[②] 同时，对于欧美等发达国家在《坎昆协议》中所作的 2020 年前每年动员 1000 亿美元的气候资金援助发展中国家的承诺还远未达到。从全球应对气候变化的

---

① 氢能作为一种清洁、高效、安全、可持续的二次能源，尽管在今天的能源结构中所占比例仍然不到 2%，但可以为钢铁、化工、航空等不适合电气化的部门提供电力，并提供存储以平衡可变的可再生能源流动。

② Climate Action Tracker, “CAT Climate Target Update Tracker: EU”, update 18 December, 2020, https://climateactiontracker.org/climate-target-update-tracker/eu/, May 10, 2021.

视角看，欧盟的应对政策与行动需要与全球治理议程与世界其他区域的治理紧密联系起来，在相互依赖的世界，特别是气候变化问题上，没有一个国家和区域能独善其身。作为发达区域的欧盟，应该在全球应对气候变化中作出更大的贡献。

第二节　澜沧江—湄公河跨国流域水治理

澜沧江—湄公河是亚洲最重要的跨国水系之一，其发源于中国青海省的唐古拉山，在中国境内被称为澜沧江，出境后称湄公河，流经缅甸、老挝、泰国、柬埔寨和越南五国，经湄公河三角洲流入南中国海。随着经济发展过程中对水资源需求量的不断增多以及气候变化引发的水资源短缺，流域各国日益形成更为紧密的流域水安全复合体，在多方面都需要以合作的态度开展跨国水治理。

一、澜沧江—湄公河跨国流域水治理的发展阶段

跨国流域水治理充分体现出了地区安全复合体的各种重要属性。跨国流域是一个重要的地缘存在，流域各国基于水资源的冲突和合作而形成一个流域水安全复合体，这一联系是地缘性固有的。由于流域各国的地缘位置和权力格局不同，各个国家对于跨国流域中的威胁性和脆弱性感知不同，从而产生了流域各国之间复杂的水互动事件和水安全相互依存的现实。因此，因跨国水资源的地缘存在而联系在一起的一组流域国家，其在流域中的主要安全认知和利益依存关系是密切相连、无法分割的，形成了一种“水安全复合体”，这种复合体相互依赖的“水安全共同体”特征，也有利益争夺与冲突的特征。①

针对近70年湄公河流域水冲突和水合作事件的频率，从图15-1中可以看出澜沧江—湄公河流域水治理的发展可分为以下五个阶段。

---

① 巴里·布赞将地区安全复合体界定为“一组基于地区地缘存在因而在主要安全观念与多维利益上相互关联的区域国家集合”。参见[英]巴瑞·布赞等:《新安全论》，朱宁译，浙江人民出版社2003年，第14～20页。

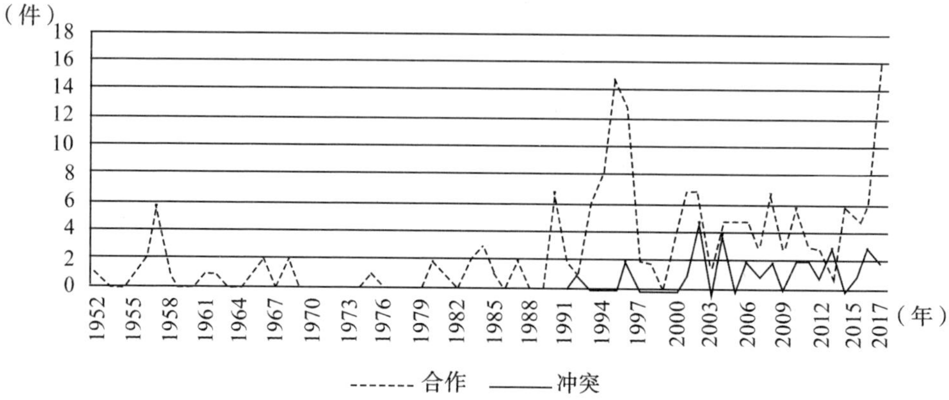

图 15-1 澜沧江—湄公河流域冲突—合作事件频率(1952～2017 年)

资料来源:笔者根据 IWED+数据库自绘。

第一阶段:地缘政治格局中外力推动下的流域水合作萌芽阶段(1952～1969 年)。

1947 年联合国亚洲及远东经济委员会(ECAFE)成立,在湄公河的开发中充当捐助者和协调者角色,为湄公河开发行动提供了重要支持。1952 年 ECAFE 出炉了《对国际河流湄公河洪水控制和水资源开发相关技术问题初步报告》,强调了湄公河开发在电能、灌溉和洪水防治等方面存在巨大潜力,并推动柬、老、泰、越等下游五国在这两个领域展开合作。[①] 与此同时,受冷战时边缘地带遏制战略的影响,美国作为域外国家加大了对于湄公河流域的渗透。在 ECAFE 和美国的共同推动下,“下湄公河流域调查协调委员会”(简称为“老湄委会”)于 1957 年正式成立,并将来自法国的第一笔外部资助用于水电开发和水文信息共享建设,标志着该阶段水合作的高峰形成。虽然老湄委会自成立后,一直致力于流域水文信息的收集和开发规划的制定,但由于湄公河水文生态系统的复杂性及未能实现与在中国、缅甸境内的上游河段的信息共享,老湄委会未能对全流域的水文和生态系统形成整体把握。

20 世纪 60 年代中期,随着越战升级和地缘政治需要,美国约翰逊政府对湄公河开发的支持力度显著加强,并于 1965 年带头为老挝湄公河委员会

① 由于第一次印支战争的爆发,ECAFE 没能采取进一步的行动。只有泰国继续推动对泰老边界河段的探勘,尤其关注抽取湄公河水灌溉其东北地区的可能性。参见 Mekong River Commission,“The Story of Mekong cooperation”, 2018-4-7, http://www.mrcmekong.org/about-mrc/history/。

的第一个优先开发项目——老挝南俄水电站提供一半资金，推动《老挝和泰国间电力供应协定》的签署[①]，但从数据收集和项目开发可行性研究转向大规模水利水电工程项目实施所面临的技术和经济障碍又难以跨越。尽管该阶段湄公河流域充满了战争和动荡，但还是有14个水电项目完工，其中一半以上(15万千瓦)来自老挝的南俄水电站。这20多年，湄公河流域的合作事件主要集中在技术合作与援助和水电开发方面，水合作的动力很大程度上来自外部力量，但在冷战背景下总的来说互动程度仍然不高。

第二阶段：流域水合作的相对停滞阶段(1970～1989年)。

进入20世纪70年代后，湄公河流域由ECAFE和美国等外力所推动的水资源开发合作的早期势头开始衰减。直到冷战结束前的20年，流域水合作均处于相对停滞的阶段。1975年，随着越南统一、柬共在柬埔寨上台以及老挝人民民主共和国成立，以美国为首的西方国家最终停止或大幅削减了对老湄委会的直接捐助。约翰逊政府后期，美国决定从越南脱身，不断减少双边援助，这种断崖式的援助下降导致流域合作资金紧张。[②] 另外，冷战背景下这种意识形态的对立还进一步分裂了地区水合作机制，老湄委会虽然经受住了20世纪60年代10余年的战争考验，但是1977年红色高棉统治下的柬埔寨退出老湄委会，终致使其运作陷入瘫痪。1978年，泰、老、越三国代表展现了超越意识形态的团结精神，他们决定不解散老湄委会，而是建立"临时湄公河下游协调调查委员会"(简称"临时委员会")来代替，竭力维持着现有的地区水合作机制并等待柬埔寨回归，在力所能及的范围内开展水资源相关研究，流域开发项目重点从国际转为国内。[③] 然而1979年越南入侵柬埔寨以及之后爆发的柬埔寨内战、柬老间的边境冲突使地区局势进一步动荡，紧张的政治局势使湄公河水资源的开发与管理难以维系。总之，该阶段地区局势动荡、外部援助的撤离和缺乏流域国家共同参与均使湄公河

---

① 自艾森豪威尔政府以来，美国一直重视老挝在东南亚大陆地缘政治中的战略价值，将之视为缓冲带，认为其局势决定着南越、柬埔寨、缅甸，尤其是泰国的安全与稳定。

② 美国从双边重点援助转向多边分担责任，希望亚洲开发银行等多边组织能挑起湄公河开发计划筹资的重任。

③ 临时委员会于1987年完成了《湄公河开发远景：关于下湄公河流域土地、水及相关资源开发的修订指导计划》，这是对1970年指导计划的修订，从实用主义和政治现实出发，该修订版本将关注度从地区转向各国国内，所列出的一般是建在支流上、适度规模的、多用途的项目。

大规模水利水电的开发难上加难。直至1991年冷战结束，临时委员会的工作开展均举步维艰。

第三阶段：冷战后流域水合作的多元化阶段(1990～1999年)。

20世纪90年代初冷战的结束加速了东南亚地区一体化的发展，为流域合作提供更为开放的发展环境。同时，伴随着越、老、缅、柬相继成为东盟的成员国及中国对外开放进程的不断加深，大湄公河次区域合作迎来了快速发展时期。流域内各国逐渐开始重新建立合作关系，建设湄公河干流大坝和其他一些能促进流域国家经济发展的跨境水资源项目。同时由于经济发展带动了对资源的需求，河流开发导致的上下游冲突事件也开始出现，其间冲突等级最高的事件是泰国缺席1992年临时湄委会全体会议，并要求联合国开发署取消自己作为委员会执行代理的身份。冲突事件发生后，柬、老、越三国都作出了去安全化的努力，加上在联合国开发计划署、世界银行、亚洲开发银行等国际组织的协调下，最终于1995年4月在泰国清莱签署了《湄公河流域可持续发展合作协定》，成立其执行机构湄公河委员会(Mekong River Commission, MRC)，中国与缅甸被邀请做观察员国。

该阶段的重要特点不仅是冷战后区域内相对自主的水合作达到有史以来的高峰，同时还体现为流域水合作机制多元化和竞争化的趋势，湄公河委员会、大湄公河次区域经济合作(Greater Mekong Subregion, GMS)、黄金四角经济合作(Golden Quadripartite Economic Cooperation, QEC)、东盟—湄公河流域开发合作(ASEAN Mekong Basin Development Cooperation, AMBDC)四个叠床架屋的合作框架并行：1992年，在亚洲开发银行的倡议下，中、老、缅、泰、柬、越等6国共同发起了大湄公河次区域经济合作机制，同时吸引了日本、美国、印度等大国及世界银行、欧盟等国际组织的广泛参与。1993年3月，中泰公开发起一项建立中、老、缅、泰"黄金四角经济合作"(QEC)机制的倡议，以协调湄公河上游的航运及毒品管控问题。由于泰、老同时也是下游湄委会机制的成员国，因此"黄金四角"机制将上游和下游联系起来了，可以说是泰国在谋求领导湄委会的创建中未能将中国纳入该机制内而作出的修补。1996年6月在吉隆坡举办的首届"东盟—湄公河流域开发合作"部长级会议中，中国和东盟十国正式成立"东盟—湄公河流域开发合作"机制，鼓励构建稳固的经济伙伴关系，但其在内容上与GMS重叠度非常高,其实是近似于辅助性的角色。

第四阶段:流域水冲突和水合作较高频互动时期(2000～2009 年)。

进入 21 世纪之后,澜沧江—湄公河流域水合作和水冲突均处于上升的趋势,呈现出较高频的水冲突—水合作互动特点。

第一,进入 21 世纪以来,伴随着私营经济成分对电力领域投资力度的加大,湄公河流域国家对水电开发的兴趣升级,大部分湄公河支流已经建成或计划修建梯级水电站。其中,中国作为上游国家由于缺乏同下游国家的水数据共享以及交流性互动,引起下游国家的对生态环境和水资源供应的忧虑。[①] 与此同时,在湄公河干流修建水电站的计划也被提上议程,主要来自中国、马来西亚、印度、俄罗斯、泰国和越南的开发商提交了总共 12 座干流水电站开发计划,占老、泰、柬、越四国水电潜能的 23%～28%。[②] 在大规模的干流开发过程中,气候变化所带来的极端气候事件增多也进一步加剧了流域国家的紧张关系,如 2004 年的低水位以及 2008 年泰国北部和老挝的特大洪涝灾害均对湄公河流域的农业、渔业、航运等造成了严重的打击。此时,奥巴马"重返亚太"政策提升了湄公河下游地区的战略地位和区域地缘紧张局势,煽动越南、泰国一些媒体和 NGO 借此将责任归结于中国在澜沧江的大坝建设,使流域水冲突于 2008 年达到峰值。

第二,水资源开发所带动的水冲突频率上升必然要求更强的水机制治理能力。然而,既有的水合作机制的制度化程度有限,下达的指令分量不重。虽然 1995 年湄公河协定就提出了共同利益理论,以生态系统为本位,旨在实现对国际水资源的一体化管理和最佳利用,但这种治理观仅停留在理论阶段。[③] 湄委会仅仅是一个咨询性机构和维持各方对话的平台,无法影响其成员国的政策,不能防范和阻止任何成员国采取单边行动。[④] 同时,中、

---

① 2002 年,由于中国云南省在湄公河上游建设两个水坝——漫湾坝和大朝山坝,沿岸国家认为中国用于发电的这两个水坝截流加剧了下游的季节性干旱,严重影响了四国的基本生活用水和经济发展,从而引发了非政治性冲突。

② 其中 8 个位于老挝境内,2 个位于柬埔寨境内,还有 2 个位于老挝和泰国边界河段。

③ Mekong River Commission,"About Mekong Basion", https://www.mrcmekong.org/about/mekong-basin/.

④ 特别是湄公河支流水项,在建设之前不需要进行国际协调和磋商,而完全由本国政府就可以独立作出决定。

缅等上游国家的缺席也影响了该机制治理的有效性和权威性。湄公河流域的水资源综合管理旨在向基于全流域层面的更综合性的管理转化，而上游国家的缺席使一些重大行动计划难以取得实质性进展。尽管 GMS 机制涵盖了所有流域国，但其合作方式是开放松散型的，缺乏一个常设性机构和组织制度，亚开行只在其间起协调作用，并不具备决策权和强制执行权。

第五阶段：流域水合作机制化整合阶段(2010 年至今)。

最近 10 年来，湄公河流域的水治理形势变得更加复杂多样，湄公河干流水利开发以及在气候适应背景下对河流的综合性使用成为重要议题，与之相关的水冲突风险也日益上升。在 2010 年的特大干旱(2010 年湄公河水位降至 40 年来的最低位)带来地区水关系紧张之后，2011 年 10 月“湄公河惨案”又给流域各国蒙上阴影。与此同时，中缅双边关系自 2011 年缅甸开启政治转型以来面临一系列挑战，同年 9 月，中国投资的密松水电站被缅甸政府叫停，这给中国企业造成严重的经济损失。随着干流开发的增多，老挝在湄公河下游干流建设的沙耶武里水电站项目(2010 年)和栋沙宏水电站(2013 年)均遭遇激烈争议，反对者称水电站的修建将对下游柬埔寨和越南的渔业及农业带来严重影响。[①] 同年 4 月的湄委会特别会议也未能就该项目达成一致，对地区水合作机制的危机应对有效性提出了挑战。2015 年以来，受强厄尔尼诺现象影响，东南亚多国正面临严重干旱，泰国为了缓解东北部的旱情而出台的湄一黎一栖一蒙河调水计划(阻止支流水流入湄公河)遭到柬、越的强烈反对。

因此，在湄公河水安全应对中，中国更加注重规则制定和机制创设，特别是对地区既有碎片化治理机制的系统性整合。2010 年，湄公河流域旱情严重，中国和湄委会签署《中华人民共和国水利部向湄委会秘书处提供澜沧江—湄公河汛期水文资料的协议》。在 2014 年 11 月举行的第 17 次中国—东盟领导人会议上，中国总理李克强提出建立澜沧江—湄公河对话合作机制的倡议，获得泰国、缅甸、越南、老挝、柬埔寨五国积极响应，澜湄合作机制由此诞生。2015 年 11 月举行的澜湄合作首次外长会议通过了澜湄合作概

① 特别是 2011 年 3 月，来自 51 个国家的 263 个非政府组织致信老挝和泰国政府，要求搁置沙耶武里项目。

念文件，发表了联合新闻公报。2016 年 3 月，澜湄合作首次领导人会议在海南三亚举行，标志着澜湄合作机制正式启动，会议发表了《三亚宣言》和《澜湄国家产能合作联合声明》，确立了“3＋5 合作框架”[①]，从而涵盖了政治、经济可持续发展和人文三大领域，能更好地提高该区域水合作水平。[②] 截至 2021 年 3 月，六国已举行 3 次领导人会议、5 次外长会、7 次高官会和 10 次外交联合工作组会。六国均在各自外交部成立澜湄合作国家秘书处或协调机构，并建立各优先领域的联合工作组。澜湄水资源合作中心、澜湄环境合作中心、澜湄农业合作中心和全球湄公河研究中心等纷纷成立并投入运营。为表示中方推进澜湄合作的决心和诚意以及照顾湄公河五国合理关切，中国于 2020 年 11 月率先开通澜湄水资源合作信息共享平台网站，向五国共享澜沧江水文信息。中国还积极推动澜湄合作机制与三河流域机制、大湄公河次区域经济合作、湄公河委员会等机制取长补短、相互促进。

二、澜沧江—湄公河跨国流域水治理合作发展特点

基于澜沧江—湄公河 70 年的跨国流域水合作与水冲突之间的演进，可以得出流域整体水治理存在如下特点。

其一，呈现出曲折前进的特点。流域水合作由冷战背景下的外力推动到后来的自主式多元化发展，域外势力的影响始终不可低估。具体来说，1952～1969 年的地区水合作在外力的推动下产生了诸如老湄委会这样的机制(外源性)；然而，随着 20 世纪 70 年代东南亚多国的国内政治变革，以及联合国及美国的援助退出，该流域的外源性机制迅速退化；直到冷战结束后，湄公河流域的水合作才步入内源性的发展阶段，虽然依然存在域外国家的干预，但总体来说处于螺旋上升的状态。

其二，存在冲突与合作共同演进的特征。当流域水合作处于外力推动阶段时，水冲突几乎为零。冷战结束后，特别是进入 21 世纪之后，由于流域国家对湄公河干流开发需求的不断增大以及气候变化所带来的极端气候的刺激，流域水冲突呈现上升的趋势，然而该流域水冲突出现之后又显露自我

---

① “3”即三大支柱，分别是政治安全、经济和可持续发展、社会人文；“5”即五个优先方向，分别是互联互通、产能合作、跨境经济合作、水资源合作、农业和减贫。

② 参见戴永红、曾凯：《澜湄合作机制的现状评析：成效、问题与对策》，《国际论坛》2017 年第 4 期。

抑制或被抑制的趋势，相关国家之间相互接洽尽量减少敌意，通过不同种类的水合作来应对水冲突，这也从另一方面带动了水机制之间的竞争、优化与整合，最终带动了湄澜机制的诞生。

其三，湄公河流域的水合作事件多于水冲突事件且程度比较温和，中国和东南亚五国的水资源安全关系大多保持在“非政治性冲突”至“科技经济合作”之间。这在某种程度上得益于该流域水合作机制的动态性调整，湄公河流域始终存在着以“老湄委会——临时湄委会——湄公河委员会——其他多元水合作机制”为轴线的机制联系，水合作峰值第二高峰值(1995 年湄委会)远远早于水冲突峰值(2008 年大旱引起的水冲突)的出现。但不可否认的是，由于合作机制碎片化和域外大国干预等因素影响，湄公河流域一直未能实现真正意义上的综合性流域治理，从而影响了水合作的深度和地区水安全秩序的建构。

三、中国参与和推动澜沧江—湄公河跨国流域水治理的优化路径

澜沧江—湄公河是涉及中国国家利益的重要河流，也是中国着力发展跨国流域综合性制度化水合作的重点区域。为此，中国积极推动澜湄合作走廊和澜湄国家命运共同体建设，与相关国家开展务实和深度的合作。2014 年 11 月，李克强总理在中国—东盟领导人会议上提议建立澜沧江—湄公河合作(简称“澜湄合作”)机制，获泰国、缅甸、越南、老挝、柬埔寨五国积极响应。新建立的澜湄机制在合作目标等方面与湄公河委员会、大湄公河次区域经济合作、东盟—湄公河流域开发合作等机制存在交叉和重叠。因此，需要在水机制协调上加强全方位的、长时段的综合考量，与大湄公河次区域经济合作、湄公河委员会等其他相对成熟、各具特色的合作机制形成相互补充、相互促进的关系。

2016 年 3 月，六国领导人会议发表《首次领导人会议三亚宣言》等文件，一致同意共建澜湄国家命运共同体，确定了“3+5 合作框架”，即坚持政治安全、经济和可持续发展、社会人文三大支柱协调发展，优先在互联互通、产能合作、跨境经济合作、水资源合作、农业和减贫领域开展合作，并设立“澜湄合作专项基金”。2017 年，澜沧江—湄公河环境合作中心成立，旨在与东盟流域国家加强环境政策交流，共同应对环境问题与挑战，共同保护澜沧江—

湄公河区域生态环境。在《澜沧江—湄公河环境合作战略(2018～2022)》指导下,六国务实开展政策对话、能力建设、联合研究和示范合作,不断为澜湄流域可持续发展提供新动能。具体而言,在水资源治理和环境保护方面,通过水资源合作中心和环境合作中心两个平台,搭建了部长级会议机制。在水资源治理合作方面,聚焦防洪减灾、技术推广等方面的合作,中国与湄公河国家共同实施“澜湄甘泉行动计划”“澜湄兴水惠民行动”“澜湄国家典型小流域综合治理示范”等务实合作项目,分享澜沧江全年水文信息,开通澜湄水资源合作信息共享平台网站,积极帮助下游国家应对洪旱灾害。在环境保护方面,六国加快实施“绿色澜湄计划”,加强清洁能源、可再生能源合作和经验共享,共促绿色和低碳转型,携手加强生态环境保护,“绿色低碳与可持续基础设施知识共享平台”“促进可持续生计的生态系统管理改善试点”项目顺利启动,“柬埔寨低碳示范区”“老挝万象赛色塔低碳示范区”建设稳步推进。

由于水资源合作涉及社会多层面的关系,中国在参与和推动治理上注重支持多行为体的参与,发挥企业、民间社会组织的作用,通过多层化发展机制的建立,构建起共同参与和承担责任的合作伙伴关系。在合作中,让非政府行为体承担更多的社会责任,在水争端协调中发挥社会性力量的建设性作用,推动争端解决对话和协调活动的顺利开展。同时,湄公河次区域有着重要的地缘战略意义,域外国家为此加大了对该地区的战略投入。在此情况下,中国坚持合作共治、合作共利的理念,以开放的姿态欢迎域外资源做有利于区域合作治理和可持续发展的投入,支持构建开放性的合作框架和常态化的沟通和协调机制,加强在资金、技术、人才培养等方面的合作,共同改善湄公河国家的民生状况,这样便可以避免使治理陷入冲突的陷阱。

第三节　东南亚区域海洋污染治理合作

东南亚地区陆海连接,大多数国家依海而生。面对日益严重的海洋污染问题,海洋治理被提上日程,各国就加强合作治理有着越来越强的共识,并为此采取行动。治理的核心要义是解决面临的问题,海洋污染治理是指涉海国家政府部门、非政府组织和公民个人就海洋污染的问题制定政策和行动议程，采取实际的行动，维护海洋生态平衡，实现海洋可持续发展。

一、东南亚区域海洋生态特点及污染问题

东南亚沿海地区生态环境复杂，海洋生物种类繁多，拥有世界上约34%的珊瑚礁、30%的红树林和18%的海草。同时，东南亚地区人口众多，其中70%的人口生活在沿海地区。众多人口对沿海地区海洋生态环境的压力使得东南亚区域海洋污染问题突出。在人口稠密、高度城市化、经济增长迅速的东南亚地区，许多沿海地区的水质基础设施落后，因此，大量未经处理的污水直接或间接排入海洋，造成沿海生态系统的严重污染。此外，森林砍伐、农业、水产养殖、采矿和航运活动也是海洋生态系统破坏的重要原因，污染物包括悬浮沉积物、金属、微生物病原体、营养物、耗氧物质、持久性有机污染物。因此，一些沿海城市和河口地区，特别是印度尼西亚、泰国、越南和菲律宾，正在经历严重的富营养化。早在2000年，污染的跨界诊断分析(TDA)为柬埔寨、印度尼西亚、马来西亚、菲律宾、泰国和越南开展的海洋生态环境问题研究中指出了35个污染点，将东南亚沿海地区划定为海域监测和管理的风险区域。[①] 由于污染对沿海和海洋生态系统的影响不受国界限制，容易扩展到国界以外的更大区域，因此，海洋污染的公共属性决定了作为公共政策的海洋污染治理需要不同国家或地区之间的共同参与。

东南亚海域自然资源丰富，沿岸国家经济发展较快，快速兴起的工业活动和不合理的人类活动导致沿岸海域污染日益严重。由于东南亚海域环境复杂，岛屿海湾众多，沿岸国家人口稠密，航运繁忙，为海域生态环境带来了巨大挑战。一方面，东盟作为区域组织，在推动区域海洋治理方面承担重要的职能。东盟把合作治理海洋纳入区域合作的议程，凝聚开展区域合作治理的共识，并且通过制定海洋保护规则，让各国承担治理责任，动员多方行为主体积极参与治理活动。东盟将海洋污染治理与经济治理相结合，采取综合性建设方案，制定海洋污染治理共同行动规划和配套政策。另一方面，东盟国家充分利用国际合作组织的重要功能，通过对海洋污染的监测，监督

---

① Liana Talaue-McManus, "Transboundary Diagnostic Analysis for the South China Sea", *UNEP*, Bangkok, Thailand, 2000.

环境计划的执行。

二、东南亚区域海洋污染治理机制演进

东盟由文莱、柬埔寨、印度尼西亚、老挝人民民主共和国、马来西亚、缅甸、菲律宾、新加坡、泰国和越南组成，在东盟国家逐渐认识到海洋水域和海洋生态系统区域污染问题的连续性及关联性之后，海洋污染防治被列为东盟各国双边及区域环境合作的主要议程之一。东盟国家致力于多种路径开展区域海洋污染治理合作。从东盟内部来看，东盟国家积极进行域内海洋污染治理合作，开展国家间海洋污染治理项目。东盟主导创设东盟“10＋1”、东盟“10＋3”和东盟地区论坛等政府间合作组织，积极推进国际非政府组织参与东盟区域海洋污染治理管理与合作。然而，由于东盟各国在经济、社会、宗教等诸多方面存在差异，且缺乏合作治污所需的资金、技术和人员，在海洋污染治理中常常处于被动地位，因此，东盟积极谋求域外国家的援助与合作，吸引多个大国参与东盟海洋治污管理，东盟在联合国环境规划署推动下制订“东盟分区环境计划”，中和区域内各治理主体的合作分歧。

2015 年，东亚峰会发表了关于加强区域海洋合作的声明，2017 年通过的《推动 2012 年东亚峰会发展倡议金边宣言（2018～2022 年）的马尼拉行动计划》旨在促进“在打击海洋塑料污染方面的合作，以有效地建立和实施连贯和协调的区域方法，其重点是防治和管理垃圾污染，并通过与私营部门合作促进对垃圾管理基础设施投资”的合作。近年来，东盟取得的一项重大成就是制定了保护东南亚热带海域的适当标准，东盟海洋水质标准（AMWQC）由东盟科学家在加拿大国际开发署（CIDA）的资助下在五年时间内制定完成。东盟海洋水质标准基于全球其他地区现有框架中设定的“良好”海洋水质标准，如欧盟水框架指令，制定东盟地区评估环境（海洋和河口）和人类健康的标准，并指导整个区域管理者和决策者的反应和行动，旨在保护海洋水生生物、人类健康、休闲用水和美学。在通过《东盟海洋水质标准》之后，东盟通过合作方案开展了一个题为“实施东盟海洋水质量标准能力建设”的项目，以促进从政策向实践的过渡。该项目第一阶段侧重于设计和应用标准化监测方案，第二阶段涉及商定的管理概念、监管办法以及报告框架。

此外，2018年10月，东盟先后在印度尼西亚召开GIZ ASEAN包装废弃物管理及海洋垃圾防治研讨会和第五届国际“我们的海洋大会”，重点关注海洋垃圾污染问题。2019年6月，东盟十国领导人在泰国曼谷签署《关于消减海洋垃圾的曼谷宣言》并发布《东盟海洋垃圾行动框架》，呼吁东盟各国开展合作减少海洋垃圾，制订相应的行动计划，并宣布将在印度尼西亚建立东盟海洋垃圾知识中心，用于收集东盟地区海洋垃圾污染信息、推动海洋污染治理新技术研发、制定减少海洋污染的应对措施等。同时，东盟还将在泰国建立分中心，用于监测湄公河流域垃圾污染，减少河流污染进入海洋。2019年11月，在泰国举办的第35届东盟峰会及东亚合作领导人系列会议将海洋污染列为重要议题，并再次强调各国携手应对海洋污染的紧迫性和必要性。[①] 菲律宾在东南亚区域沿海和海洋水域资源中占有很大的份额，一直积极参与处理东南亚区域海洋污染问题的全球和区域公约，根据其作为《斯德哥尔摩公约》缔约方的义务起草了一项国家执行计划，其中涉及该国持久性有机污染物入海问题。[②]

三、东南亚区域海洋污染治理的国际合作拓展

东盟充分利用区域合作机制，如“东盟＋1”(合作伙伴国)、“东盟＋3”(中日韩)和东亚峰会(东盟＋中日韩＋澳新印＋美俄)等开展海洋污染治理合作。

(一)域外国家海洋污染治理合作

在同域外国家合作方面，欧盟、美国、挪威、日本和中国等均已在东盟国家开展了一系列资助或合作项目，主要围绕塑料循环经济和固体废物治理能力提升两大主题，通过提供资金、分享政策、商业模式、实践经验来提高东盟国家的海洋污染处置能力，以形成东盟国家治理海洋污染的本土方案。2014年，意大利社会组织ACRA基金会在欧盟资助下投入逾130万欧元，在柬埔寨发起“减少废弃塑料袋”项目。2019年，欧盟投入900万欧元启动

---

① 参见李道季、朱礼鑫、常思远：《中国—东盟合作防治海洋塑料垃圾污染的策略建议》，《环境保护》2020年第23期。

② Merlin M. Magallona and Ben S. Malayang Ⅲ, “Environmental Governance in the Philippines”, *Environmental Governance in Southeast Asia*, Institute of Global Environmental Strategies, Japan, 2001.

“重新思考塑料—循环经济解决海洋垃圾问题”项目，旨在向可持续消费和生产塑料过渡，协助大幅减少海洋污染，项目的重点地区是中国、印度尼西亚、日本、菲律宾、新加坡、泰国和越南，同时争取间接支持湄公河区域和东盟其他地区的国家。2019 年 7 月，美国国际开发署（United States Agency for International Development，USAID）向菲律宾本土社会环保组织“地球母亲基金会”和“生态废物联盟”拨款 2000 万菲律宾比索（约合 276 万元人民币）以支持其在菲律宾的海洋垃圾控制项目，旨在支持地方和国家层面的固体废物管理和水资源回收。

东盟借助“10＋3”机制与域外国家开展海洋环境治理合作，海洋塑料垃圾治理也是其中的重点。2018 年 11 月，东盟“10＋3”海洋塑料垃圾治理合作行动倡议会议在新加坡举行，该倡议旨在提升监测海洋塑料垃圾的能力，开展初步研究合作，并分享各国的最佳做法。为支持东盟海洋污染治理，日本在东盟国家进行了大量的垃圾治理实践，协助东盟国家应对海洋污染问题，在日本举行的第 21 届东盟—中日韩领导人峰会上发表《海洋垃圾行动倡议》。2019 年，日本为强化与东盟各国之间的合作，建立了塑料垃圾国际研究中心，同年，由日本牵头成立的海洋塑料垃圾区域性知识中心（RKC-MPD），正式成为东盟、中日韩三国关于海洋塑料垃圾的信息交流中心。[①] 2019 年，挪威政府与中国、印度、泰国、缅甸及越南五国合作开展“海洋塑料垃圾中的循环经济机遇”项目，从河流、沙滩等海洋污染“热点”地区拦截回收废塑料并在当地高能耗产业进行能源化利用。此外，挪威政府还启动了东盟—挪威合作项目，旨在提升东盟国家治理海洋污染的能力。

在当前背景下，海洋塑料垃圾和污染防治问题仍然是国际海洋环境合作的重点和热点，亚太地区是公认的海洋污染热点地区，中国与东南亚地区海洋防治合作的进展和成果不断加强中国与东盟国家的战略伙伴关系。中国为东盟海洋塑料垃圾和微塑料的污染治理提供技术、方法、经验支持和能力建设。为了进一步落实中国—东盟环保合作战略，推进双方海洋污染治理友好交流与合作，中国与东盟积极开展国家海洋塑料垃圾消减联合行动，

① ASEAN Secretariat，“Norway Funds US＄3 Million Project in Combating Marine Plastic Debris in ASEAN”，December 10，2019，https://asean.org/norway-funds-us3-million-project-combating-marine-plastic-debris-asean/? highlight＝marine%20debirs.

这不仅是中国和东盟合作参与海洋塑料污染“全球治理”的重要举措，也是落实中国《“一带一路”建设海上合作设想》和《中国—东盟战略伙伴关系2030年愿景》环境领域合作的重要抓手，对全球海洋环境治理极为重要。根据《中国—东盟东部增长区合作行动计划》，利用已有的合作平台制定中国—东盟标准化、统一的海洋塑料垃圾和微塑料监测与分析方法应用指南[①]，双方积极开展中国—东盟海洋塑料垃圾和微塑料污染联合调查，确定东盟区域海洋塑料垃圾和微塑料的时空分布特征及入海通量，开展中国—东盟海洋塑料垃圾和微塑料污染生态风险评估及热点评估合作。

（二）国际组织海洋污染治理合作

东盟成员国还积极参与和海洋污染相关的国际组织合作框架，并签署相关国际条约协定。东盟对联合国发布的海洋污染治理决议表示支持。首先，东盟对联合国可持续发展目标给予积极响应。东盟国家在2019年6月通过针对东盟区域海洋污染治理的《曼谷宣言》，文件中提到了《东盟共同体2025年愿景》与联合国2030年可持续发展议程之间的互补性。其次，东盟国家支持联合国《生物多样性公约》，讨论了海洋污染问题的决议。柬埔寨、印度尼西亚、马来西亚、新加坡、泰国和越南均参加了联合国环境规划署与东亚海协作体海洋垃圾区域行动计划，印度尼西亚还参与签署了G20海洋蓝色愿景，目标是在2050年前将新增海洋塑料垃圾量降为零。海洋保护协会（Ocean Conservancy）在东盟国家的海洋污染治理合作中贡献颇多，包括海洋垃圾清理、数据收集以及监测海洋垃圾的方法研究。该协会在保护海洋塑料碎片和海洋塑料领域是较早的推动者，也是一些全球倡议的发起者，包括国际海岸清理（The International Coastal Cleanup）和无垃圾海洋联盟（The Trash Free Seas Alliance）。国际海岸清理东盟国家主要征集志愿者进行从事沿海清理行动，其收集和汇编的信息可用于分析海洋垃圾污染的主要来源。[②]

联合国环境规划署、联合国海事组织、联合国开发署、全球环境基金、世

① 参见李道季、朱礼鑫、常思远：《中国—东盟合作防治海洋塑料垃圾污染的策略建议》，《环境保护》2020年第23期。

② Ljubomir Jeftic, Seba Sheavly and Ellik Adler, *Marine Litter: A Global Challenge*, UNEP, April 2009. p.8.

界银行等国际组织通过各种项目和方案支持东南亚区域组织和国家履行其作为国际海洋污染治理公约缔约国的责任，这些项目和方案有助于制定统一的海洋污染管理框架。然而，尽管东盟全球气候监测机构和环境评估委员会以及太平洋海洋环境监测和评估委员会有各自的监测方案和行动计划，但它们是受具有法律约束力的协定管辖的区域机构。2010 年，东亚海洋环境委员会出版了其对东南亚地区海洋环境的定期审查，题为《2009 年东亚海洋环境状况报告》。联合国环境规划署呼吁东盟国家制定全面具体的行动，通过可持续的管理来保护其共同的海洋环境。通过该方案，环境署制订了《东亚区域海洋和沿海地区保护与可持续发展行动计划》，确定了四个优先主题，即沿海区域综合管理、保护海洋环境免受陆上活动的影响、查明区域污染问题、确定区域优先事项。此外，2015 年，全球环境基金拨款 750 万美元资助柬埔寨、菲律宾、越南、老挝和蒙古五国开展“改善废弃物管理”的五年项目。

第四节　南美洲亚马孙热带雨林保护与治理

亚马孙热带雨林位于南美洲亚马孙盆地，横跨巴西、秘鲁、玻利维亚、厄瓜多尔、哥伦比亚、圭亚那、苏里南、委内瑞拉八个国家，占地面积约 500 万平方公里，相当于八个国家总面积的 54%。亚马孙热带雨林的生态环境效应并不限于亚马孙地区和南美地区，对于全球都有着较大影响。它拥有丰富的森林资源和生物资源，约占全球森林面积的 21%，全球生物多样性的 50%，被誉为“世界生物基因宝库”。亚马孙热带雨林每年向地球大气释放的氧气约占全球氧气总量的 1/3，并通过光合作用将上十亿吨的二氧化碳固定下来，被誉为“地球之肺”，是应对气候变化的重要一环。目前领土位于其中的八个国家均属于发展中国家，对开发热带雨林和促进经济发展有较高的需求。因此，亚马孙热带雨林保护与治理一直受到全球重视。

一、亚马孙热带雨林的开发及其引发的环境问题

由于热带雨林环境的复杂性，亚马孙地区长期以来人迹罕至，保留了大量原生的生态。但从 20 世纪 50 年代以来，随着人口压力和对经济发展的

需求日益增加，亚马孙热带雨林遭到严重的破坏，森林面积急剧减少。根据Mongabay网站发布的资料，1978年以来，亚马孙雨林约有100万平方公里森林消失，大约是原始雨林面积的20%。亚马孙经济社会地理信息网络发布的报告称，亚马孙雨林遭受的砍伐和退化90%集中在巴西与玻利维亚，这两个国家的热带雨林已经出现“草原化”迹象，只有苏里南和法属圭亚那情况稍好，至少有一半的原始森林保存完好。①

亚马孙地区对热带雨林影响比较大的开发活动主要有农业活动、养牛业和石油开采等。其中，84%的森林砍伐与农业活动有关。由于低廉的土地价格以及政府的相关税收、信贷优惠措施刺激，大量无地、无业人口移民至亚马孙地区，他们的生产生活对亚马孙地区的环境产生了极大影响。为了生存，大量森林被砍伐后转变为农业用地，用于粮食种植。2001～2018年，保护区内农业的扩张增长了220%，土著区内增长了160%。亚马孙地区森林砍伐的最大驱动力来自养牛业，亚马孙地区大片原始森林被砍伐后改造成牧场，因养牛造成的森林砍伐每年占全球二氧化碳排放量的2%。石油开采也是雨林退化的主要原因，厄瓜多尔境内的亚马孙雨林超过一半是含油区，秘鲁、玻利维亚等国也有大片森林属于含油区，43%的含油区位于保护区和土著区内。如今，亚马孙地区出口原油的89%来自厄瓜多尔，主要出口地为美国。当然亚马孙雨林面积的锐减不只是砍伐的功劳，还有雨林地区在旱季的火灾。由于人为放火以及雷击等因素，亚马孙每年因火灾损失大量雨林。比如在2019年的亚马孙森林大火，总过火面积高达9060平方公里，而据绿色和平组织发布的调查数据称，起火原因除了少数是雷劈以及干燥的气候引起的自然现象，大部分都是人为放火烧毁雨林所致。据研究机构发布的数据，在正常情况下雨林再生恢复至少需要20～40年，而当前森林砍伐与火灾毁林面积远超恢复面积，这个结果可能是不可逆的。

生态是一个系统，亚马孙热带雨林的破坏引起了一系列连锁的生态环境问题和社会问题。主要表现在：第一，生物多样性锐减。亚马孙地区以其丰富多样的动植物资源闻名于世。森林大面积砍伐，土地利用方式改变的

---

① Marlene Quintanilla, et al., *Amazonia Against the Clock: A Regional Assessment on Where and How to Protect 80% by 2025*, The Red Amazónica de Información Socioambiental Georreferenciada, September 2022, https://www.stand.earth/sites/stand/files/amazonia_against_the_clock.pdf.

直接后果是导致了动植物资源的萎缩，很多珍稀动植物资源处于濒危状态。第二，降水骤减。亚马孙热带雨林涵养的水量约占地球表面淡水总量的1/4，流域内降水的近1/2也是由雨林自己产生的，对于促进水循环、维持区域生态具有重要意义。随着森林面积减少，亚马孙地区降水骤减，干旱变得越来越普遍，在21世纪的前20年，该地区遭受了3场大范围的干旱，引发了大规模的森林火灾。第三，气候变化。亚马孙林木中储存着大量从空气中吸收的碳，对于全球碳平衡与碳循环具有重要意义。亚马孙热带雨林的破坏无论是对当地还是全球的气候都产生了直接的影响。有研究发现，亚马孙雨林每年大火产生的二氧化碳高达15亿吨，其中10亿吨二氧化碳会释放到大气中，相当于日本全年二氧化碳的排放量。①

环境与社会是互动的，环境问题是人的行为导致的结果，同时，环境问题也会反馈于社会。亚马孙流域环境问题也导致了日益增加的社会问题。橡胶林、牧场等需要砍伐大量的原始森林，导致热带雨林面积的急剧缩减，严重挤压了当地土著居民的生存空间，打破了他们原有的生活方式。这些地方族群与拓荒者爆发了激烈的社会冲突。很多土著居民被迫流浪到城市，成为导致社会不稳定的因素。延续千年的亚马孙土著文化也在现代文明的冲击下不断削弱。

二、亚马孙热带雨林治理的发展演进

随着气候变化带来的消极影响与雨林破坏带来的环境问题日益显著，亚马孙热带雨林的保护与治理问题得到了国际社会的广泛关注。亚马孙国家开始在环保意识方面觉醒，逐渐放弃无节制的开发政策；各类非政府组织、跨国公司、社会团体积极参与到亚马孙地区治理中，为热带雨林的保护提供资金或技术援助；域外国家也通过国际舆论和资金支持对域内国家施加影响力。多个主体加强协调配合，采取共同的保护和治理行动，避免亚马孙继续遭到毁灭性的破坏。

首先，亚马孙国家内部的热带雨林治理规则得到了完善。亚马孙地区

---

① Damian Carrington, "Amazon Rainforest Now Emitting More CO_2 than it Absorbs", *The Guardian*, 2021-7-14, https://www.theguardian.com/environment/2021/jul/14/amazon-rainforest-now-emitting-more-co2-than-it-absorbs.

各国都在努力健全国内有关热带雨林保护的法律法规，防止乱砍滥伐森林、非法采矿、侵害土著居民权利等行为发生。例如，巴西在卢拉总统任期内就加快了立法工作，于 2006 年颁布了《亚马孙地区生态保护法》，联邦政府收回了过去下放给州政府的森林管理和砍伐权，实行全国统一管理，统筹运作，防止非法的森林砍伐。同时利用经济手段，通过税收、金融等方式，规范和引导各种商业、社会团体在亚马孙的行为。秘鲁也于 2013 年前后通过了一系列法律法规和行政举措，以减少棕榈种植和石油开采对热带雨林造成的破坏。

其次，亚马孙热带雨林区域治理的制度和规则建设不断推进。亚马孙热带雨林分布于八个国家，跨界是其基本特征之一，域内国家之间需要一套稳定的互动规则，以维护秩序和推进治理进程。1978 年 7 月，亚马孙地区八国外长在巴西首都巴西利亚签署了《亚马孙合作条约》(ACT)，条约的总原则是使亚马孙地区获得和谐发展，保持经济发展与环境保护之间的平衡。在《亚马孙合作条约》的框架下，区域国家在环保问题上的合作不断加强，并于 1998 年成立了亚马孙合作条约组织，该组织成为八国关于亚马孙地区较为重要的规则连接渠道和协商的平台。域内国家通过该组织凝聚关于保护亚马孙热带雨林的共识，在原有的基础上强化并更新有关亚马孙各国关系的处理、自然资源的开发利用等规则，各国按认可的规则行事，维护地区秩序稳定，携手应对共同的问题。同时，各国努力就亚马孙的某些具体问题达成一致，在治理中统一认知和标准，采取统一行动；并根据具体问题建立日常协商机制，提高治理的效率。除了八国的合作外，邻国之间还存在较多关于亚马孙的双边关系，双方畅通信息沟通渠道、实现信息共享，形成了稳定的合作模式。

亚马孙热带雨林治理呈现出治理主体多元化的特征。除了国家和区域性政府间组织，亚马孙国家还接受非政府组织、社会团体、跨国公司以及域外行为体(包括域外国家、国际组织等)参与到亚马孙热带雨林的保护与治理中。国际非政府组织和土著居民亚马孙团体是亚马孙热带雨林治理的重要社会主体。非政府组织中，有的通过相关亚马孙的保护项目直接在亚马孙开展保护工作，有的则通过舆论监督政府的政策实施、亚马孙相关企业在亚马孙的行为以及为当地的土著居民提供援助。例如，绿色和平组织在亚马孙地区的活动非常积极，1993 年其联合巴西国内 80 多个非政府组织发起运动，反对对亚马孙地区的红木进行过度采伐，并在欧美各国宣传红木贸易的非法性，亚马孙对巴西政府造成了巨大压力。土著居民也通过成立组织、吸引公众的支持并形成亚马孙游说团体影响政府政治流程。跨国公司也是亚马孙地区治理中的重要一环，他们严重依赖于亚马孙的自然资源，其商业行为和获益渠道紧紧围绕亚马孙。此外，域外行为体，尤其是西方大国以及联合国、世界银行等全球性国际组织在参与亚马孙地区治理时，向域内国家提供定期定额的资金和技术援助，提高了亚马孙地区热带雨林治理的活力和透明性。

三、亚马孙热带雨林治理存在的问题

尽管各种治理主体采取了种种措施参与到亚马孙热带雨林的保护与治理中去，但治理效果并不明显。目前这个全球最大的雨林面积正在快速下降，2021 年 11 月巴西国家空间研究所（INPE）发布的一份报告显示，从 2020 年 8 月到 2021 年 7 月，总共有 13235 平方公里的森林消失，比上一年增加了 22%。据卫星数据，2022 年 1 月亚马孙地区砍伐森林的数量远远超过去年同月的数量，达到了 430 平方公里，是去年同期的 5 倍。[①] 来自国家、区域和国际多个层面的多种问题阻碍了亚马孙热带雨林治理的发展进程，包括国家政策的不稳定性、区域国家利益的分化以及域内国家与域外国家在治理过程中的平衡等。

第一，拉美政治发展的钟摆效应使得政府热带雨林保护政策的持续性和稳定性难以保证。在拉美现代政治进程中，左翼政党与右翼政党相互竞争、交替发展、轮流执政，呈现出政治发展的独特钟摆效应。总的来说，拉美左翼政党更加重视社会公平与环境保护，而右翼政党则主张经济自由化，强调对亚马孙地区的开发。以巴西为例，20 世纪 60 年代到 80 年代的巴西军政府强调要使亚马孙成为巴西经济增长一极，在亚马孙地区进行了大规模建设活动，对当地生态造成严重破坏。之后政治立场偏向左翼或走中间路

① “Brazil’s Amazon Deforestation Surges to 15-year High”, 2021—1—19, China Daily, https://www.chinadailyhk.com/article/248157.

线的卡多佐、卢拉、罗塞夫总统都较为重视环境保护，倾向于实施积极的环境政策。特别是卢拉总统执政期间，巴西政府加快了针对亚马孙的立法工作，并创建了亚马孙基金和非常多的自然保护区。

2018年博索纳罗总统上台后，巴西政治出现向右转的趋势。与20世纪立场偏右的政府一样，新政府强调对亚马孙的开发，在该地区的政策日益放宽，对待违法行为执法力度不严，间接鼓励了非法伐木者、采矿者。同时，巴西政府的态度还会严重影响其在亚马孙邻国中的信誉。尤其是2019年巴西对待火灾的态度和迟缓的救火行动引发了邻国的不满，巴西如果继续坚持放松对亚马孙开发的管制，可能会导致周边国家不再信任巴西，对亚马孙雨林治理的区域合作产生不利影响。

第二，亚马孙合作条约组织成员国利益发生分化。巴西和秘鲁等大国已经度过了将亚马孙作为经济增长支柱的时期，从强调对经济的贡献逐渐转向强调亚马孙的生态功能和生态价值。因此，在亚马孙合作条约组织中更注重环境、文化保护、可持续发展等合作。组织内的小国家经济落后，工业基础薄弱，在新兴经济领域毫无竞争力。通过开采亚马孙的自然资源、出口原材料获取收入成为其经济增长、联系外界的重要方式，这些小国在亚马孙合作条约组织中更注重经济议题。[①] 亚马孙合作条约组织成员国利益不断发生分化，各国之间的矛盾逐渐聚集、人心不齐，这削弱了整个组织的工作效率，导致其在平衡利益、协调各国行动的难度大大增加。

第三，域内国家与域外国家在亚马孙关系的平衡。西方国家与域内国家一直存在"亚马孙国际化"的矛盾。西方国家坚持认为亚马孙事关全球，属于国际事务范畴，可以介入其中。域内一些国家，尤其是巴西则坚决反对，认为亚马孙是主权问题。2019年夏季，南美亚马孙雨林遭遇数月的严重火灾，法国总统马克龙多次表态亚马孙雨林是一个事关碳减排的全球性议题，外国有权阻止巴西"放任森林破坏的行为"。同年8月，在法国主办的G7峰会上，马克龙将亚马孙火灾列为紧急首要议题，单方面表示法国愿意向巴西军方提供技术支持。面对法国的频繁介入，巴西政府一再表示对方自行其是、未能与之充分沟通，博索纳罗总统批评法国在以殖民主义思维干涉巴

① 参见周玲妮:《巴西参与亚马孙地区治理的进程与角色分析》，外交学院硕士学位论文，2020年。

西主权,“欧洲对亚马孙的兴趣只是为了在该地区站稳脚跟”[①]。这一矛盾延续到下一年,2020 年 10 月,法国联合德国、爱尔兰等国,以巴西未能遏制亚马孙森林砍伐为由,反对签署欧盟与南方共同市场达成的自由贸易协定,两个区域组织历时 20 年的谈判努力遭受沉重打击。因此,对亚马孙热带雨林的治理,还需要将努力凝聚各国共识、争取全球采取统一行动作为长期性的目标。

① “Brazil's Amazon Deforestation Surges to 15-year High”, 2021—1—19, China Daily, https://www.chinadailyhk.com/article/248157.